ein Ullstein Buch

ÜBER DAS BUCH:

Acht Jahrzehnte deutsch-österreichischer Kulturgeschichte werden lebendig, wenn Karl Schönböck auf seine Karriere zurückblickt. Am 4. Februar 1909 als Sohn eines Inspektors der mächtigen »Donau-Dampfschiffahrtsgesellschaft« in Wien geboren, erlebte er das Ende der österreichisch-ungarischen Monarchie mit. Donauidyllen und Entbehrungen im Zuge des Ersten Weltkriegs prägten seine Kindheit. Früh zog es ihn zum Theater. An der Akademie für Musik und darstellende Kunst in Wien nahm er Schauspielunterricht. Auf den Bühnen in Meißen, Hannover, Salzburg, Königsberg und Bonn erwarb er sich ersten Ruhm. Sein Weg zum Film war natürlich auch der Weg nach Berlin. Hier stieg er 1936 zum Bonvivant des deutschen Films auf (*Das Mädchen Irene, Der Blaufuchs, Anna Favetti*). Seine Vielseitigkeit half ihm durch die ersten filmarmen Nachkriegsjahre: Er erwies sich als pointensicherer Kabarettist in der Münchner *Schaubude* und in der *Kleinen Freiheit*. Aber das Theater ließ ihn nicht los – noch heute ist er die große Stütze der Boulevardbühnen. In seinen Erinnerungen erzählt der Grandseigneur unter den deutschen Künstlern von Begegnungen und Erlebnissen mit vielen Großen von Bühne und Film, von heiteren und von schweren Zeiten und von den »Rollen«, wie sie nur das Leben selbst schreibt.

Karl Schönböck

Wie es war
durch achtzig Jahr

Erinnerungen

ein Ullstein Buch

ein Ullstein Buch
Nr. 22526
im Verlag Ullstein GmbH,
Frankfurt/M – Berlin

Ungekürzte Ausgabe
Mit 68 Fotos und
2 Textillustrationen

Umschlagentwurf:
Hansbernd Lindemann
Foto: Frauke Sinjen
Alle Rechte vorbehalten
Taschenbuchausgabe mit Genehmigung
von Langen Müller in der
F. A. Herbig Verlagsbuchhandlung
GmbH, München
© 1988 by Langen Müller in der
F. A. Herbig Verlagsbuchhandlung
GmbH, München
Printed in Germany 1991
Druck und Verarbeitung:
Presse-Druck Augsburg
ISBN 3 548 22526 8

August 1991

Die Deutsche Bibliothek –
CIP-Einheitsaufnahme

Schönböck, Karl:
Wie es war durch achtzig Jahr : Erinnerungen / Karl Schönböck. -
Ungekürzte Ausg. - Frankfurt/M ;
Berlin : Ullstein, 1991
  Ullstein-Buch ; Nr. 22526)
  ISBN 3-548-22526-8
NE: GT

Inhalt

»Des san die Schönböcks, die kommen aus Brandenburg«

Eine Kindheit zwischen Donaudampfschiffahrt und Theaterbrand

Da ich den ganzen Tag über nur liege, wache ich morgens sehr früh auf, wie du dir denken kannst«, sagte Victor und fügte hinzu: »Von meinem Fenster aus sehe ich dann oft das von der Morgensonne beleuchtete Spandau. Jetzt komme ich wenigstens einmal dazu, solche Eindrücke auf mich wirken zu lassen.« Ich saß am Krankenbett Victor de Kowas, im obersten Stock des Krankenhauses im Westend. Seit einigen Wochen trat ich am Renaissance-Theater in Berlin auf und nutzte jede Gelegenheit, um meinen alten Freund und Kollegen zu besuchen. Es war das letzte Mal, daß ich ihn sah. Mit Wehmut dachte ich an die großen Rollen zurück, in denen er als Charmeur und Komödiant geglänzt hatte. Aber als Victor das Wort »Spandau« aussprach, da verloren sich meine Gedanken gänzlich in der Vergangenheit.

Schlagartig fiel mir ein, wie wir, Victor und ich, knapp dreißig Jahre zuvor in jeder Feuerpause angstvoll nach Spandau geblickt hatten. Meine schöne Wohnung im Grunewald hatte ich Hals über Kopf verlassen müssen, der größte Teil des Hauses lag in Schutt und Asche. Ich nahm meinen Hund, das ramponierte Fahrrad und das wenige Gepäck, das ich damit transportieren konnte, und zog nach Ruhleben, wo Victor und seine japanische Frau Michi wohnten. Lebensmittel, die ich vorsorglich gehamstert hatte, und etwas Wäsche – das war alles, was ich mitbrachte. Längst war Victors Haus zu einem Unterschlupf für Bedrängte geworden. Hier konnte sich Flori Stahmer versteckt halten, nachdem er sich von der Wehrmacht abgesetzt hatte. Als Sohn des deutschen Botschafters in Japan war er dem Regime natürlich wohlbekannt. Auch Emil Suhrmann hauste hier. Er hatte gerade eine Einberufung zur Flak bekommen. Zusammen mit Günther Lüders, der schon lange bei Victor wohnte, mit einer Köchin und einem Stubenmädchen warteten wir im Keller, daß der Krieg endlich zu Ende gehen möge. Aber die deutsche und die russische Artillerie lieferten sich erbitterte Gefechte. Wir nutzten jede Feuerpause, um in den ersten Stock hinaufzurennen und Ausschau zu halten. »Solange wir den Wasserturm in Spandau noch sehen, sind die Russen noch nicht da«, sprach Günther Lüders uns Mut zu.

Eines Nachmittags, Ende April, als wir wieder unser Versteck verlassen hatten, konnten wir den Turm nicht mehr erkennen. Weit und breit war nichts zu sehen außer züngelnden Flammen und einer dicken, schwarzen Rauchwolke. Am nächsten Morgen kamen die Sowjets. Das war Spandau im Frühjahr 1945.

Aber mit dem Namen Spandau verbinde ich glücklicherweise auch Erfreuliches. Aus Spandau in der Mark Brandenburg stammen nämlich meine Vorfahren väterlicherseits: Kaspar von Schönebeck, der 1520 oder 1521 Frau Ursula von Wendel geheiratet hatte. Ferner werden in alten Dokumenten erwähnt: Nikolaus von Rödern, der mit Frau Katharina von Schönebeck liiert war, Graf Schaunburg und Herr von Oedt zu Götzendorf. Sie zogen nach Süden und ließen sich in dem Erzherzogtum Österreich ob der Enns nieder, dem heutigen Bundesland Oberösterreich, das damals durch Seuchen, Pest und räuberische Einfälle aus dem Osten nahezu entvölkert war. Sie wählten den nördlichen Teil, das Mühlviertel, das zwischen der Donau und der böhmischen Grenze liegt. Einer von ihnen, Georg, kehrte nach Brandenburg zurück, um das Erbgut Schwand bei Spandau von seinem »Ahndl«, seinem Großvater, Nikoley von Rödern, zu übernehmen. Der Rest der Familie aber blieb in Oberösterreich, im Mühlviertel, das seinen Namen den vielen Mühlen verdankt, die von den Wasserläufen getrieben wurden, die von der Höhe des Böhmerwaldes der Donau zufließen. Mit der Zeit verschwand das »von« vor dem Namen, und aus Schönebeck wurde durch den örtlichen Dialekt Schenböck und schließlich Schönböck. Diese Familie brachte Hofschreiber hervor, Wirte, Bäcker in Ungarn, Polen, Brauer und seit dem Ende des 18. Jahrhunderts auch Schiffer. Einige wanderten nach Polen, »woselbst sie Szembeck hießen und den gräflichen Charakter führten«, wie es in einer Chronik heißt. Durch Zufall las ich einmal, daß sich unter den Mitarbeitern des letzten polnischen Botschafters in Berlin, des Oberst Beck, auch ein Szembeck befand.

Im Jahre 1969 kam ich während einer Tournee mit dem Kollegen Eric Pohlmann zusammen auch durch Windischgarsten in Oberösterreich. Ein Cousin hatte mir erzählt, daß hier Verwandte lebten, die über unsere Familie besonders gut Bescheid wüßten. Wir hielten am Rathaus an, und ich erkundigte mich. Der Zufall wollte es, daß ich gleich an den richtigen Mann kam, denn der Beamte teilte mir mit, es gebe wohl keinen männlichen Schönböck mehr im Ort, aber seine Frau sei eine geborene Schönböck. Er rief sofort zu Hause an und bat seine Frau und deren Mutter, mit mir zu sprechen. Pohlmann und ich gingen hinunter vor das Haus, nach kurzer Zeit fuhr ein Wagen vor, eine ältere Frau stieg aus und rief bei meinem Anblick: »Jesses, der Ferdl-Onkel!« Es stellte sich heraus, daß ich offensichtlich einem Onkel Ferdinand frappierend ähnlich sah, der nach dem Ersten Weltkrieg nach Amerika ausgewandert war, und von dem man seit dem Zweiten Weltkrieg nichts mehr gehört hatte. Seitdem begrüßten Pohlmann und ich uns, wann immer wir uns trafen, mit dem Ruf: »Jesses, der Ferdl-Onkel!«

»Schiffmann« war einer der häufigsten Berufe an der Donau. Mit den sogenannten »Plätten« – flachbodigen Holzschiffen, die mit je einem langen, schweren Ruder an Bug und Heck steuerbar waren, aber nur von der Strömung flußabwärts getragen wurden – transportierten die Schiffer Güter in die Länder an der unteren

Donau. Dort lud man für den Rückweg wieder neue Waren ein. Nur mit kräftigen, eigens dafür gezüchteten Pferden konnte man die Plätten wieder stromaufwärts ziehen.

Es war ein harter Beruf, und die Schiffmänner waren harte, ungebärdige, jähzornige Männer, von denen man sich in der oberösterreichischen Hauptstadt Linz Schauergeschichten erzählte. Sie waren bekannt für ihre Unbeherrschtheit, aber auch für ihre Tapferkeit, die sie in den Kriegen der k. u. k. Monarchie bewiesen hatten. Meine Großtante, die ich als Junge noch kennenlernte und deren Erinnerung bis in die Mitte des 19. Jahrhunderts zurückreichte, erzählte mir, daß man in ihrer Jugend in Linz sagte: »Des san die Schönböcks, die kommen aus Brandenburg, wo die großen Leit her san.« Sie waren also wohl im allgemeinen größer als die alteingesessene Bevölkerung.

Im Jahr 1829 wurde die »Erste Donau-Dampfschiffahrtsgesellschaft« gegründet, kurz D. D. S. G. genannt; sie wurde so mächtig, daß die kleinen Schiffahrtsunternehmen nicht mithalten konnten; es blieb ihnen nichts übrig, als sich der großen Gesellschaft anzuschließen, die bald die ganze Donau von Regensburg bis zur Sulina-Mündung am Schwarzen Meer beherrschte.

Je nach Begabung, Ehrgeiz und Fleiß wurden die Schönböcks Kapitäne, Steuermänner oder auch »Maschinisten« – so nannte man auf der Donau den Berufsstand, der bei der großen Seefahrt den viel anspruchsvolleren Titel »Schiffsingenieure« führen durfte. So kam es, daß nahezu meine ganze Familie väterlicherseits bei der D. D. S. G. arbeitete: Onkel, Cousins, Cousinen, meine Schwester, mein Schwager – fast alle.

Auch mein Vater, Emanuel Schönböck, war ein junger »Donau-Dampfschiffahrtsgesellschaftskapitän«, ein Wortungetüm, das mein Freund Peter Igelhoff Jahrzehnte später in einem seiner bekanntesten Schlager populär machen sollte. Mein Vater befuhr damals die obere Donaustrecke und übernachtete des öfteren in Passau. Hier lernte er meine Mutter kennen. Nach dem Tod ihrer Eltern war sie bei ihrer Schwester und ihrem Schwager aufgewachsen, der ein reicher Brauereibesitzer war und nicht weit von den Kaianlagen ein Haus und ein Lokal besaß, in dem viele Schiffsleute verkehrten. Sie heirateten im Jahr 1892, und als mein Vater um die Jahrhundertwende in die Wiener Zentrale der Gesellschaft versetzt wurde und eine leitende Stellung einnahm, kamen auch schon Kinder: 1902 meine Schwester, zwei Jahre später mein Bruder und 1909 ich – als Nachzügler.

Meine Eltern lebten in einem großen Wohnhaus, das die D. D. S. G. für ihre höheren Angestellten gebaut hatte, nicht weit von den kilometerlangen Kaianlagen an der Donau. Von unseren Fenstern aus sahen wir die Anlegestelle der Passagierdampfer und beobachteten, wie unser Vater Tag für Tag ins Büro ging.

Meine Mutter, Luise, hieß mit Mädchennamen Bogner, und ihre Vorfahren waren Müller im Bayerischen Wald. Unsere bayerischen Verwandten waren übrigens alle recht wohlhabend und besaßen größere Stadthäuser. Den Sommer aber verbrachten sie meist in ihren geräumigen Landhäusern. In solch einem Landhaus genossen meine Mutter, ich und meine Geschwister vor dem Ersten Weltkrieg regelmäßig die Ferien. Als nautischer Chef der Donaustrecke von Regensburg bis Preßburg konnte oder wollte mein Vater im Sommer, der Hauptsaison, seinen verantwortungsvollen Posten nicht verlassen. Aber das konnte mir die herrliche Ferienstimmung nicht verderben.

Ich erinnere mich noch an den Sommer 1914, als wir eines Morgens im Garten die wohlbekannte Stimme eines unserer Cousins hörten: »Der Herr Onkel schickt mich, ich soll Euch nach Wien bringen.« Damit endete für uns jäh die Epoche, die man später die »Vorkriegszeit« nannte. Für uns war es eine Zeit der bürgerlichen Sicherheit, der Kontinuität, in der scheinbar alle Entwicklungen vorausgesehen werden konnten, in der man noch ohne größere Formalitäten alle Länder mit Ausnahme des schon damals mißtrauischen Rußlands bereisen konnte.

Der Erste Weltkrieg! Unter unseren Fenstern kampierten tage- und nächtelang die Soldaten dieses Krieges neben ihren pyramidenförmig zusammengestellten Gewehren. Die Dienstmädchen aus unserem Haus – damals beschäftigte jede bürgerliche Familie mindestens eins – brachten ihnen Waschkörbe voll belegter Semmeln und Obst. Vor unseren Augen bestiegen die Soldaten die Schiffe der D. D. S. G. und die Waggons der Donauuferbahn Richtung Serbien. Fröhlich lachend und winkend, wie auf dem Weg zu einem neuen, aufregenden, lustigen Abenteuer fuhren sie ab. Wie hätten sie auch wissen sollen, was ihnen bevorstand, nach 43 Jahren des Friedens!

Welch ein Unterschied zum Ausbruch des Zweiten Weltkriegs, den ich ganz anders erlebte. Wir kamen gerade von den Außenaufnahmen des Filmes *Casanova heiratet* am Tegernsee zurück nach Berlin – Victor de Kowa, der Regie geführt hatte, Irene von Meyendorff, Fita Benkhoff, Lizzi Waldmüller, Günther Lüders, Otto Gebühr, der Kameramann Friedl Behn-Grund, Felix von Eckardt, später Pressechef Adenauers und danach Botschafter bei der UNO. Er arbeitete damals als Drehbuchautor, weil er unter dem nationalsozialistischen Regime als freier Journalist Berufsverbot hatte.

Wir waren alle wohlgelaunt, hatten uns wochenlang um nichts gekümmert als um unsere Arbeit, hatten Nächte fröhlich durchzecht und viel geplaudert. Da wir alle miteinander befreundet waren, gab es keine Probleme, und was in der Welt passierte, kümmerte uns nicht.

Am Morgen des ersten Drehtages in Berlin wurden wir, statt um 9 Uhr mit der Arbeit zu beginnen, per Lautsprecherdurchsage in die große Halle in Johannisthal gerufen. Jeder, der hier in den diversen Ateliers bei der Filmproduktion mitwirkte, hörte nun Hitlers berüchtigte Rede zum Kriegsausbruch in Polen: »Seit heute morrrrgen vierrr Uhrrr fünfundvierzig wirrrrrd zurrrrückgeschossen!« Dann trennten wir uns, gingen an unsere Arbeit; überall sah man nur ernste, betretene Mienen. Wie man später oft hörte, soll Hitler außer sich gewesen sein über den Mangel an Kriegsbegeisterung im deutschen Volk!

Aber damals, 1914, waren noch alle begeistert und euphorisch; renommierte Autoren schrieben patriotische Kriegsgedichte und Artikel, an die sie sich später nicht mehr erinnern mochten. Der Kriegskitsch blühte – ich besitze heute noch ein Bierglas, in das die Köpfe von Kaiser Wilhelm II. und Kaiser Franz Joseph kunstvoll eingeätzt sind, mit dem Spruch »Viribus unitis«. »Mit vereinten Kräften!« – das war der Wahlspruch des österreichischen Kaisers.

Wir Kinder teilten natürlich die allgemeine Begeisterung und Heldenverehrung, schwärmten für die kühnen, aber letztlich sinnlosen Taten, die die Männer vom Kreuzer Emden oder der Flieger von Tsingtau vollbrachten. Wir schickten von der Schule sogenannte Liebesgabenpakete an die Soldaten. Ich besitze noch eine Feldpostkarte, mit der ein Soldat sich bei mir für ein solches Päckchen bedankte. Wir schickten – solange wir selber noch was zu schicken hatten!

Aber 1916 begannen auch für uns die Hungerjahre, verbunden mit rapidem Geldverfall und einem rasch wachsenden Mangel an allem, wovon man gedacht hatte, daß es zu einem normalen Leben gehöre. »Ersatz« hieß das Schlagwort der Zeit, so wie »Aroma« im Zweiten Weltkrieg und in den Jahren danach.

Aber der Kampf gegen Hunger, Kälte und Lebensmittelknappheit war während des Ersten Weltkriegs und bis in die frühen zwanziger Jahre hinein noch härter als zwischen 1939 und 1948. Die Regierungen der Mittelmächte schienen auf eine Blockade nicht vorbereitet zu sein, es gab kein Rationierungssystem, jede Maßnahme mußte improvisiert und erfunden werden, um dann im zweiten schrecklichen Krieg aufs neue angewendet zu werden.

Trotz alledem hatten wir – dank der Fürsorge unserer Eltern und ihres unverwüstlichen Humors – eine schöne Kindheit. Die Ferien genossen wir an verschiedenen Orten an der oberen Donau, zwischen Linz und Passau, und die alljährliche Schiffsreise dorthin war immer ein großes Erlebnis, auf das wir uns schon das ganze Jahr über freuten. Die Kapitäne und Steuerleute waren entweder Verwandte oder kannten uns durch die Stellung meines Vaters. Wir konnten uns auf den Schiffen wie zu Hause bewegen, auf der Kommandobrücke sitzen oder am Ruder stehen.

Es schien die selbstverständlichste Sache der Welt zu sein, daß auch wir, mein Bruder und ich, wie die Generation vor uns »zum Schiff« gehen würden. Aber der Zusammenbruch unserer Welt, der Zerfall des Reiches, der die D. D. S. G. 1918 um ihre beherrschende Stellung auf der Donau brachte, vielleicht auch der frühe Tod meines Vaters im Jahre 1922, veränderten mein Leben von Grund auf.

Mein Vater starb zur Zeit der Geldumstellung in Österreich. Die Verarmung in dem winzigen Rest-Österreich, auf das ungeheure Lasten an Pensionen und Renten aus dem früheren großen Reich zukamen, war deprimierend. So mußten wir uns mit der schmalen Pension meiner Mutter begnügen. Seitdem mein Vater nicht mehr lebte, fühlte ich mich nicht mehr so wie früher zur Schiffahrt hingezogen. Nur meine Schwester, die noch zu Lebzeiten meines Vaters bei der D. D. S. G. angestellt worden war, hielt der Gesellschaft die Treue und heiratete später den Chefkonstrukteur und technischen Direktor. Mein Bruder verließ frühzeitig die Schule und fand Arbeit bei Böhler, der damals größten österreichischen Stahlfirma. Ich aber wurde Schauspieler. Aber, warum eigentlich?

In unserer Familiengeschichte wies nichts auf eine Begabung oder Neigung dieser Art hin. Schiffer, Müller, Bauern und von der Seite meiner Großmutter her noch einige Offiziere ... das waren meine Ahnen und Urahnen gewesen. Wir hielten noch die Orden meines Urgroßvaters in Ehren, von dem meine Großmutter immer nur respektvoll als »dem Herrn Vatter« sprach. Seine Meriten hatte er sich 1813/14 erworben, in den von patriotischer Begeisterung getragenen Befreiungskriegen gegen Napoleon. In der Völkerschlacht bei Leipzig hatte er, wie es meine Großmutter nannte, einen »Stich in den Waden« bekommen.

Diese Großmutter war, soweit ich mich erinnern kann, eine originelle Frau, eine starke Persönlichkeit, die bis ins hohe Alter hinein jeden Tag ihr Quantum Wein trank und erklärte, das sei »die Milch des Alters«. Täglich ging sie zur Messe und hörte aufmerksam die Predigt, sparte aber auch nicht mit ihrer Kritik. So sagte sie einmal, als sie aus der Kirche zurückkam: »Also, der neue Pfarrer ... die Predigt ... es ist ja auch das Wort Gottes ... aber nicht zum Anhören!«

Nur einmal sah ich sie völlig ratlos. Es muß gegen Ende des Krieges gewesen sein, wir hatten gerade das erste Telefon bekommen, was für Privatleute damals noch eine große Seltenheit war – vermutlich bekam es mein Vater aus dienstlichen Gründen. Als es zum erstenmal klingelte, waren meine Großmutter und ich ganz allein im Haus! Wir erschraken zu Tode bei diesem neuen, ungewohnt schrillen Klang und sahen uns hilflos an; sie eine patente Frau von über achtzig Jahren und ich ein Junge von sieben oder acht Jahren. Dann faßte sie sich ein Herz, hob den Hörer ab, hielt ihn dicht an ihr Ohr, zuckte aber sofort wieder zurück, als unverständliche, nie gehörte Laute ihr entgegenschlugen. Mit flehendem Gesichtsausdruck hielt sie mir den Hörer hin. Aber auch ich hörte nur seltsame Laute, die mir wie ein fernes Quaken vorkamen, brüllte viel zu laut »Hallo! hallo!« und warf den Hörer wieder auf die Gabel, als würde er mir die Hand verbrennen. Wir haben nie erfahren, wem wir diesen historischen ersten Telefonanruf bei uns verdankten. Später gewöhnte ich mich recht schnell an dieses neue Kommunikationsmittel, so daß ich unsere erste Nummer bis heute nicht vergessen habe: 43422!

Aber zurück zu meiner Berufswahl. Die Verwandtschaft war sehr überrascht von meinem Entschluß, denn unter meinen Ahnen und Urahnen finden sich keine Schauspieler. Oder doch?

Eine Tante, eine Schwester meines Vaters, soll über eine sehr schöne Singstimme verfügt haben; ich selbst lernte sie noch kennen als eine lebhafte, lustige, zu dramatischen Auftritten neigende Frau, die vielleicht zum Theater gefunden hätte, wenn sie in einer weniger bürgerlich-konservativen Zeit aufgewachsen wäre. Ihre Söhne, meine Vettern also, wohnten im dritten Stock unseres Hauses und kamen manchmal zu uns herunter, um zusammen mit ihrer Schwester, einer ausgezeichneten Pianistin, im Terzett zu musizieren. Oft brachten sie auch einen Vorrat bunter Verkleidungs-Utensilien und Perücken mit, aus dem ich mich manchmal bediente, um vor dem großen Spiegel im Kinderzimmer in den ausgefallensten Figuren meiner Phantasie zu posieren.

Zum Abschluß der Volksschule, ich war damals elf Jahre alt, fand ein Festabend statt, bei dem Szenen aus *Der Bauer als Millionär* aufgeführt wurden. Das Stück stammt von Ferdinand Raimund, der mit seiner Verbindung von Volkstheater, Wiener Zauberstück und Lokalposse im 19. Jahrhundert so etwas wie der Vorläufer und auch Rivale Nestroys war. Ich durfte die Hauptrolle, den Fortunatus Wurzel, spielen. Als die Szene kam, da Fortunatus sich von der Jugend verabschieden muß, und ich die Verse

> »Brüderlein fein, Brüderlein fein,
> einmal muß geschieden sein«

deklamierte, war es um mich geschehen. Ich verliebte mich in die Darstellerin der Jugend, ein bildhübsches Mädchen, das eigens für diese Aufführung aus einer anderen Schule ausgeliehen worden war. Sie zeigte aber keinerlei Verständnis für meine kindlich-plumpen Annäherungsversuche, während ein anderes Mädchen, das mich gar nicht interessierte, andauernd hinter den Kulissen versuchte, auf mich hinaufzuhüpfen, um mich zu küssen und zu herzen, was mir aber überhaupt nicht behagte. So früh schon können sich die ewig gleichbleibenden Liebeskonflikte ankündigen. Aber man lernt eben nicht rechtzeitig daraus. Immerhin behielt ich auf diese Art recht deutliche Erinnerungen an meinen ersten Bühnenauftritt, der sonst sicher keinen Grund abgab, in der Geschichte des Theaters verewigt zu werden.

Bald kam ich auf die Realschule, die, da sie am Donaukanal, am »Schüttel«, lag, die Schüttel-Realschule oder – weniger respektvoll – das »Schüttel-Varieté« genannt wurde. Diese Anstalt glänzte mit einem sehr musischen Lehrkörper, und aus ihrer Schülerschaft ging eine Reihe von Künstlern, Schauspielern und Musikern hervor. In der Klasse meines Bruders drückte z. B. Willi Forst die Schulbank, der damals noch Frohs hieß und dessen Leistungen noch nichts ahnen ließen von den späteren großartigen Filmerfolgen wie *Maskerade, Bel Ami, Allotria, Mazurka, Serenade, Die Sünderin.* Der Leiter unseres Schülerorchesters hieß Hamlisch und war ein vielseitiges Show-Talent, wie man heute sagen würde. Er hatte Geduld genug, unser verstimmtes Schülerorchester zu leiten und inszenierte eines Tages sogar eine Art Revue, in der er selbst als Coupletsänger auftrat.

In meiner Klasse fielen drei Schüler durch überdurchschnittliches schauspielerisches Talent auf. Sie durften daher schon drei Jahre vor der Matura bei den alljährlichen Schülervorstellungen mitwirken, ein Privileg, das sonst nur den Schülern der Abiturklasse zustand. Diese drei Eleven waren Hans Holt, der damals noch Karl Hödl hieß, heute seit Jahrzehnten eine Säule des Theaters in der Josefstadt in Wien, Kammerschauspieler, Träger der Kainzmedaille usw., Rudolf Steinboeck, der nach dem letzten Krieg jahrelang Direktor des Theaters in der Josefstadt und dann Regisseur am Burgtheater wurde, und – ich.

Unser Zeichenlehrer war ein junger, lustiger Mann, der selbst nur zu gern Schauspieler geworden wäre und ein besonderes Faible für Ludwig Thoma hatte. Er inszenierte mit uns Thoma-Einakter, wobei er die Hauptrollen sich selbst zuschanzte. Aber wir übten auch die Werke der Klassiker ein oder genauer gesagt: die Fragmente dieser Stücke; so kam es, daß ich einmal im *Urner Tell-Spiel* den Wilhelm Tell darstellen durfte, in einem blütenweißen, arg stilisierten Kostüm, was mir reichlich seltsam vorkam. Ich hätte die Rolle viel lieber in einer naturalistischen Aufmachung gespielt, so wie man den sagenhaften Schweizer Helden auf alten Stichen sieht. Jahre später kam ich dahinter, daß der Regisseur wohl den Fotos der berühmten Jessner-Inszenierung des *Tell* am Berliner Staatstheater nachgeeifert hatte, denn dort hatte Albert Bassermann die Rolle in einem solchen Kostüm gespielt. Es war jene denkwürdige Premiere, in der Bassermann, nachdem die Vorstellung mehrmals von konservativen, wahrscheinlich schon nazistischen Gruppen gestört worden war, an die Rampe vortrat und in seinem schönsten Mannheimerisch rief: »Schmeißt doch die bezahlte Lausbube raus!«

Der große Albert Bassermann sollte in meinem Leben noch eine entscheidende Rolle spielen.

Aber zunächst muß ich noch einmal zurückblenden nach Oberösterreich. In Wesenufer, einem idyllischen Ort an der Donau zwischen Linz und Passau, verbrachten wir von 1919 bis 1921 regelmäßig die Sommerferien. »Sommerfrischler« nannte man solche Leute wie uns in jenen Jahren, als es noch nicht so ohne weiteres möglich war, mal schnell auf die Seychellen oder die Fidschi-Inseln zu jetten oder die Ferienzeit in der Antarktis und demnächst vielleicht auch im Weltraum totzuschlagen. Unsere Reisegruppe von gutbürgerlichen Familien mit ihren wohlerzogenen Töchtern und Söhnen aller Altersklassen wurde durch eine höchst exaltierte Persönlichkeit bereichert, den Schauspieler Ernest de Lorenzo aus Linz. Er war der erste richtige Schauspieler, den ich kennenlernte. Lorenzo, dessen bürgerlicher Name wohl nicht ganz soviel italienischen Schmelz verströmte, veranstaltete mit einigen begabten Sommerfrischlern und Talenten aus der ansässigen Bevölkerung Theatervorstellungen, deren Erlös der Errichtung eines Kriegerdenkmals in Wesenufer dienen sollte. Obwohl die Vorstellungen immer ausverkauft waren, blieb nie ein nennenswerter Betrag für das Kriegerdenkmal übrig. Vielleicht lag es daran, daß Lorenzo nicht nur die Hauptrollen spielte und Regie führte, sondern auch an der Kasse saß.

Neben dem Hauptdarsteller Lorenzo durften auch mein älterer Bruder und einer unserer Cousins in Hauptrollen brillieren. Vergessen wir nicht Hefner, den Gendarm des Ortes, der nicht nur für Ordnung sorgte, sondern auch nach Kräften seine nasale Tenorstimme einsetzte, die ihm in Österreich den Beinamen »Krawattltenor« eingebracht hat. Und auch ich durfte einmal auf die Bühne, als Schusterjunge in dem Stück *Die Vorlesung bei der Hausmeisterin*. Das Eigenartige an dem Stück war, daß alle Frauenrollen – und es hatte außer dem Schusterjungen nur Frauenrollen – traditionsgemäß von Männern zu spielen waren. Ob sich andere tiefsinnige Absichten hinter diesem Geschlechtertausch verbargen, entzieht sich meiner bescheidenen Kenntnis. Vielleicht hat sich das einmal ein Regisseur als Gag ausgedacht, als er hörte, daß Adele Sandrock – in ihrer Heroinenzeit – und Sarah Bernhardt den Hamlet spielten. Sarah Bernhardt sogar in hohem Alter mit einem Holzbein!

In anderen Stücken durfte ich als eine Art Regieassistent und Mädchen für alles dabei sein, so auch in dem Rührstück *S'Nullerl*, einem damals an kleinen Bühnen sehr populären, musikalisch untermalten Volksstück, das die Tränendrüsen der Zuschauer strapazierte. Übrigens: Bei dieser Gelegenheit erlebte ich auch meinen ersten und, so Gott will, auch einzigen Theaterbrand!

Das Publikum hatte sich in dem Tanzsaal versammelt, der im ersten Stock des größten Wirtshauses am Ort lag. An einem Ende des Saales hatte man aus über Böcken gelegten Brettern eine notdürftig improvisierte Bühne errichtet. Die Kulissen bestanden lediglich aus Holzrahmen, die mit Packpapier bespannt wurden. Bemalt hatte sie ein bekannter Landschaftsmaler, Stoitzner, der den Sommer alljährlich in Wesenufer verbrachte. Die Beleuchtung erschöpfte sich in einigen Petroleumlampen, die an der Bühnendecke baumelten oder an der Rampe aufgestellt waren. Gegen Feuer imprägniert war natürlich nichts!

Ich stand, da ich nicht auf der Bühne beschäftigt war, im Saal, an die Wand gelehnt, um die Vorstellung in aller Ruhe zu verfolgen. Lorenzo, unser Freund und »Kassenwart«, spielte die Rolle des Nullerls. Der ist ein armer wandernder Händler und trägt schwer an seiner »Bucklkraxen«, dem großen Tragekorb auf seinem Rücken. Als Lorenzo nun mit großer Gebärde die Bühne betritt und sein sentimentales Liedchen singen will, da stößt er mit besagter »Bucklkraxen« an eine Kulisse, eine von der Decke hängende Petroleumlampe löst sich aus ihrer Befestigung, fällt herunter, und schon steht die ganze Bühne lichterloh in Flammen.

Ausnahmsweise darf ich mich nun selbst loben, was ich mir aber in diesen Erinnerungen nicht noch einmal gestatten werde. Ich bewies nämlich schon im zarten Alter von elf Jahren in brenzligen Situationen Ruhe und Übersicht. Diese Fähigkeit habe ich mein ganzes Leben lang zu bewahren versucht.

Damals, als das Feuer sich rasch ausbreitete, sauste ich wie der Blitz die steile, schmale Treppe hinunter, rief dem Wirt zu, der gerade ein Tablett mit Mostgläsern in der Gaststube servieren wollte: »Herr Auer, oben brennt's!«, ergriff einen auf dem Gang stehenden Eimer, tauchte ihn in jenen mit Wasser gefüllten Bottich, in dem sonst die Bier- und Mostgläser ausgespült wurden, und rannte wieder die Treppe hinauf. Das heißt, ich wollte hinaufrennen. Aber da kam mir schon unter Schreckensgeschrei die Zuschauermenge entgegengestürzt. Ich wurde aus dem Weg geschubst, an die Wand gedrängt, und als ich mir endlich meinen Weg durch die von Panik erfaßten Menschen nach oben erkämpft hatte, war mein Eimer zur Hälfte leer und die Gefahr schon fast gebannt. Der Saal war verlassen, die Zuschauer geflohen; auf der von Rauch erfüllten Bühne stand mein Vater und rief in den Raum hinein: »Karl, Karl!«

Der »Nullerl« Lorenzo, ich, die übrigen Zuschauer und der Besitzer des Gasthofs Auer, wir alle hatten es im Grunde allein dem Pflichtgefühl meines Vaters zu verdanken, daß nichts

Schlimmeres passiert war. Er hatte auf einem Inspektionsgang hinter die Bühne darauf bestanden, daß Kisten mit Sand bereitgestellt würden. Damit konnten die Akteure – von der Ortsfeuerwehr war nichts zu sehen – die Flammenwut noch rechtzeitig ersticken.

In arge Gefahr war allerdings der Schullehrer geraten. Er gab an diesem Abend sein Debüt als Souffleur. Da der lieblos zusammengezimmerte Souffleurkasten bedenklich wackelte, hatte man ihn an der Bühne festgenagelt. Nur mit der Kraft der Verzweiflung konnte der schmächtige Lehrer sich aus der in der Mitte der Rampe eingelassenen, brennenden Kabine befreien.

Vielleicht rührt von diesem Kindheitserlebnis meine Angst vor Menschenaufläufen her, eine Angst, die ich nie mehr losgeworden bin.

Einen der Zuschauer mußte man vom Dach herunter holen. In seiner Panik war er durch ein Fenster hinaufgekrochen, während mein Cousin in »Kostüm und Maske« die um das Haus versammelte Menge schon aufforderte, doch wieder hereinzukommen. In der Tat wurde das herzzerreißende Rührstück in halb ausgebrannten Kulissen zu Ende gespielt. So hatte das *S'Nullerl* unversehens eine aussagekräftige Dekoration erhalten und ich eine wertvolle Erfahrung fürs ganze Leben: »The show must go on!« Und schon braute sich, von mir noch gar nicht richtig bemerkt, über meinem Kopf die Wolke »Theater« zusammen.

»Schiaß, Knapek!«

Lehrjahre an der Wiener Akademie

Aber noch bedurfte es einiger Fingerzeige, um mir den Weg zur Bühne zu weisen. Gewiß: Theater hatte mich schon immer interessiert. Abgesehen vom Plastilin, das ich eifrig knetete und modellierte, war das Puppentheater, zu dem ich selbst Kulissen malte und Stücke schrieb, mein liebstes Spielzeug. In der Realschule verwöhnte man uns mit ermäßigten Karten für die ersten Wiener Theater, die ich häufig in Anspruch nahm, aber immer noch, ohne daß mir der Gedanke gekommen wäre, selbst Schauspieler zu werden.

Ich hatte andere Pläne. Wozu hatte ich denn meine Sprachbegabung? Fremdsprachen faszinierten mich ungemein, und ich fing schon mit fünfzehn Jahren an, jüngeren Schülern Nachhilfestunden in Französisch, Englisch und Deutsch zu geben, um Taschengeld zu haben, mir das eine oder andere selbst kaufen zu können und nicht ganz von der kleinen Pension meiner Mutter abhängig zu sein. Ich spielte mit dem Gedanken an ein Studium der Neuphilologie und wollte mir in dieser Richtung einen Beruf suchen.

Aber wieder einmal kam alles anders. Es begann damit, daß mein Freund Rudi Steinboeck von seinem ersten Engagement an Provinzbühnen zurückkehrte. In einem Anfall von Kühnheit hatte er der Realschule ein Jahr vor der Matura den Rücken gekehrt und sich kurzerhand entschlossen, Schauspieler zu werden. Was er mir nun von seinen ersten Erfahrungen in der Welt des schönen Scheins erzählte, eröffnete mir eine ganz neue Welt und machte mich neugierig. Hübsche Aktricen, Premierenfieber, und nicht zu vergessen die Reiselust, die Vielfalt der Eindrücke – war das alles, wenn auch im Provinzmaßstab, nicht ungleich attraktiver, als aus angestaubten Büchern Grammatikregeln zu lernen und in muffigen Hörsälen den Vorlesungen irgendwelcher Kathedergrößen zu folgen?

Um diese Zeit sah ich auch Albert Bassermann als Konsul Bernick in Ibsens *Stützen der Gesellschaft*! Ich glaube, das gab den Ausschlag. Bassermann war aufgrund seiner psychologisch-naturalistischen Rollenauffassung in solchen Rollen in seinem Element.

Mein Entschluß war nun rasch gefaßt. Ich fuhr nach der Matura vorzeitig aus den Ferien nach Wien zurück und nahm die Aufnahmeprüfung an der Akademie für Musik und darstellende Kunst in Angriff. Für das Vorsprechen hatte ich mir die Erzählung des Raoul aus der *Jungfrau von Orleans* ausgesucht und die Verse

> »Wir hatten sechzehn Fähnlein aufgebracht,
> Lothringisch Volk, zu Deinem Heer zu stoßen...«

fleißig einstudiert. Mit meiner Textauswahl kam ich mir sehr einfallsreich vor. Wie sollte ich denn auch ahnen, daß ungefähr jeder zweite Schauspielaspirant den Raoul vorsprach und den Jury-Mitgliedern diese Verse vermutlich schon aus den Ohren herauskamen. Trotzdem bestand ich die Prüfung und wurde angenommen. Vielleicht hatten die leidgeprüften Juroren mir gar nicht zuhören können. Egal! Ich war mächtig stolz, wurden doch von den 54 Kandidaten ganze vier aufgenommen.

Kein Wunder, daß der Gedanke an das Philologiestudium bald gänzlich in den Hintergrund trat und ich endgültig bei der Schauspielerei blieb. Dennoch pflegte ich meine Fremdsprachenkenntnisse, was mir in späteren Jahren oft weiterhelfen sollte.

Im Jahr darauf gelang es mir auch, meinen Freund Hans Holt zu überreden, die Aufnahmeprüfung für die Akademie zu machen; er bestand sie ebenfalls, so daß wir wieder beieinander waren. Unsere Freundschaft währt bis heute.

Drei Jahre lang blieb ich an der Akademie für Musik und darstellende Kunst in Wien. Aber im letzten Jahr hatte ich schon an der »Ravag« zu tun, wie der Österreichische Rundfunk (heute ORF) damals hieß, und wurde zusammen mit Hans Holt für das Stück *Die Wunder-Bar* bei den Wiener Kammerspielen engagiert. Wir machten die Ein- und Vortänzer, das heißt, wir hatten zunächst nur einige Male mit den weiblichen Stars der Vorstellung zu tanzen; aber so hübsch, wohlproportioniert und leicht bekleidet wie diese Damen waren, war das eine durchaus angenehme Aufgabe. Das aufmerksame Publikum muß ganz ähnlich empfunden haben – das Stück lief über 150mal, und mit der Zeit durften wir dann auch die unscheinbaren Nebenrollen übernehmen. Das Honorar war winzig, aber zusammen mit den Funkhonoraren und dem Geld für die Nachhilfestunden in Englisch und Französisch, die ich immer noch gab, half es mir doch, jene Garderobe anzuschaffen, die man laut Vertrag damals auch als blutjunger Schauspieler ins Engagement mitzubringen hatte. Für den vorgeschriebenen Frack und Smoking reichte es allerdings nicht ganz. Not macht erfinderisch! Den Frack ließ ich mir von meinem Schneider aus einem Gehrock machen, den ich von einem Cousin geerbt hatte, der im Ersten Weltkrieg gefallen war. Eine liebevoll um mich besorgte Akademiekollegin schließlich schenkte mir den abgelegten Smoking ihres Vaters. Beide Kleidungsstücke, die in meinem Rollenfach viel gebraucht wurden, trug ich in sämtlichen Engagements, bis ich 1936 meinen ersten Film bei der Ufa drehte. Die ließ mir dann bei Kniže in Berlin einen Frack bauen, und von der ersten Filmgage der mächtigen Ufa ließ ich mir zwei Smokings machen, einen einreihigen und den immer mehr in Mode kommenden zweireihigen. Den Frack habe ich heute noch, und obwohl ich mir inzwischen einen neuen anfertigen ließ, trage ich ihn unverdrossen in allen Rollen, die »zurückspielen«. Die beiden Smokings aber haben die Russen in Staatseigentum überführt, als sie im Frühjahr 1945 in den Resten meiner Wohnung im Grunewald herumstöberten. Womöglich passen sie irgendwelchen ausgedienten Funktionären!

Auf die Firma Kniže aber, die damals die besten Schneider der Welt beschäftigte, die Prager nämlich, werde ich noch einmal zurückkommen. Nicht ohne Grund sprechen alle meine älteren Kollegen nur mit nostalgischem Blick von diesem Haus.

Ein aufregendes und lustiges Erlebnis meiner Akademiezeit hat sich meinem Gedächtnis nachhaltig eingeprägt. Es hängt mit der Einrichtung der sogenannten »Max-Reinhardt-Konkurrenz« zusammen. Ich glaube, sie wurde überhaupt nur einmal durchgeführt, und ich hatte das unverschämte Glück, zur rechten Zeit zur Stelle zu sein. Es handelte sich um eine Art Wett-Vorsprechen, das am Deutschen Theater in Berlin durchgeführt wurde, vor einer Jury aus Schauspielern, Regisseuren und Dramaturgen der Reinhardt-Bühnen.

Begabte Schüler aus allen Schauspielschulen Deutschlands und Österreichs meldeten sich für dieses Nachwuchs-Gipfeltreffen. Die Fahrt und den Aufenthalt mußte man allerdings aus eigener Tasche bezahlen. Damals sicherlich ein schweres Hindernis für manch hoffnungsvolles Talent.

Von unserer Akademie wurden drei Schauspieler gemeldet; den Namen des ersten habe ich vergessen, er lernte in einer anderen Klasse. (Die Akademie zählte drei Schauspielklassen.) Die beiden anderen waren mein Freund Willy Hufnagl und ich. Hufnagl war ein Original und ein echter Tausendsassa obendrein. Von Beruf war er Postsparkassenbeamter, besuchte aber trotzdem die Akademie. Wie er das zeitlich schaffte, ist mir noch heute ein Rätsel, aber er schaffte es! Er war auch technisch und handwerklich begabt und steckte voller Ideen. Das sollte sich auch bei dieser Gelegenheit zeigen.

Ich hatte in Berlin einen Vetter (mit einer reizenden schwedischen Ehefrau), bei dem wir wohnen konnten. Die Fahrt dritter Klasse auf Holzbänken war hart, aber erschwinglich. Als Proviant nahmen wir Dauerwürste mit, um nicht auf teure Lokale angewiesen zu sein. So konnten wir uns das Abenteuer Berlin leisten.

Wir nahmen den Nachtzug Wien–Prag–Dresden–Berlin und kamen am frühen Morgen auf dem Anhalter Bahnhof an. Es war Himmelfahrtstag, aber daran dachten wir gar nicht. Es war noch sehr früh am Tage, die Straßen waren leer, als wir plötzlich einen etwas unmelodischen lauten Gesang hörten, und uns ein offener Wagen, ein sogenannter »Kremser«, entgegenkam, besetzt mit fröhlichen, offensichtlich schon reichlich alkoholisierten Männern. Das erschien uns für die frühe Stunde seltsam, in Wien konnte man eine solche Fuhre höchstens nachts von einem Heurigen wegfahren sehen. Wir grübelten noch über dieses Phänomen, als auch schon ein ähnlich besetztes Vehikel um die nächste Ecke bog, nur war es diesmal ein kleiner, offener Lastwagen. Das wiederholte sich noch einige Male, und wir gewannen allmählich den Eindruck, daß in Berlin nur Wahnsinnige wohnten. Endlich fanden wir in der Potsdamer Straße ein kleines, schon oder noch geöffnetes Café, in das wir eintraten, um zu frühstücken, denn meinen Vetter konnten wir unmöglich aufsuchen; es war viel zu früh. Und in diesem Café klärte uns der Kellner über die Sitte der »Herrenpartien« auf, die wir, da wir zum ersten Mal in einem protestantischen Land weilten, natürlich nicht kannten. Wir waren sehr erleichtert, daß das die Berliner Art war, den »Vatertag« zu feiern, und doch nichts mit Wahnsinnigen zu tun hatte.

Bei der »Reinhardt-Konkurrenz« winkten tolle Geldpreise. Der erste Preis belief sich auf 1500 RM, ein Vermögen! Der Kurs des Schilling war 2:1 im Verhältnis zur Reichsmark, und wer im armen Wien 3000 S besaß, galt damals als Krösus. Außerdem gab es noch einige Trostpreise zu 150 RM. Für den Anfang auch nicht übel! Den ersten Preis trug ein Wiener Kollege davon. Man hat in Theaterkreisen später nie mehr etwas von ihm gehört!

27

Willy Hufnagl und ich ergatterten jeder einen Trostpreis. Ich war auf Nummer sicher gegangen und hatte abermals den nicht totzukriegenden Raoul rezitiert. Hufnagl aber schoß wieder einmal den Vogel ab. Er hatte die große Rede aus Schillers *Fiesko* einstudiert und das Gemurmel, die Rufe der Volksmenge auf eigene Kosten auf eine Grammophonplatte aufnehmen lassen, wozu er sämtliche Freunde, Verwandte und Bekannte zusammengetrommelt hatte.

Als Hufnagl nun mit seinem Grammophon, das er vor sich hertrug, vor die Jury trat, rümpften deren Mitglieder die Nase und zogen despektierlich die Augenbrauen hoch. Gelindes Entsetzen breitete sich unter ihnen aus. Aber dann erklärte Hufnagl in kurzen präzisen Worten seine Absicht und trug die Rede des Fiesko mit genauestem Timing vor, so daß er nie dem Volk und das Volk nie ihm ins Wort fiel.

So kamen wir zu unseren Trostpreisen, die für uns ein warmer Regen waren und Grund genug, einen Tag länger »Berliner Luft« zu schnuppern. Dann hieß es, wieder nach Wien zurückzukehren und weiter das Theaterhandwerk zu lernen.

Zweimal im Jahr fanden im Akademietheater Schülervorstellungen statt. Das Akademietheater war ja ursprünglich nur als Theater für die Schüler der Schauspiel-, Opern-, Ballett- und Musikklassen gebaut worden und wurde erst später dem Burgtheater als Kleines Haus zugeschlagen, aber an diesen bestimmten Tagen des Jahres gehörte es noch uns.

Bei diesen Schülervorstellungen sollten wir schon etwas mit dem praktischen Theaterbetrieb vertraut gemacht werden, mit dem Probenablauf und allem, was dazugehört. Dabei sollten die Schüler und Schülerinnen nicht nur darstellerische, sondern auch technische Funktionen übernehmen, sei es als Souffleure, sei es als Inspizient. Der Inspizient ist der Mann – oder, allerdings viel seltener, die Frau –, der für den glatten, pannenlosen Ablauf der Vorstellung verantwortlich ist. Er gibt das Zeichen für den Auftritt, besonders wenn das Stichwort für den auftretenden

Schauspieler ein optisches ist, also einem lautlosen Vorgang auf der Bühne gilt, den der Schauspieler von seinem Standpunkt aus nicht beobachten kann. Der Inspizient gibt das Zeichen für das Aufgehen und Fallen des Vorhangs, für Musik- und Geräuscheinsätze, für Lichtwechsel, mit einem Wort: Er ist der unsichtbare und unhörbare Dirigent des gesamten Bühnengeschehens.

An dieser Stelle muß ich von einem Menschenschlag erzählen, der leider vom Aussterben bedroht ist: dem Theatermenschen. Der Theatermensch ist jemand, der zwar nicht im Rampenlicht der Öffentlichkeit steht und weder den Beifall noch die hohen Gagen einstreicht, aber trotzdem manchmal auch im Wortsinne im Theater lebt, das er leidenschaftlich liebt und ohne das er nicht existieren könnte. Seine Stellung am Theater, was immer sie sei, faßt er nicht als »Job« auf, sondern als Berufung.
In München, an einem der beiden Häuser der Kleinen Komödie, ist dieser Theatermensch eine Frau: Trude Göringer. Über vierzig Jahre habe ich in den verschiedensten Stücken unter ihrer Inspektion gespielt. Wenn ich vor der Vorstellung auf die Bühne gehe, um die Anordnung der Möbel zu kontrollieren und die Requisiten, mit denen ich zu spielen habe, durchzuprobieren, dann begrüßt mich seit Jahren ihr vertrautes: »Servus, Schampi«, und ich antworte: »Servus, Trude«. Pünktlich ertönt ihre Lautsprecherdurchsage: »Es ist zwei Minuten vor acht Uhr, Beleuchtung, Ton, Vorhang, bitte auf die Bühne und die Herrschaften, die anfangen, bitte.« Und man weiß, es ist alles in Ordnung.
Es gibt noch einige solche Theatermenschen, aber sie werden leider immer seltener. Ich will, weiß Gott, nichts gegen die sozialen Verbesserungen sagen, die in den fast sechzig Jahren, die ich auf der Bühne arbeite, errungen wurden, und auch nicht gegen das »soziale Netz« wettern, das die Politiker immer so gerne im Munde führen und in das auch unser Berufsstand einbezogen wurde. Aber manchmal frage ich mich schon, ob

man die Absicherung nicht übertreibt. Wirklich herausragende Leistungen kommen nur zustande, wenn alle, von der Hauptdarstellerin bis zum Vorhangzieher, aus freien Stücken ihr Bestes geben wollen; und wenn die penible Einhaltung der Arbeitszeit nicht zum obersten Wunsch wird.

Aber zurück zur Akademie in Wien. Zum Abschluß der Ausbildung wurde dem Schüler Gelegenheit gegeben, sich in der letzten Vorstellung in tragenden, womöglich verschiedenartigen Rollen zu präsentieren. Da saßen im Parterre neben den Eltern, Kollegen und Freunden auch einige Agenten und sogar Theaterdirektoren, um sich vielleicht die Stars von morgen herauszufischen.

Für meine Abschiedsvorstellung bekam ich drei Rollen. Einen Auftritt des Holofernes aus dem Trauerspiel *Judith* von Friedrich Hebbel. Und zwar jene dramatische Szene, in der die Jüdin Judith dem Heiden und Feldhauptmann nach der listig in die Wege geleiteten Liebesnacht den Kopf abschlägt. Ich machte eine tolle Maske, kniete mich ungeheuer hinein, wie man so sagt, um ordentlich Furcht und Mitleid zu erregen, wobei ich sicher maßlos übertrieben habe. Die zweite Rolle aus einem Einakter von Strindberg lag mir wesentlich mehr. Natürlich bekam ich in meinem ganzen Leben keine Strindberg-Rolle mehr.

Die dritte Rolle schließlich war ein sehr interessanter Charakter aus Wedekinds Einakter *Der Kammersänger.* Ich spielte den Kammersänger Gerardo, einen aufgeblasenen Philister und Egoisten, der, von Gastspielterminen gehetzt, sich eine Geliebte hält. Er will diese nicht auf Tournee mitnehmen, weil das der Kontrakt verbietet.

Aber die »Abräumrolle«, wie wir es nennen, ist in diesem Stück die Rolle des Professors Dühring, eines alten Komponisten, dessen Werke nicht aufgeführt werden und dessen Schicksal jeden Zuschauer rührt. Da ich das damals noch nicht begriff, war ich etwas enttäuscht, als ich merkte, daß der Kollege mir ganz offensichtlich die Show stahl.

Ein besonderes Pech kam noch hinzu. Am Schluß des Stücks zieht meine Geliebte, die ich zu verlassen im Begriff bin und noch in meinem Arm halte, aus ihrer Handtasche einen Revolver hervor und erschießt sich. Der Kollegin war eingeschärft worden, um jeden Preis nur einmal abzudrücken. Wenn die Platzpatrone versagte, sollte sie nicht noch einmal abdrücken. Für diesen Fall wurde vielmehr verabredet, daß der Requisiteur hinter der Kulissenwand auf ein Zeichen des Inspizienten den Schuß abfeuerte. Dieser Requisiteur hieß Knapek, der Inspizient war mein Freund Willy Hufnagl.

Ich hatte gerade die verhängnisvollen Abschiedsworte gesprochen, die arme Geliebte fummelte nervös in ihrer Handtasche, als ich es »klick« machen hörte und hinter der Kulisse Hufnagls Stimme im schönsten Wienerisch vernahm: »Schiaß, Knapek!« »Bumm« ging der Schuß dumpf los, und »bumm« machte es eine halbe Sekunde später auch auf der Bühne vor meinem Bauch, denn die Unglückliche hatte doch noch ein zweites Mal abgedrückt. Meine letzten Worte, im Hinausstürzen aus dem Hotelzimmer deklamiert, sind von Wedekind eigentlich als verzweifelter Aufschrei gedacht: »Ich muß morgen abend in Brüssel den Tristan singen!« Aber da das Publikum unsere Schußpanne bemerkt hatte und sich kräftig darüber amüsierte, wirkte mein tragischer Abgang nur noch komisch.

Viele Jahre später habe ich dieselbe Rolle an der Volksbühne in Berlin unter der Regie von Rudolf Noelte gespielt, aber da wußte ich längst, daß die dankbarere Rolle die des Professors Dühring ist, und habe mich ganz gut geschlagen. Den sympathischen Dühring spielte der alte wunderbare Robert Müller, der wegen seiner ungeheuren Nase auch »Nasen-Müller« hieß. Es gab damals drei bekannte Müller in der Theater- und Filmwelt: »Nasen-Müller«, dann »Zigarren-Müller«, ein Film und Fernsehregisseur, der Tag und Nacht Zigarren rauchte, und last not least »Bart-

Müller«, ein Wiener Filmproduzent, der einen dichten Vollbart trug. Das war damals, Ende der fünfziger, Anfang der sechziger Jahre, noch eine Sensation. Heute ist man eher erstaunt, wenn man einen jungen Kollegen ohne Vollbart oder ohne die besonders appetitliche Drei-Tage-Rasur antrifft.

»Nasen-Müller« verdanke ich einen der entzückendsten Abende, die ich jemals in Berlin erlebte. Er war auch Österreicher. Im Berliner Kollegenkreis rühmte man seine wunderbare Köchin, die er aus Wien mitgebracht hatte.

Eines Abends lud er nach der Vorstellung einige Freunde zum Essen ein. Ernst Deutsch und seine Frau Anuschka, die einmalige Elsa Wagner, Willi Schaeffers, den berühmten Berliner Kabarettisten, O. E. Hasse und mich. Und während wir uns an Nudelsuppe, Tafelspitz und köstlichem, selbstgemachtem, warmem ausgezogenen Apfelstrudel labten, kam die Konversation in Gang, die hauptsächlich von Elsa Wagner mit ihrem rollenden, russisch gefärbten Deutsch und von Willi Schaeffers mit seiner trockenen Berliner Mundart geführt wurde.

Die beiden hatten vor dem Ersten Weltkrieg an verschiedenen Sommertheatern zusammen gespielt, und ihre Erinnerungen an gemeinsame Erlebnisse waren köstlich.

»Der Bonvivant als Lebensretter«

Erste Engagements – Begegnungen mit Carl Zuckmayer
und Albert Bassermann

Nach dem Abschiedsabend an der Wiener Akademie und meinen mehr oder weniger gelungenen Hebbel-, Strindberg- und Wedekind-Interpretationen wurde ich in die freie Wildbahn entlassen. Mein erstes Provinzengagement führte mich nach Meißen, in die berühmte Porzellanstadt an der Elbe. Der Direktor des Meißner Stadttheaters hieß Hans Chlodwig Gahsamahs und war Wiener, was der exotisch-romantische Name nicht unbedingt vermuten ließ. Verständlicherweise importierte er seine Schauspieler und besonders die Anfänger gerne aus seiner Heimatstadt Wien. Wir waren ein fast hundertprozentiges Wiener Ensemble, und das mitten in Sachsen. Ich bekam einen Vertrag als Schauspieler mit Chorverpflichtung. Denn die kleinen Stadttheater wurden früher nicht von der öffentlichen Hand subventioniert, im Gegenteil! Der Direktor mußte der Stadt Pacht bezahlen und mit seinen Einnahmen sein Ensemble und den ganzen Betrieb erhalten. Daher mußten alle jungen Schauspielerinnen und Schauspieler in der Operette Chor singen und tanzen, denn die Haupteinnahmequelle war die Operette. Es war hart, neun Monate lang jeden Vormittag und Nachmittag Probe und abends Vorstellung. Da ich in jedem Stück eine Rolle hatte, blieben mir in neun Monaten nur zwei freie Abende: Heiligabend und Totensonntag!

Dennoch: Es war eine wunderbare Schule. Ich spielte an einem Abend eine dramatische Charakterrolle, z. B. den Stanhope in *Die andere Seite*, einem damals populären Antikriegsstück, das in den untersten Schichten der englischen Gesellschaft spielt, und am nächsten Abend tanzte ich mit den Kollegen auf der Bühne und sang in der *Csárdásfürstin*:

> »Die Mädis, die Mädis, die Mädis vom Chantant,
> die nehmen die Liebe nicht so tragisch...«

Die Gage war nicht überwältigend, ganze 110 RM im Monat. Das war, obwohl die Kaufkraft der Mark wesentlich höher lag als heute, auch damals ein bescheidener Lohn. Ein paar Mark Steuer wurden noch abgezogen, der Agent, der das Engagement vermittelt hatte, mußte monatlich abbezahlt werden, und mein möbliertes Zimmer kostete 30 RM mit Frühstück (eine Tasse Tee und eine Buttersemmel). Ungeheizt! Den Kachelofen zu heizen, hätte 50 Pfennig pro Tag gekostet. Das konnte ich mir nicht leisten, also hauste ich lieber den ganzen Winter im Kalten. Zum Glück hatte ich eine liebe Freundin im Ensemble, die etwas Zuschuß von zu Hause bekam und sich daher ein geheiztes Zimmer leisten konnte. Bei ihr kroch ich unter, um erwärmt und auch anderweitig verwöhnt zu werden. Bei dem wenigen Geld, das nach Zimmermiete und Wäsche fürs Essen übrigblieb, hielt ich mich mühelos schlank. Daß man nicht dramatisch abmagerte, dafür sorgte das rührende Publikum. Die Meißner wußten von dem Hungerlohn junger Schauspieler und schickten uns statt Blumen oft Freßpakete auf die Bühne. Die üppigsten kamen freitags, da waren die Damen aus dem Haus mit der roten Laterne abonniert! Dank und Ehre ihrem Andenken.

Überhaupt, das sächsische Publikum! Es ist auch eine der vielen tragischen Begleiterscheinungen der Teilung Deutschlands, daß die Theaterhäuser in der DDR für uns, besonders für unsere jungen Schauspieler, fast in einer anderen Welt liegen, und daß diese Häuser für uns wie verschlossen sind. Wie ist das Gebiet des deutschsprachigen Theaters überhaupt durch diese zwei unglückseligen Kriege geschrumpft! In meiner Kindheit, zur Zeit der österreichisch-ungarischen Monarchie, gab es noch ein Deutsches Theater in Budapest und in Marburg an der Drau, dem heutigen Maribor, wo Josef Kainz sein erstes Engagement hatte. Regelmäßig fanden in Rußland und auf dem Balkan deutsche Gastspiele statt. Es gab ein ständiges deutsches Theater in New York – das Irving-Place-Theater – und eine deutsche Operette in Chicago!

Aber selbst nach dem Ersten Weltkrieg hielten sich in den verlorenen Gebieten noch zahlreiche ständige deutsche Schaubühnen: das Deutsche Theater in Prag, die Stadttheater in Gablonz, Reichenberg, Teplitz-Schönau, Mährisch-Ostrau, Brünn, im Sommer die Bühnen in den Weltbädern Karlsbad und Marienbad sowie in Bielitz in Polen. In Siebenbürgen, in Rumänien, gab es eine deutsche Bühne, von wo Joana Maria Gorvin nach Berlin kam. Diese Auflistung ließe sich gewiß noch fortsetzen.

Besonders tief war die Zäsur nach dem letzten Krieg. Das große Theater in Breslau, von dem unter anderen Käthe Gold, Fita Benkhoff und Rudolf Platte nach Berlin kamen, Königsberg mit seinem Schauspiel- und Opernhaus, ferner die vielen kleinen Stadttheater, die als Sprungbrett für Anfänger ungeheuer wertvoll waren, wie Bromberg, Allenstein, Landsberg a. d. Warthe, Frankfurt a. d. Oder – alle diese Häuser sind für uns verloren. Vorbei, vorbei. Das gilt natürlich auch für die einst so glanzvollen Bühnen in Dresden und Leipzig.

Doch zurück nach Meißen. Gahsamahs war sehr ehrgeizig und machte im Rahmen seiner Möglichkeiten gutes Theater. Wir eröffneten mit dem *Spiel von Tod und Liebe* von Romain Rolland, wir spielten aktuelle Stücke wie *Die andere Seite, Das Konto X,* aber auch die neuen Lustspiele von Curt Goetz, *Ingeborg* und *Der Lügner und die Nonne.* Als man merkte, daß ich musikalisch war und auch das Tanzbein schwingen konnte, durfte ich in einigen

Operetten zweite Buffo- und andere Solorollen spielen, so daß ich mich wirklich vielseitig entwickeln konnte.

Trotzdem wollte ich natürlich weiterkommen, und nach verschiedenen fehlgeschlagenen Bewerbungen erhielt ich eines Tages ein Engagement am Deutschen Theater in Hannover. Das war ein Privattheater mit künstlerischen Ambitionen, wie es damals viele gab. Auch die Reinhardt-Bühnen waren ja ein Privatbetrieb, ebenso das Theater in der Josefstadt, das Deutsche Volkstheater in Wien, die Hamburger Kammerspiele (unter Erich Ziegel), an denen u. a. Gustaf Gründgens, Paul Kemp, Victor de Kowa spielten, und die Münchner Kammerspiele, wo unter der Leitung von Otto Falckenberg Heinz Rühmann, Berta Drews, Ewald Balser, Marianne Hoppe, Will Dohm, Therese Giehse, Kurt Horwitz und viele andere engagiert waren.

In Hannover eröffneten wir die Saison mit dem *Sturm* von Shakespeare, spielten *Dame Kobold* von Calderón, *Peripherie* von František Langer und *Die Waterloo-Brücke*, ein damals vielgespieltes Antikriegsstück. Aber das war die Saison 1931/32, die Weltwirtschaftskrise ging auf ihren Höhepunkt zu, in Deutschland darbten sechs bis sieben Millionen Arbeitslose, und die, die noch Arbeit fanden, wurden schlecht bezahlt. Wir hatten schwer zu kämpfen und mußten kurzfristig einer Gagenkürzung um ein Drittel zustimmen, sonst hätte das Theater schließen müssen.

Aber auch in dieser Misere verließ mich mein Glück nicht ganz. Da war ein langes, dünnes, rothaariges Mädchen, mit dem ich einige Stücke spielte und viel Spaß hatte. Wir verstanden uns ausgezeichnet. Sie hieß Elisabeth Flickenschildt. Ich lernte Mine Corinth kennen, die Tochter des berühmten Malers Lovis Corinth, eine reizende, humorvolle Kollegin. Und schließlich einige entzückende, unvergeßliche Liebeserlebnisse, die mir zu viel bedeuten, um sie hier breitzutreten.

Mit der Stadt Hannover verbinde ich aber auch den Namen eines Mannes, der hier mein bester und engster Freund wurde und es jahrzehntelang bleiben sollte, bis er sich vor ein paar Jahren das

Leben nahm: Carl Merz. Er hieß eigentlich Czell und stammte aus Siebenbürgen. Er war damals Schauspieler und Regisseur in Hannover, dann ging er nach Wien, wo er nach dem Krieg als Kabarettist und Autor lebte. Er war zehn Jahre lang Hauptautor und Interpret in dem berühmten Kabarett Bronner-Merz-Qualtinger, schrieb mit Helmut Qualtinger zusammen den *Herrn Karl*, arbeitete an vielen Drehbüchern mit, schrieb Romane und Gedichte und unzählige witzige, oft beißend satirische Essays.

Carl Merz und ich, wir verloren uns nie ganz aus den Augen. Wir halfen uns gegenseitig, wo wir konnten. Als er 1938 in Österreich nach dem Einmarsch der deutschen Wehrmacht in Schwierigkeiten kam, bot ich ihm an, zu mir nach Berlin zu kommen, wo ich ihm auch einen Anwalt vermitteln konnte, der ihm weiterhalf. Umgekehrt nahm er mich nach dem Krieg, als ich kein Geld und keine Bleibe hatte, in Wien in seine Wohnung auf. Wir schrieben uns viele Briefe, von denen mir leider nur ein einziger erhalten blieb. Ein Jammer, denn seine Briefe waren ein Lesegenuß, gewürzt mit viel sarkastischem Humor. Gerhard Bronner sagte in seiner unvergeßlichen Rede anläßlich seiner Einäscherung: »Noch nach Jahren werden Kabarettisten und Conférenciers mit Pointen Erfolg haben, ohne zu wissen, daß sie einst Carl Merz erfunden hat.« Er war ein großartiger, liebenswerter, aber auch sehr empfindlicher und schwieriger Mann. Wir waren die besten Freunde.

Cary!

Er fehlt mir sehr.

In Hannover begegnete ich auch meinem Vorbild, dem Mann, der mir den letzten Anstoß gegeben hatte, den Schauspielerberuf zu ergreifen: Albert Bassermann. Nachdem ich ihn früher, wie bereits erwähnt, in einem Ibsenstück bewundern konnte, gastierte er nun bei uns mit einer seiner Berliner Erfolgsrollen aus dem Stück *Der Brotverdiener oder Muß die Kuh Milch geben?*

Das Gastspiel wurde nach einem System durchgeführt, das viele Stars praktizierten. Wir studierten das Stück nach Bassermanns

Regiebuch unter präziser Einhaltung der Regieanweisungen ein. Ein Kollege las einen Text. Er selbst kam dann zu den zwei oder drei letzten Proben. Ich spielte seinen Sohn und war so überwältigt von dem Glück, mit dem Schauspieler, den ich am meisten verehrte, auf der Bühne stehen zu dürfen, daß ich gar nicht merkte, wie die Kollegen nach den ersten Vorhängen verschwanden, um dem Meister, den das Publikum immer wieder hervorrief, allein die Bühne zu überlassen. Nur ich stürzte, blind vor Begeisterung, immer wieder hinaus, um mich auch zu verbeugen, bis ein älterer Kollege mich wütend aus der ersten Gasse anzischte und mir dann klarmachte, was für eine Taktlosigkeit ich mir da geleistet und wie sehr ich mich blamiert hatte. Ich war tief beschämt und wagte bei den beiden folgenden Vorstellungen mein Idol kaum anzusehen. Er aber blieb freundlich und gelassen wie immer.

1932, als ich zum Stadttheater in Salzburg wechselte, hatte ich noch zweimal Gelegenheit, mit scheinbar unerreichbaren Idolen zusammen auf der Bühne zu stehen. Ich meine Käthe Dorsch und Max Pallenberg. Die Dorsch gastierte bei uns in einer ihrer großen Erfolgsrollen, die sie gerade in Berlin gespielt hatte, in *Rose Bernd* von Gerhart Hauptmann. Und sie, eine der Großen der deutschen Bühne, in einer Rolle, die sie mit Riesenerfolg in der Theaterstadt Berlin gespielt hatte, war, wie uns die Garderobiere heimlich zusteckte, vor der Premiere so aufgeregt, daß sie sich übergeben mußte! Das beeindruckte uns junge Schauspieler ungeheuer. Ich spielte den brutalen Verführer Streckmann, aber meine Physis scheint der Dorsch keinen großen Eindruck gemacht zu haben, denn als die Szene kam, in der sie sich wütend auf mich stürzen sollte, flüsterte sie mir ins Ohr: »Da müssen Sie sich aber fest hinstellen, sonst renn' ich Sie um!« Ich nahm eine entschiedene Haltung ein und siehe da – mein Körper hielt dem Ansturm durchaus stand. Max Pallenberg, der legendäre brave Soldat Schwejk, gastierte mit dem Schwank *Familie Schimek*. Von ihm konnte

man lernen, mit welch ungeheurer Präzision ein Schwank gespielt werden muß.

Hier in Salzburg lernte ich auch die junge Schauspielerin Herta
Saal kennen, die gerade am Stadttheater ihr erstes, überaus
erfolgreiches Theaterjahr absolvierte. Es war ein wunderschönes
Jahr. Beide ahnten wir noch nicht, daß wir einmal heiraten
würden.

Und noch eine wichtige Begegnung hat mir das Jahr in Salzburg
gebracht: Ich lernte Carl Zuckmayer kennen, dessen Stücke *Des
Teufels General* und *Schinderhannes* nach dem Zweiten Weltkrieg auch große Filmerfolge werden sollten. Wir führten damals
Katharina Knie auf. »Zuck«, der mit seiner Familie in der »Wiesmühl« in Henndorf am Wallersee wohnte, kam öfter vorbei, um
sich die Proben anzusehen, ja er veranlaßte, daß die Zirkusfamilie
Eichler, die bei der Uraufführung in Berlin mitgespielt hatte,
auch bei uns mitmachte. Ich glaube sogar, er ließ sie auf eigene
Kosten kommen, denn das Theater in Salzburg war nicht auf
Rosen gebettet. Wir spielten auf Teilung, und da die Weltwirtschaftskrise auch vor Österreich nicht haltgemacht hatte, sprang
für uns nicht viel heraus. Ich erinnere mich, daß mein Anteil
manchmal gerade noch für einen Mokka im Café Bazar nach der
Vorstellung reichte.

1947, auch nicht gerade eine Zeit des Überflusses, trat ich in der
Schaubude, dem legendären Kabarett in München, auf. In der
Pause rief irgend jemand aufgeregt, Zuckmayer sei in der Vorstel-
lung. Und schon ertönte vom Garderobengang seine Stimme:
»Die Toten stehen auf, der alte Zuck ist wieder da!« Mit ausgebrei-
teten Armen kam er auf mich zu.

Knapp 20 Jahre später, ich gönnte mir eine Kur im Alpensanato-
rium in Bad Wiessee, ging ich eines Nachmittags am Tegernsee
spazieren, als von weitem eine Gestalt mit schweren, weitaus-
greifenden Schritten auf mich zukam. Ich hielt den Menschen für
einen einheimischen Bauern, bis er mit wohlbekannter Stimme

und rheinhessischem Dialekt ausrief: »Grad hab' ich an dich gedacht!« Es war Zuckmayer, der am selben Tag im Sanatorium angekommen war, um sich nach einer schweren Nierenoperation zu erholen. Wir blieben ein paar Wochen zusammen, ruderten tagsüber auf dem See und beobachteten die Vögel im Schilf. Abends plauderten wir bei einer Flasche Rotwein miteinander und genossen die ländliche Abgeschiedenheit.

In Salzburg damals, 1932, hatte er mich und meine Freunde ein paarmal nach Henndorf in die Wiesmühl eingeladen; es wurden beschwingte, ziemlich feuchte Abende, und ein Höhepunkt war es, wenn Carl Zuckmayer zur Gitarre griff und sein Lieblingslied anstimmte:

>»Die Cognacvögel fliegen
> herüber, übers Meer ...«

Aber sonst waren die Zeiten eher ernst. Unser Theater war, wie die meisten Bühnen damals, einem erbarmungslosen Überlebenskampf ausgesetzt. Wir wechselten häufig den Spielplan, um dadurch vielleicht mehr Zuschauer in den Musentempel zu locken. Ich glaube, ich habe damals einen Rekord aufgestellt, denn ich absolvierte in einer Woche vier Premieren! Am Mittwoch spielte ich den Kapitän Horster im *Volksfeind* von Ibsen, am Donnerstag hatte ich im Festspielhaus den heiligen Wolfgang in einem Festspiel zu zelebrieren, ein Marathon in Versen, am Samstag sang und tanzte ich den Dr. Siedler im *Weißen Rößl* und am Sonntag hetzte ich zur Premiere des Lustspiels *Alle Wege führen zur Liebe*, in dem ich die Hauptrolle, einen Bonvivant, spielte. Wie ich dieses Pensum durchhielt, weiß ich nicht, aber irgendwie habe ich es geschafft.

»Der moderne Schauspieler muß vielseitig sein, er muß singen und tanzen können und sportlich durchtrainiert sein!« hatte uns der Lehrer auf der Akademie in Wien eingeschärft. Mit einigen sportlichen Vorkenntnissen konnte ich durchaus aufwarten.

Schon mit vierzehn hatte ich angefangen zu boxen, mit siebzehn war ich Zweiter in der österreichischen Neulingsmeisterschaft im Schwergewicht. Diesen Sport habe ich dann mit Unterbrechungen bis zum Kriegsende weiter betrieben, vor allem im Sommer, wenn das Theater in die Ferien ging.

Während des Krieges in Berlin verschaffte mir das Boxen auch beachtliche kulinarische Vorteile. Einer meiner Trainingspartner war Hugo Lauer, der Besitzer eines Restaurants am Kurfürstendamm. Er war der Schwager von Hans Breitensträter, dem legendären deutschen Schwergewichtsmeister der zwanziger Jahre, dem ersten Träger des Spitznamens »der blonde Hans«, der später auf Hans Albers überging. Lauer war selbst Profiboxer gewesen, bis er sich entschloß, das Restaurant seines Vaters zu übernehmen. Aber um fit zu bleiben, traf er sich zweimal die Woche mit mir in der Sportschule, wo wir gemeinsam trainierten. Nach diesen schweißtreibenden Kraftakten durfte ich bei ihm ohne Marken essen! Meistens Gänseleber auf Berliner Art, mit Äpfeln und Zwiebeln. Was das in den Jahren 1942/43 bedeutete, kann nur ermessen, wer die Zeit erlebt hat. Dafür lohnte es sich schon, ein paar Runden durchzustehen.

Fast gleichzeitig mit dem Boxen fing ich auch mit dem Fechtsport an. Unser Turnlehrer in der Schule war ein früherer Major und Fechtmeister der k. u. k. Armee. Für Schüler, die Interesse zeigten, gab er zweimal die Woche nachmittags Fechtunterricht. Ich meldete mich zum Säbelfechten und später, auf der Akademie, wo Fechten und Tanzen ohnehin obligat waren, übte ich mich auch noch mit dem Florett. Gesangsstunden nahm ich, sobald ich es mir leisten konnte, in den Theaterferien bei einem Lehrer in Wien, dem ich die Stunden dann aus dem nächsten Engagement in monatlichen Raten abzahlte.

So ganz freiwillig waren diese »Ferien« übrigens keineswegs. Ich bekam nur Neunmonatsverträge und mußte im Sommer sehen, wie ich durchkam. Aber ich meldete mich immer sofort bei der »Ravag«, machte Komparserie in allen möglichen Filmen und erteilte auch weiter meinen Nachhilfeunterricht. So konnte ich die drei Monate überbrücken, ohne mich arbeitslos melden zu müssen.

Später, als ich schon in Berlin und beim Film war, nahm ich Gesangsunterricht bei Prof. Jekelius, einem zuvorkommenden sanften Siebenbürger, der genau wußte, wie er mit einem Menschen arbeiten mußte, der eigentlich keine Gesangsstimme hatte. Sowjetische Soldaten haben ihn später erschossen, weil er sich vor seine Frau und seine Haushälterin stellte.

Dieses Gesangsstudium eröffnete mir viele Möglichkeiten: Ich konnte auf der Bühne und vor der Kamera in musikalischen Lustspielen mitwirken, startete eine kurze Laufbahn am literarischen Kabarett und trug Chansons vor, womit ich nach dem Krieg die filmlose Zeit vor der Währungsreform überbrückte. Sogar einzelne Operettenpartien habe ich gespielt. Nun sind die Hauptrollen in Operetten Tenorpartien, aber ich hatte nur eine Baritonstimme, wenn man es überhaupt eine Stimme nennen kann. Also wandte ich einen Trick an. Wenn mir in einem Duett mit der Sängerin die Töne zu hoch wurden, trat ich hinter meine Partnerin und flüsterte ihr den Text mit sinnlichem Ausdruck über die Schulter ins Ohr. Damit bin ich immer durchgekommen.

Von Salzburg verschlug es mich ans andere Ende des deutschen Sprachraums, ins ostpreußische Königsberg. Ich bin froh, diese schöne alte Stadt, in der sich 1701 Friedrich I. zum »König in Preußen« krönte, noch kennengelernt zu haben, bevor sie 1944/45 zerstört und als Kaliningrad von den Sowjets wieder aufgebaut wurde. Ostpreußen war ein wunderschönes Land, dünn besiedelt, mit herrlichen Wäldern und Seen und einem Strand, wie ich ihn so schön nur noch in Ostafrika gesehen habe. Es war ein breiter, weiß leuchtender Streifen, der sich bis zum Horizont erstreckte. Hinter ihm lagen die Dünen, wuchsen Fichten- und Kiefernwälder.

Gewiß, die Menschen in Ostpreußen wirkten auf den ersten

Blick etwas spröde, aber wenn man sie näher kennenlernte, erwiesen sie sich als ungemein herzlich und gastfreundlich.

Am meisten gefiel mir in Königsberg der alte Ortskern um Schloß, Schloßteich und Oberteich herum, wo auch das Opernhaus gelegen war. Daneben gab es einen weiträumig gebauten, neueren Stadtteil mit großzügigen Parkanlagen und eleganten Villen. Dort, unweit des Nordbahnhofs, findet sich das Schauspielhaus, ein großes, modern eingerichtetes Theater.

Vom Nordbahnhof aus war man in einer halben Stunde in Cranz, am Meer. Autos hatten wir ja alle noch nicht.

Mit den Kollegen verstand ich mich gut, wir zechten herrlich zusammen, wie es in Ostpreußen so üblich war, und im Sommer fuhren wir zusammen an den Strand zum Baden.

Nur auf der Bühne selbst wurde ich nicht so recht warm, vielleicht war das Niveau doch noch zu hoch für mich, jedenfalls kam ich erst gegen Ende der Saison an die attraktiven Rollen heran. Doch da hatte ich schon ein anderes Angebot angenommen.

Viele Jahre später, im Sommer 1987, ich lag mit einer Thrombose am Bein im Krankenhaus, war todunglücklich zum erstenmal in siebenundfünfzig Jahren Theater eine Vorstellung absagen zu müssen, da erhielt ich einen Anruf aus Hamburg, und eine sympathische Frauenstimme sagte: »Herr Schönböck, hier ist Frau Gertrud Meyer. Ich habe gelesen, daß Sie krank sind, und da dachte ich mir, ich muß Sie doch einmal anrufen. Wissen Sie noch, der Bonvivant als Lebensretter?«

Einen Augenblick war ich verblüfft, doch dann schaltete ich: »Aber natürlich, Bonn, November 1934.«

»Ich war damals das Kind, das Sie gerufen hat«, sagte Frau Meyer. »Ich habe auch Ihren Mantel gehalten. Sie trugen einen Kamelhaarmantel.«

Im August 1934 hatte ich Königsberg verlassen und zog, einen neuen Vertrag im Gepäck, nach Bonn. Ich war mit einem Kollegen befreundet, der etwas außerhalb der Stadt am Rheinufer wohnte. An einem grauen Novembertag, wir hatten beide spielfrei, verabredeten wir uns für den Abend. Wir wollten einen Schluck trinken und dann zusammen ins Kino gehen. Als ich mich nun im Dunkeln dem Haus näherte, liefen mir vom Rheinufer her ein paar Kinder entgegen und riefen aufgeregt: »Herr Schauspieler, Herr Schauspieler, kommen Se, da is en Kind am Ertrinken.«

Ich lief zum Ufer, an eine Stelle, wo die Böschung leicht abfällt. Aus dem Wasser stieg ein Geräusch empor, das wie ein Gurgeln klang und in der Tat von einem Kind stammen konnte. In der Finsternis konnte ich allerdings nichts erkennen.

Ich warf meinen Mantel und meine Jacke weg, zog die Schuhe aus und ging dem Geräusch nach ins Wasser. Da sah ich denn auch gleich, zum Glück recht nahe am Ufer – denn wie weit ich in den eiskalten Fluß hinausgeschwommen wäre, möchte ich nicht beschwören –, ein Wesen, das hilflos strampelte und sich kaum noch über Wasser halten konnte. Ich packte das Kind, zog es an Land und zerrte es die Böschung hinauf. Ich staunte nicht wenig, als ich bei näherer Betrachtung feststellte, daß ich es nicht mit einem Kind, sondern mit einer recht kleinwüchsigen zierlichen Frau zu tun hatte, die, kaum auf festem Boden, mir einen tödlichen Schreck einjagte, indem sie mit dünner Stimme anfing zu singen: »Selig will ich sterben!«

Nun wurde mir noch unheimlicher zumute, denn ich war überzeugt, eine Verrückte vor mir zu haben, und Verrückte können bekanntlich auch gewalttätig werden, mögen sie noch so klein sein. Aber da liefen auch schon, zu meiner großen Erleichterung, Nachbarn herbei, die die Kinder gerufen hatten. Mochten die sich doch mit der irren Sängerin näher befassen! Mir wurde kalt, und naß wie ich war, begann ich in dem eisigen Novemberwind jämmerlich zu frieren. Ich raffte Mantel, Jacke und Schuhe zusammen und lief strumpfsockig zur nahegelegenen Wohnung meines Kollegen.

Der glaubte erst zu träumen, als er ein zähneklapperndes, triefend nasses Gespenst in der Tür sah. Aber dann verabreichte er mir sofort ein heißes Bad und einen gehörigen Schluck Schnaps. Er borgte mir ein Hemd, Strümpfe und eine Hose – die mir allerdings zu kurz war –, und wir kamen doch noch zu unserem Kinobesuch.

Am nächsten Tag erfuhr ich, daß die Frau nicht verrückt, sondern stark alkoholisiert war und sich aus Liebeskummer ins Wasser gestürzt hatte. Viele Wochen später erhielt ich von ihr ein Paket mit einem Paar selbstgestrickter Bettsocken, einer großen, liebe- voll gehäkelten Decke und einem Zettel mit einem darauf gekrit- zelten Dank. Die Bettsocken habe ich sofort verschenkt – was ich heute bereue –, aber die Decke, die sehr schön und praktisch war, habe ich noch bis nach dem Krieg benutzt.

Wenige Tage nach meiner Rettungstat brachte eine Zeitung einen Artikel mit der Überschrift »Der Bonvivant als Lebensretter«, womit mich meine Kollegen natürlich mit Begeisterung immer wieder auf den Arm nahmen.

In den dreißiger Jahren war Bonn ein hübsches Universitätsstädt- chen, noch nicht die vollgebaute, überquellende Bundeshaupt- stadt. Die Koblenzer Straße, heute Adenauerallee, die von Bonn nach Bad Godesberg führte, säumten große elegante Villen in ausgedehnten Parks, die sich bis zum Rheinufer hinunterzogen. Heute stehen hier Hochhäuser, Parteibauten, Verwaltungsge- bäude und dazwischen unzählige Tankstellen.

Wir Schauspieler verstanden uns damals prächtig mit den vielen Studenten, auch den englischen und amerikanischen, die in Bonn studierten, obwohl ja inzwischen die Nationalsozialisten regierten. Auch Dozenten und junge Professoren suchten die Gesellschaft der Theaterleute. Man traf sich auf Einladungen und Gesellschaften; im Karneval feierten wir im Stadttheater ein eigenes Fest, und am Rosenmontag hatten wir unseren eigenen Wagen im Karnevalszug.

Ich hatte viele Freunde, besonders ein schon älteres Ehepaar, bei dem ich so etwas wie das Kind im Haus war. Sie waren großzügige Gastgeber, und die fröhlichen, ausgelassenen Abende in ihrem Haus erfreuten sich bei meinen Kollegen und Freunden großer Beliebtheit.

In Bonn packte ich auch wieder Fechtmaske, Säbel und Florett aus. Der Intendant hatte bei der Leitung der Universität erreicht, daß die Schauspieler kostenlos bei dem Universitätsfechtmeister Unterricht nehmen konnten. Merkwürdigerweise war ich der einzige, der von diesem Angebot Gebrauch machte. Mir konnte das nur recht sein, denn auf diese Weise hatte ich den Meister für mich allein. Und so stand ich während der drei Jahre, die ich in Bonn blieb, jeden Morgen pünktlich um 8.30 Uhr auf dem Fechtboden, auch wenn ich spät und nicht ganz nüchtern ins Bett gekommen war, was nicht selten vorkam.

Bald nahm ich noch die dritte Waffe, den Degen, in mein Programm auf, und im zweiten und dritten Bonner Jahr konnte ich mich auf Turniere wagen. 1936 und 1937 gewann ich bei Bezirks- und Kreismeisterschaften in allen Fechtdisziplinen erste und zweite Preise. Damit war mein sportlicher Ehrgeiz aber noch keineswegs befriedigt. Ich mußte unbedingt auch noch das Reiten lernen.

Offen gestanden war ich in diesen Jahren auf der Bühne nicht ganz so eifrig wie in den Sportarenen. Vielleicht war es die studentische Umgebung, die mich verführte, das Leben eines unabhängigen jungen Herrn zu führen. Gewiß: Ich spielte viele schöne Rollen in Komödien und Operetten. Auch dem Ballett wandte ich mich zu, und ich durfte sogar einmal in der *Puppenfee* die Rolle des Vaters tanzen und an einem Tanzabend einen Walzer mit unserer Ballettmeisterin. Ich mischte also munter mit im Reich der schönen Künste und ließ es mir gutgehen. Aber wenn ich ganz ehrlich bin, so muß ich zugeben, daß ich es mir immer noch sehr leicht machte. Ich verließ mich auf mein Aussehen, meine Fähigkeit, Texte schnell zu lernen – was ich, unberufen, heute immer noch kann – und auf mein Talent, jeder

Rolle intuitiv eine gewisse glaubhafte Form zu geben. Wirklich an Rollen gearbeitet habe ich damals kaum. Das sollte ich erst später lernen, nicht zuletzt durch Rückschläge in schwierigen Zeiten, die auch mein künstlerisches Verantwortungsgefühl schärften. Wenn ich zurückdenke, so muß ich zugeben, daß ich in meinen Bonner Jahren oft mehr an den nächsten Flirt oder die nächste Liebesaffäre gedacht habe als an den nächsten Auftritt.

»Ich glaube, Sie kriegen die Rolle«

Mein Weg zum Film

Siebenundzwanzig Jahre und nichts für die Unsterblichkeit getan!« Mit diesem falschen Schillerzitat pflegte ich gegen Ende des zweiten Bonner Jahres Kollegen und Freunden auf die Nerven zu gehen, wenn wir in fröhlicher Runde zusammensaßen und der Becher kreiste.

Obwohl ich auch im dritten Jahr nur einen Neunmonatsvertrag bekam, konnte ich mir genug Geld zusammensparen, um im Sommer zu verreisen. Mit dem Vertrag war auch das nächste Jahr gesichert, was wollte ich mehr?

Dennoch war ich unzufrieden und unruhig. Ganz tief im Unterbewußtsein spürte ich, daß eine Wende fällig war, daß irgend etwas Neues kommen mußte! Solche von ganz weit her, aus dem Un- oder Halbbewußten kommenden Vorgefühle haben mich selten getäuscht. Ich bin immer gut damit gefahren, mich – ohne langes Zaudern – nach diesen rein gefühlsmäßigen Ahnungen zu richten. Wenn ich sie aber scheinbar aus rationalen Gründen oder unter fremdem Einfluß in den Wind schlug, so war es immer zu meinem Schaden.

Ich habe nie gewagt, darüber mit jemandem zu sprechen. Ich habe auch jetzt Angst, indem ich darüber schreibe, diese feinen, unsichtbaren Fäden zu zerstören, von denen mein Leben gelenkt wird. Das mag pathetisch und vielleicht auch kitschig klingen, aber ich kann es nun einmal nicht anders sagen.

Als ich im Sommer 1936 nach Wien fuhr, ahnte ich jedenfalls, daß etwas Außergewöhnliches bevorstand. Zunächst passierte aber nichts, außer daß ich einen Agenten kennenlernte, der Schauspieler zum Film vermittelte. Ihm gab ich ein paar Fotos, ohne mir viel davon zu versprechen. Ich vergaß diese Begegnung auch bald, denn ich begab mich mit meinem Bruder auf eine Schiffsreise, von Wien donauabwärts bis zum Schwarzen Meer und wieder zurück. Wir sahen und erlebten dabei etwas, was heute und in Zukunft niemand mehr sehen wird: die untere Donau in ihrem natürlichen Verlauf, vollkommen unberührt wie vor Tausenden von Jahren. Nur der Eiserne-Tor-Kanal existierte damals schon.

Die Donau, die in der ungarischen Tiefebene immer breiter wird und gemächlich an den flachen Ufern vorbeifließt, wo die breithörnigen ungarischen Rinder weiden und die schwarzen Wasserbüffel, die wahrscheinlich einst die Türken aus Asien mitgebracht hatten, bahnte sich zwischen Karpaten und Balkan, auf wenige hundert Meter zusammengepreßt, ihren Weg. Hier fließt sie durch zwei Engen, dem Eisernen Tor und dem Kasan-Paß. Durch das Eiserne Tor, dessen Katarakte die Schiffahrt bis dahin nur mit speziellen Lotsen überwinden konnte, war gegen Ende des 19. Jahrhunderts eine Fahrrinne gesprengt worden. Mein Vater war als junger Kapitän dabeigewesen. Durch diesen Kanal wurde unser Schiff mit atemberaubender Geschwindigkeit stromabwärts getragen, dem Kasan-Paß zu, einem schmalen Schiffahrtsweg zwischen steilen Felswänden. Zu unserer Rechten bewunderten wir die Überreste der römischen Legionärsstraße, halb wie eine Galerie in die Felsen gehauen, halb wie ein kilometerlang fortlaufender Balkon über dem Wasser angelegt. Man erkannte noch die viereckigen Balkenlöcher unterhalb des Straßenniveaus. Zu unserer Linken verlief die Széchényi-Straße, die der ungarische Politiker Stephan Graf Széchényi im 19. Jahrhundert auf eigene Kosten anlegen ließ. Und dann die Tabula Trajana, die riesige in den Berg gemeißelte Erinnerungstafel, dort, wo der römische Kaiser Trajan mit seinen Legionen die Donau überschritten hatte. Überhaupt fuhr man auf dieser Reise ständig auf den Spuren der Römer, der Nibelungen oder der Türkenkriege. Carnuntum mit seinem Amphitheater, gleich unterhalb Wiens, dann der erste Römerübergang über die Donau bei Hainburg, Budapest, Mohács mit seiner kleinen Moschee und dem Minarett, Belgrad, bei dessen Eroberung das Prinz-Eugen-Lied entstand, Vidin, im heutigen Bulgarien, wo noch um die Mitte des vorigen Jahrhunderts ein junger englischer Abenteurer auf dem türkischen Sklavenmarkt ein 17jähriges siebenbürgisches Mädchen kaufte, das nur deutsch und türkisch sprechen konnte und das er von seiner Sklavin zu seiner Geliebten, zu seiner Frau und schließlich zur Lady machte, die am englischen Hof empfangen wurde. Und dann Ada-Kaleh, die größte Donauinsel, ein Kuriosum! Sie war bei den Friedensverhandlungen nach den Balkankriegen von 1912/13 einfach vergessen worden! So blieb sie eine autonome türkische Insel, und wir ergingen uns auf türkischem Boden, weitab von den Grenzen des Osmanischen Reiches, das durch die letzten verlorenen Kriege bis auf ein kleines Territorium um Konstantinopel und Adrianopel vom europäischen Kontinent verdrängt worden war.

Auf der Bahnfahrt von Ruscuk an der Donau nach Varna am Schwarzen Meer wähnten wir uns, bei einem Blick aus dem Zugfenster, in ein Karl-May-Buch versetzt. Denn neben dem Zug galoppierte auf einem schwarzen Pferd ein Mann in Turban und Pluderhosen. Der alte, klapprige Zug fuhr so langsam, daß es dem Reiter keine Mühe machte, eine Weile mit uns Schritt zu halten. Die Türken, die uns auf der nächsten Station begegneten, trugen noch die alte türkische Tracht, die in der Türkei selbst seit Kemal Atatürk verboten war. Die Frauen aber waren tief verschleiert. Als wir sie durch das Zugfenster fotografieren wollten, wurden sie von bulgarischen Polizisten weggejagt. Auf diese Weise wurden wir auf das Schicksal der türkischen Minderheit in Bulgarien aufmerksam, von dem wir bis dahin nichts ahnten. Denn die bulgarische Regierung schwieg diese Probleme tot!

Ob sich daran viel geändert hat, wage ich zu bezweifeln. Erst in den letzten Jahren konnte man immer wieder in der Presse lesen, mit welch rüden Methoden das sozialistische Bulgarien sein Minderheitenproblem aus der Welt zu schaffen versucht. Wie denn überhaupt die Länder des realen Sozialismus mit ihren ethnischen Minderheiten nicht sehr freundlich umgehen. Man betrachte nur Rumänien mit seinen Siebenbürger Sachsen, seinen Banater Schwaben und seinen zwei Millionen Ungarn.

Als ich nach Wien zurückkehrte, war ich ganz erfüllt von den Reiseimpressionen und hing noch den Bildern der schönen Donaulandschaft nach. Aber dann überstürzten sich die Ereignisse. Schon am Tag nach unserer Heimkehr rief der Agent, den ich fast vergessen hatte, an und fragte, ob ich am selben Abend noch mit dem Nachtzug nach Berlin fahren könne, zur Ufa, zu Probeaufnahmen bei Reinhold Schünzel. Was für eine Frage! Und ob ich konnte! Schünzel drehte gerade den Film *Das Mädchen Irene*, mit Lil Dagover, Sabine Peters und Geraldine Katt in den weiblichen Hauptrollen. Die Außenaufnahmen an der Côte d'Azur und in England waren längst abgeschlossen, der Film schon in Berlin im Atelier, und es war noch immer niemand für die männliche Hauptrolle engagiert. Schünzel, Entdecker Renate Müllers als Filmschauspielerin, war damals *der* Komödienregisseur der Ufa. Seine Filme *Amphitryon, Viktor und Viktoria, Die englische Heirat* feierten sensationelle Erfolge, und dementsprechend war seine Position bei der Ufa, obwohl er für das nationalsozialistische Regime »rassisch« nicht einwandfrei war. Er allein entschied über die Besetzungen, und er war bekannt dafür, daß er in jedem seiner Filme versuchte, wenigstens ein neues Gesicht herauszubringen.

Nun hatte sich also die Organisation der Ufa meiner angenommen, und alles klappte wie am Schnürchen. Fahr- und Schlafwagenkarte nebst Reisegeld wurden mir ins Haus gebracht. Etwas benommen fuhr ich zum Bahnhof und stieg in den Zug nach Berlin. In der ersten Morgendämmerung sah ich die Silhouette von Prag an mir vorübergleiten, dann schon mehr im Hellen

Dresden und fuhr an einem strahlenden sonnigen Vormittag in Berlin ein. Um das Hotelzimmer brauchte ich mich nicht zu kümmern. Kaum hatte ich mich ein wenig frisch gemacht, da stand auch schon ein Wagen der Ufa vor dem Hotel, der mich ins Atelier Tempelhof brachte, wo Reinhold Schünzel mich bereits erwartete. Er betrachtete mich skeptisch prüfend durch seine Brille und murmelte etwas von »sehr jung«. Dann winkte er einen schlanken, blonden jungen Mann herbei und tuschelte mit ihm, worauf der mich auch etwas skeptisch betrachtete. Einen Augenblick später drückte mir ein weibliches Wesen ein paar Schreibmaschinenseiten in die Hand, und Schünzel sagte zu mir: »Lernen Sie das bis morgen auswendig.« Ich erfuhr noch, daß ich am nächsten Morgen um 7 Uhr zu einer Probeaufnahme abgeholt würde, und ehe ich mich versah, saß ich wieder im Auto und wurde ins Hotel zurückgefahren.

Die folgenden vier oder fünf Tage werde ich nie vergessen. Zunächst nahm der blonde junge Mann mein Schicksal in die Hand. Es stellte sich heraus, daß es der Maskenbildner war, Freddy Arnold, und damit begann eine Freundschaft fürs Leben. Zwar kreuzen sich unsere Wege nicht oft, manchmal vergehen Jahre, in denen wir uns nicht sehen, aber wenn wir wieder einmal – etwa bei Fernsehaufnahmen – zusammentreffen, dann umarmen wir uns, und es ist, als sei es erst gestern gewesen, daß der alte Herr von heute als junger Maskenbildner versuchte, aus dem jungen Mann von damals einen älteren Herrn zu machen. Heute hätte er keine Mühe mehr damit. Denn die Rolle, die ich spielen sollte, war ein englischer Lord mittleren Alters, mit grauen Schläfen, der Partner von Lil Dagover. Und ich war gerade sieben-undzwanzig Jahre alt.

Diese Tage im Atelier Tempelhof begannen damit, daß Freddy Arnold seine ganze Kunstfertigkeit an meinem Gesicht erprobte. Jeden Tag bekam ich einen anderen Text zu lernen und eine andere Partnerin, mit der ich zur Probe eine Szene spielen mußte. Und niemand sagte mir, wie die Aufnahmen geworden waren. Man kann sich denken, daß ich in den Nächten wenig geschlafen habe. Nur Sabine Peters war so lieb, mir am vorletzten Tag zuzuflüstern: »Ich glaube, Sie kriegen die Rolle.« Und sie behielt recht.

Meine Partnerin in der ersten Filmszene, die ich nun zu spielen hatte, war die unvergeßliche Elsa Wagner. Jahre später erzählte sie mir, wie sie mein Debut erlebte. Von ihrem Garderobenfenster aus konnte sie mich beobachten, wie ich auf einer Bank vor dem Atelier saß, sinnlos auf- und abging oder voller Unruhe darauf wartete, zur Aufnahme gerufen zu werden. Man sah mir meine Spannung und Nervosität an, aber Elsa Wagner drückte mir die Daumen.

Sie war eines jener großen Berliner Originale, die man heute leider nur noch selten trifft. Als sie herausbekam, daß einer meiner Vornamen Maria lautete, was im katholischen Österreich öfter vorkam – man denke nur an Rainer Maria Rilke oder Carl Maria von Weber –, sagte sie: »Dann werde ich dich Mizzi nennen!« Das tat sie dann auch zur Verwunderung mancher Anwesenden, die die Vorgeschichte nicht kannten.

Reinhold Schünzel hingegen kam mit meinem Namen nicht klar. Als er mir in seiner umständlichen Art mitteilte, daß er sich entschlossen hatte, mir die Rolle zu geben, sagte er: »Herr Schön – wie war der Name doch gleich – böck? Ja? Na ja, das werden wir vielleicht noch ändern müssen. Also Herr Schön-äh-böck, wir wollen dann morgen zu Kniže gehen, Ihre Anzüge bestellen.«

Und auf diese Weise kam ich nicht nur zu meiner ersten Filmrolle, sondern, was mir eigentlich genauso wichtig war, zu meinem schon erwähnten Kniže-Frack und einem hocheleganten Cut.

Ja, nun war ich also beim Film und in Berlin! Es war das Berlin der Olympischen Spiele von 1936, aber für die hatte ich keine Zeit. Ich war von morgens bis abends im Atelier. Die neuen Eindrücke, die Intensität der Arbeit im Studio wühlten mich innerlich auf, so daß ich mich auch in der freien Zeit mit meiner Rolle beschäftigte. Nur abends, wenn ich auf der Suche nach einem hübschen Lokal über den Kurfürstendamm schlenderte, fielen mir manchmal die vielen Ausländer auf.

Und diese Rolle in *Das Mädchen Irene* hatte es durchaus in sich! Freddy Arnold hatte mich in einen Herrn mit grauen Schläfen verwandelt, aber der wollte ja auch noch gespielt sein! Schünzel hatte mir gleich zu Beginn der Dreharbeit eingeschärft: »Ich bitte Sie, lachen Sie nie! Dann merkt jeder, wie unter Ihrer reifen Fassade die jungen Knochen klappern.«

Ich fühlte mich durchaus eingeschüchtert. Heute sind die Verhältnisse zwischen jungen Kollegen und Arrivierten ganz anders. Damals bestand zwischen einem jungen, unbekannten Provinzschauspieler und den Großen der Berliner Szene eine ungeheure Distanz, die mich in Ehrfurcht erstarren ließ und anfänglich sehr hemmte. Menschen, die ich noch Wochen vorher als Stars auf der Leinwand angehimmelt hatte, standen nun plötzlich neben mir, sprachen und arbeiteten mit mir. Es war wie ein Traum.

Eine ganz neue Erfahrung war es auch, Zuschauer und Akteur in einer Person zu sein. Bei den »Vorführungen« sah ich mich zum erstenmal selbst. Vorführung – das bedeutete: In einem kleinen Kino auf dem Ateliergelände wurden die Aufnahmen des Vortages gezeigt, damit Regisseur, Kameramann und Produzent entscheiden konnten, welche der Aufnahmen in den Schneideraum wanderten, wo der endgültige Film zusammengestellt wurde. Heute ist die Technik schon wieder viel weiter, auf einem Monitor kann man die Szene sofort nach der Aufnahme sehen und bei einer weiteren Aufnahme Korrekturen vornehmen.

Ich weiß nicht, wie es anderen Kollegen ging, aber als ich mich zum erstenmal selbst sah, war ich entsetzt! Man sieht sich ja auch im Spiegel immer nur seitenverkehrt und vor allem nie von hinten! Es war nicht zu fassen! Das sollte ich sein, dieser Idiot da oben, der so gehemmt ging, linkische Bewegungen machte, verlegen grinste und die Augen zusammenkniff?

Es hat lange gedauert, bis ich mich an meinen Anblick gewöhnte und mich so sehen konnte, wie andere Menschen mich sahen, die sich ja bei meinem Anblick auch nicht gleich entsetzt abwandten. Das alles verstärkte natürlich noch meine Unsicherheit. Trotzdem wurde *Das Mädchen Irene* ein respektabler, wenn auch nicht überwältigender Erfolg für mich. Noch während der Dreharbeiten zu diesem Film flatterte ein Angebot aus Wien herein, die Hauptrolle in einem Film mit Erna Sack, der »deutschen Nachtigall«, zu übernehmen. Er hieß *Blumen aus Nizza* und war wohl auch danach. Ich spielte wieder einen aristokratischen Herrn mit grauen Schläfen, und ich begann zu fürchten, daß ich allzu früh auf dieses Fach festgelegt werden könnte. Aber zunächst sagte ich natürlich zu. Da ich ja noch beim Stadttheater Bonn unter Vertrag stand, mußte ich mir einen weiteren Monat Urlaub erbeten, um den Film drehen zu können.

Aber das Berlin-Fieber hatte mich gepackt, und ich war schon halb entschlossen, kein neues, festes Engagement mehr anzunehmen, sondern mich mit dem von den beiden ersten Filmen ersparten Geld nach Berlin abzusetzen. Viel war es nicht, denn die Filmfirmen warfen jungen Schauspielern, denen sie eine Chance gaben, das Geld nicht hinterher. Aber ich wollte meinen alten Traum verwirklichen, vollkommen selbständig zu sein.

Doch da war noch eine andere Idee! Mein Agent in Wien war Jude. Er mußte versuchen, einige seiner Klienten ins Ausland zu vermitteln, um sich eine Fluchtmöglichkeit zu verschaffen. In einem Fall gelang ihm das auch. Ich selbst wäre natürlich auch glücklich gewesen, in England oder Amerika eine Chance zu bekommen. Denn in Deutschland hatten sich die Verhältnisse ja grundlegend verändert. Vor allem nach den Olympischen Spielen 1936 in Berlin – hier wurde den internationalen Besuchern nach außen hin noch Toleranz vorgegaukelt – zeigten die nationalsozialistischen Machthaber ihr wahres diktatorisches Gesicht.

Auch in der Filmbranche praktizierte Reichspropagandaminister Dr. Goebbels jetzt rücksichtslos Gesinnungs-, Verhaltens- und Geschmackszensur.

Mein Agent fing also an, Kontakte nach England und zu dem Pariser Vertreter der Paramount herzustellen. Ich bereitete mich auf meine Weise vor und las ab sofort nur noch Bücher in englischer Sprache. Aus dieser Zeit rührt meine Vorliebe für P. G. Wodehouse, den herrlichen englischen Humoristen, dessen Romane ich inzwischen alle besitze und die ich wieder und wieder lese.

Ich hatte wieder einmal Glück. In Bonn fand ein Fechtturnier statt, bei dem auch eine Auswahl aus Oxford antrat. Bei dieser Gelegenheit lernte ich Engländer und Australier kennen, die in Bonn studierten. Mit zweien von ihnen betrieb ich systematisch mehrmals die Woche Konversation. Und mit einer Studentin gedieh das »Kennenlernen« so weit, daß sie mich einlud, zur »Season« nach London zu kommen und bei ihren Eltern zu wohnen. Letzteres war insofern wichtig, als die Devisenbestimmungen sehr rigide waren. Man durfte, bei schwerer Strafe, nicht mehr als 10 RM mit über die Grenze nehmen. Aber ich wollte natürlich in England nicht ganz von Rosemary – so hieß die Studentin – abhängig sein, und auch für Frankreich brauchte ich Geld. Doch Fortuna schien mir weiter sehr gewogen. Die Freundin eines Bonner Bekannten war Engländerin, die ihn alle paar Wochen besuchte. Bei ihr tauschte ich mir, zu einem erträglichen Schwarzkurs, Pfund ein und versteckte sie in meinem Rasierapparat. So fuhr ich Anfang Juni 1937 »gen Engelland«, wie es bald darauf in einem nicht ganz so friedlichen Schlager hieß.

Mein Optimismus hielt sich in Grenzen, aber in meinem Innersten hoffte ich doch auf ein Angebot vom britischen Film. Ich trat die Reise mit großer Aufregung an. In einer Zeit, die weder den Massentourismus noch regelmäßige Auslandsberichte via Television kannte, bedeutete jeder Sprung über die Grenzen der Heimat hinaus ein kleines Abenteuer.

Reisen, ferne Länder sehen, war von klein auf meine Sehnsucht gewesen. Ich verschlang alle Reiseerzählungen und verlor mich gerne in den Geschichten der großen Entdeckungen. Die Reiseerzählungen von Karl May brachten meine Phantasie in Wallung. »Land und Leute kennenlernen«, das gaben Kara Ben Nemsi oder Old Shatterhand immer zur Antwort, wenn neugierige Menschen sie fragten, was sie in die Ferne treibe. Die Werke Karl Mays, aus denen ich mehr Geographiekenntnisse zog als aus dem Unterricht, fand ich eines Tages im Hause von Carl Zuckmayer, an einem Ort, wo ich sie nie erwartet hätte: schön geordnet in einem Bücherregal direkt neben dem Klo!

Leider habe ich meine Reisesehnsucht kaum stillen können. Sei es aufgrund des Geldmangels, sei es aufgrund der Beschränkungen, die der nationalsozialistische Staat uns auferlegte. Die Donaufahrt, die mich wenig gekostet hatte, war die eine große Ausnahme gewesen.

Als wir von Hoek van Holland ausliefen, war es schon dunkel. Ich ging aufs oberste Deck. Die See war ruhig, der Himmel sternklar. Ich stand allein, an die Reling gelehnt, atmete tief die reine Salzwasserluft ein und träumte, ich sei auf der Fahrt in ferne Länder, einem freien, ungebundenen Leben entgegen. Erst gegen Morgen ging ich hinunter in meine Kabine.

»Champy in wonderland«, sagte Rosemary manchmal lächelnd in den nächsten zwei Wochen zu mir, und das traf meine Gefühle sehr genau. Das London, das sich mir auftat, war noch das London des Empire, die Hauptstadt eines Weltreiches, das sich über sämtliche Kontinente erstreckte. Und es war das London, das kurz zuvor die Krönung Georgs VI. gefeiert hatte. Delegationen und Touristen aus allen Teilen des Riesenreiches waren zu dieser Feier in die Metropole gekommen, und sie waren zum Teil noch da. Bengal Lancers in leuchtend roten Waffenröcken, langen, glänzenden Lackstiefeln und mit weißem Turban, Canadian Mounted Police, nicht minder farbenprächtig uniformiert, sämtliche Trachten Indiens, Gurkhas, Beduinen mit Caffijeh und Hajk, dazwischen Gentlemen in morning coat, spongebag trousers und Zylinder – für mich, der ich aus dem schon recht einfarbig gewordenen Deutschland kam, war es ein buntscheckiges, abenteuerlich berauschendes Bild.

Rosemarys Familie nahm mich gastfreundlich auf, ich wurde auf Parties herumgereicht, ich sah Polo-matches, tanzte auf dem Royalty-through-the-ages-ball, ging ins Theater und bewunderte den jungen John Gielgud, kurz: Ich sah wirklich etwas von der berühmten Londoner »Season«. Es waren zwei herrliche und erlebnisreiche Wochen.

Und der berufliche Erfolg?

Mein Wiener Agent hatte mich zu einem Berufskollegen geschickt, auch einem Wiener, der aber schon viele Jahre in London lebte. Er sprach ein zwar fließendes, aber so wienerisch gefärbtes Englisch, daß es wie eine Parodie klang und ich mir kaum das Lachen verbeißen konnte. Er schickte mich zu zwei Produzenten. Sie waren sehr freundlich und höflich und auch ganz angetan von meinem Englisch. Aber einen Job hatten sie nicht für mich. Ich sah damals aus, wie man sich einen jungen Engländer vorstellt, und davon gab es hier ja wohl mehr als genug. Im deutschen Film galt ich dann auch längere Zeit als »der Engländer vom Dienst«.

Blieb noch die Hoffnung auf Paris und die Paramount. Immerhin konnten meine englischen Freunde mich einem Pariser Bankier empfehlen, der sich manchmal auch an Filmgeschäften beteiligte. Vielleicht konnte der mir weiterhelfen und aussichtsreiche Verbindungen knüpfen.

Als ich nach Paris aufbrach, hatte ich kaum noch Hoffnung auf einen Absprung ins internationale Filmgeschäft. Mr. Farley von der Paramount war genauso freundlich wie die Herren in London, aber er hatte mir ebensowenig Konkretes zu bieten. Ich hatte es eigentlich nicht anders erwartet. Nun blieb mir nur noch der Bankier. Der war am freundlichsten und reizendsten. Er lud mich ein, mit ihm abends die Weltausstellung zu besuchen. Mit meinem Englisch oder Französisch konnte ich bei ihm nichts ausrichten, denn er sprach fließend und akzentfrei Deutsch. Nach dem Essen im Restaurant des Schweizer Pavillons fragte er mich, ob ich Kommunist oder Jude sei oder weshalb ich sonst unbedingt meine Laufbahn außerhalb des deutschen Sprachgebietes fortsetzen wollte. Auf meine Erklärung, daß ich weder das eine noch das andere sei, aber die politische Entwicklung in Deutschland und Österreich mir langsam unheimlich würde, antwortete er schlicht, man könne ja nicht jedem Menschen, dem seine Regierung nicht gefällt, dazu verhelfen, in ein anderes Land zu gehen. Da gab ich's auf.

Aber ich hatte wenigstens etwas von der Weltausstellung gesehen. Ich hielt mich zumeist im deutschen und im sowjetrussischen Pavillon auf. Nicht nur, daß sie die größten und auffälligsten auf dem weiten Gelände waren, man hatte sie sinnigerweise vis-à-vis gestellt. Und so streckte ein überlebensgroßes Menschenpaar, welches das Dach des sowjetischen Gebäudes zierte, Hammer und Sichel gekreuzt dem riesigen goldenen Adler unter den Schnabel, der auf dem deutschen Haus thronte. Und noch etwas verblüffte mich: In beiden Häusern hingen riesige Gemälde mit Szenen aus dem Leben des Volkes. Und in beiden Häusern spielten vor den gleichen goldenen Ährenfeldern sehr ähnlich aussehende, blonde strahlende Eltern mit ebenso blonden, strahlenden Kindern und stellten allgemeinen Optimismus zur Schau. Man hätte sie austauschen können! Sieh da, dachte ich mir, was wir spöttisch BLUBO (Blut und Boden) nannten, nun auch in Rußland!

Meine Mission war offensichtlich gescheitert, und das Geld ging mir aus. Was blieb mir übrig, als nach Bonn zurückzufahren? Dort erwartete mich schon ein Telegramm der Ufa mit einem neuen Filmangebot: *Daphne und der Diplomat*. Wieder sollte ich einen Engländer spielen. Aber schon einen etwas jüngeren. Karin Hardt, Gerda Maurus und Hans Nielsen, mit dem ich dann bis zu seinem allzu frühen Tod befreundet blieb, waren mit von der Partie.

Und in einem Anfall von Anglomanie bürdete mir die Ufa noch im gleichen Herbst 1937 einen weiteren Engländer zum Spielen auf, einen Piloten der Imperial Airways in dem Film *Gewitterflug zu Claudia*. Warum es in diesem edlen Werk blitzt und donnert, weiß ich nicht mehr, aber das schicksalsschwangere Unwetter hatte den unschätzbaren Vorteil, mich mit Willy Fritsch zusammenzuführen, einem der großen Stars des deutschen Films, der in den dreißiger Jahren mit Lilian Harvey das (Film-)Traumpaar par excellence war (u. a. in *Die drei von der Tankstelle, Der Kongreß tanzt, Ein blonder Traum*). Er war ein zuvorkommender Kollege, und wir wurden gute Freunde. Während des Krieges, als wir recht nahe beieinander wohnten, teilten wir unser Leid und saßen manchmal nachts im Keller seines Hauses zusammen und spielten Karten in banger Erwartung, ob »sie« noch kommen würden oder nicht – die englischen Flieger.

Während der Dreharbeiten zum *Gewitterflug* lernte ich noch einen Kollegen kennen, mit dem ich Freundschaft schloß, und der mir viele Jahre später eine ganz neue Seite meiner darstellerischen Möglichkeiten erschließen sollte und mich eine Weile auf diesem neuen Weg begleitete: Rudolf Schündler. Er arbeitete vor der Machtübernahme der Nationalsozialisten an diversen Berliner literarischen Kabaretts, die dann verboten wurden. Als ich zu Beginn des Krieges einmal für einen sogenannten Bunten Abend, mit dem ich auf Tournee gehen sollte, jemanden suchte, der mir beibrachte, wie man ein Chanson serviert und kabarettistische Nummern zum Zünden bringt, wurde er sofort auf meine Begabung für dieses Genre aufmerksam. Und das sollte, wieder Jahre später, Folgen haben.

Ich hatte mir meinen großen Herzenswunsch erfüllt. Ich lebte in Berlin. Aber mir wurde rasch klar: Ich war nicht zum Filmstar geboren! Ich war Schauspieler, und zwar ein sehr komödiantischer Schauspieler. Um mich weiter zu entwickeln, brauchte ich die Bühne, das Theater.

Abermals führte mich das Schicksal oder der liebe Gott, ohne daß ich selbst etwas dazu getan hätte, auf den richtigen Weg. Der Direktor des Komödienhauses am Schiffbauerdamm bot mir im Herbst 1937 in der Komödie *Blaufuchs*, die er mit Olga Tschechowa in der Hauptrolle herausbringen wollte, die Rolle des Baron Trill an. Der ist ein junger, etwas alberner Liebhaber, der allerdings im ganzen Stück nur einen Auftritt hat. Aber ich sah, daß es eine gute, wirkungsvolle Szene war.

Es war meine erste Premiere in Berlin, und ich hatte satten Abgangsapplaus! Jetzt wußte ich, was ich zu tun hatte. Hier wollte und hier konnte ich auch bleiben. Daß es letztlich nur neun Jahre wurden, war nicht meine Schuld.

Der *Blaufuchs* hat mir die Freundschaft mit zwei bezaubernden Frauen gebracht: mit Olga Tschechowa und mit Zarah Leander, mit der ich ein Jahr später den gleichnamigen Film drehte. Zarah Leander, die mit ihren Filmchansons Triumphe feierte (u. a. »Kann denn Liebe Sünde sein?«, »Der Wind hat mir ein Lied erzählt«) und Olga Tschechowa, Anton Tschechows Nichte, u. a. in *Maskerade, Regine, Burgtheater, Bel Ami, Befreite Hände* erfolgreich, waren damals Stars des deutschen Films, jede auf ihre besondere Art eigenwillig und faszinierend. In Olgas Haus am Glienicker See verbrachte ich im Kreis ihrer Familie und ihrer vielen Freunde unvergeßliche Tage. Sie war die großzügigste Gastgeberin, die man sich denken konnte, und führte ein großes Haus.

Zarah wohnte ganz in meiner Nähe, und eine Zeitlang sahen wir uns regelmäßig. Sie war eine schöne, attraktive Frau, aber auch ein richtiger »Kumpel«, trinkfest und lustig. Im Laufe des Krieges, als jeder nur noch zusehen konnte, sich selbst und seine Angehörigen durch diese schlimme Zeit hindurch zu lavieren, verloren wir uns aus den Augen. Während ich Zarah, die im Krieg nach Schweden zurückkehrte, später nur noch einmal wiedersah, trafen Olga und ich uns nach dem Krieg des öfteren – und es war immer wie in alten Zeiten.

Der *Blaufuchs* hat mir überhaupt viele Freunde gebracht. Am

Theater Karl Günther und Walter Janssen, durch den Film Willy Birgel, vom Bühnen-Star am Mannheimer Nationaltheater mit Filmen wie *Ein Mann will nach Deutschland, Barcarole, Schwarze Rosen, Zu neuen Ufern, La Habanera, Der Gouverneur, ...reitet für Deutschland* schlagartig zum Filmstar geworden. Karl Günther, von seinen Freunden »Cacci« genannt, war ein reizender, charmanter Schauspieler und der phantasievollste Erzähler und Flunkerer, den man sich vorstellen kann. Jeder wußte, daß die meisten seiner Geschichten erfunden waren, aber sie hatten eine höhere Wahrheit als die der bloßen Faktizität. In seiner Gegenwart kam nie Langeweile auf.

Walter Janssen war lange Zeit bei Max Reinhardt engagiert gewesen. Aus den Erzählungen von seiner Zeit beim »Professor« konnte ich viel lernen. Außerdem führte er mich in einen Kreis und in ein Lokal ein, das während der ganzen Berliner Zeit ein Hafen für mich war. Ich meine »Jonny«.

»Jonnys kleines Künstlerrestaurant«, Ecke Kurfürstendamm und Waitzstraße, war eine Art heimlicher Bühnenclub, in dem sich alle Schauspieler, Regisseure, Schriftsteller, Drehbuchautoren, Maler und Bühnenbildner trafen, die es nicht in den von der Regierung errichteten, prachtvoll ausgestatteten Bühnenclub »Kameradschaft der deutschen Künstler«, kurz KdK, zog.

Auf Janssens Empfehlung hin wurde ich an einem der Stammtische bei »Jonny« aufgenommen und traf dort jahrelang mit Erich Kästner zusammen, mit Felix von Eckardt, mit dem Maler Heinrich Heuser, der im Dritten Reich Ausstellungsverbot hatte und später als Professor lehrte, mit Walther Kiaulehn und mit dem ebenfalls geächteten Bildhauer Gerhard Wolff. Er wurde – unfaßbares Schicksal –, als das von ihm sehnsüchtig erhoffte Ende des Unrechtsstaates endlich da war, von sowjetischen Soldaten erschossen, zusammen mit sämtlichen Männern aus seinem Haus.

Hier, bei »Jonny«, traf man den Regisseur Helmut Käutner und Michael Bohnen, den großen Sänger und Kraftmenschen, Eduard von Winterstein und Heinrich Schroth, den Vater von Carl-Heinz und Hannelore Schroth.

Manchmal kam auch Hans Albers. Er verkehrte früher auch im KdK, verließ diesen Club aber sofort, als man seinem jüdischen Schwiegervater dort den Zutritt verwehrte. Jonny Rappaport, der Wirt des Lokals, war vor dem Ersten Weltkrieg mit Albers zusammen im Engagement am Sommertheater in Helgoland gewesen. Später wurde er der Ökonom des berühmten Berliner Bühnenclubs, in dem sich in den Zeiten der Weimarer Republik die kritische Intelligenz traf. Die Nazis ließen den Club schließen, worauf Jonny sein Kleines Künstlerrestaurant aufmachte – bis auch diese Stätte den Bomben zum Opfer fiel. Es war unser Stammlokal gewesen, besonders im Krieg, denn bei Jonny bekam man als Stammgast immer noch einen Schnaps, selbst bei Fliegerangriffen schickte er niemanden weg, in irgendeinen Bunker, wie es Vorschrift war. Statt dessen konnte man bei Alarm in seinen Keller flüchten und dort im Kreis von Gleichgesinnten frei sprechen und die Entwarnung abwarten.

Eine ungewöhnliche Erscheinung gab es da noch bei Jonny, einen Menschen, den man in diesem Kreis von Regimegegnern nie vermutet hätte – Chemnitzer. Trug er nicht das goldene Parteiabzeichen? Nun, er war wohl einer jener anfänglich begeisterten, idealistischen Nazis, die sich schon lange innerlich von der Partei losgesagt hatten, die es aber nicht wagten, auszutreten und das Parteiabzeichen zurückzugeben, was ja zweifellos auch lebensgefährlich gewesen wäre. Gerhard Wolff hatte ihn eines Tages mitgebracht. Er hatte ihn auf einer Gesellschaft getroffen, Chemnitzer hatte sich sehr angeregt mit ihm unterhalten und ihn schließlich aufgefordert, doch noch mit ihm ein wenig in seine Wohnung zu kommen, um die Unterhaltung fortzusetzen. Nun hielt es Wolff doch für angebracht ihm mitzuteilen, daß er Halbjude sei. Worauf ihm Chemnitzer mitteilte, daß das für ihn gar keine Rolle spiele. Von nun an sahen sich die beiden häufig, und eines Tages brachte Wolff ihn zu Jonny mit, wo er ein

Stammgast wurde, mit dem man offen und frei sprechen konnte. Er schloß sich besonders Erich Kästner an, der es mit einem verschmitzten Lächeln duldete. Vielleicht spielte auch eine Rolle, daß sie beide Sachsen waren.

Auch solche Erscheinungen gab es im Dritten Reich. Die Fronten verliefen eben nicht immer so klar und deutlich, wie es 40 Jahre später manchen Neunmalklugen erscheint, denen es erspart geblieben ist, diese Zeit mitzuerleben.

Für den Unbeteiligten ist es im Rückblick leicht, klüger zu sein als diejenigen, die unmittelbar auf die Entwicklungen reagieren mußten, ohne zu wissen, was der nächste Tag bringen würde. Ich finde es allzu billig, sich heute über alle zu erheben, die damals zwar das Regime innerlich ablehnten, sich aber mit dem Gedanken vertraut machen mußten, auch in diesem Staat irgendwie leben zu müssen; ich meine die große Menge derer, die politisch nicht aktiv waren und versuchten, sich zumindest subjektiv anständig zu verhalten, indem sie weiterhin mit ihren alten Freunden verkehrten und ihnen, wenn nötig, in aller Stille halfen.

Daß das NS-Regime durch seinen verbrecherischen Größenwahn sich selbst, vor allem aber Millionen Unschuldiger zugrunde richten würde, war für einen Großteil der Bevölkerung kaum vorhersehbar. Man ließ sich vielmehr von den Prestigerfolgen der ersten Jahre nach Hitlers Machtübernahme blenden: Anerkennung von vielen Seiten, Besuche von offiziellen Repräsentanten anderer Staaten, wirtschaftlicher Aufschwung, Rückgang der Arbeitslosenzahlen etc. Das führte zu einem allgemeinen Nachgeben gegenüber dem Diktator.

Ich habe erlebt, wie überzeugte Regimegegner sich nach Hitlers sogenanntem Blitzsieg über Frankreich innerlich damit abfanden, noch lange unter dieser Herrschaft leben zu müssen. Sie hofften, die Verhältnisse könnten sich in einem saturierten Deutschland auch unter diesem Regime etwas mildern und normalisieren. Auch ich hatte die Hoffnung, vor allem am Tage des Waffenstillstandes nach dem Frankreich-Feldzug, das sage ich ganz offen.

Ich hielt in jener Nacht, es war der 21. Juni 1940, Luftschutzwache im Theater in der Behrenstraße, wo ich gerade ein Engagement hatte. In einem ebenerdigen, kleinen Büro saß ich bei abgeblendetem Licht. Es war warm, und ich ließ die Tür offen. Ich hatte mich gerade in die Lektüre eines meiner geliebten Bücher von Wodehouse versenkt, als um Mitternacht aus dem kleinen Radioapparat, den ich nebenher laufen ließ, Trompetenklänge drangen. Sie kündigten das Ende der Kämpfe an. Ich war tief gerührt und dankbar und dachte an meinen Bruder, der an der französischen Front gestanden hatte und nun außer Gefahr war. Tausenden und Abertausenden von Soldaten würde jetzt der Tod im Felde erspart bleiben.

Aber daß mit der Unterzeichnung des deutsch-französischen Waffenstillstandes im Wald von Compiègne der Krieg, den Hitler vom Zaune gebrochen hatte, zu Ende gehen würde, diese Illusion kam mir nicht. Dazu kannte ich meine englischen Freunde zu genau, ihre Unbeugsamkeit, wie sie schon in dem Text der alten Hymne »Rule, Britannia« anklingt:

>»Britons never, never, never will be slaves!«

Sie würden niemals aufgeben und sich Hitlers Machtansprüchen widersetzen, so viel war mir klar. Aber wie es im Politischen genau weitergehen würde, das konnte ich mir damals nicht ausrechnen. Eine jahrelange Einkreisung und Belagerung Deutschlands schien mir noch am wahrscheinlichsten. Aber dann sorgte der »Größte Feldherr aller Zeiten« – wie Hitler sich gerne nennen ließ – selbst dafür, daß der Zusammenbruch schneller kam.

Mit Kästner traf ich mich nicht nur bei Jonny, sondern auch im »Bardinet«, unserem gemeinsamen zweiten Stammlokal in Kurfürstendammnähe. Kästner redete wenig, aber er sah und hörte alles, das merkte man an seinen treffenden, witzigen, manchmal auch sarkastischen Bemerkungen, die er dann plötzlich fallen ließ. Sein hintersinniger Humor zeigte sich, als er eines Tages einer Einladung in unser Haus folgte. Das war an sich schon eine große Seltenheit, das tat er sonst nie. Todernst überreichte er ein schmales Bändchen mit den Worten: »Hoffentlich habt ihr's noch nicht.« Wir schlugen das Buch auf, gespannt, was Kästner uns aus seinem Œuvre geschenkt hatte. Und was war es? »Orden und Ehrenzeichen im Dritten Reich« mit der Widmung: »Dem Schön-böckschen Haushalt dieses unentbehrliche Nachschlagewerk, gestiftet von Erich Kästner. Dezember 1941«. Ich habe es heute noch. Es ist unter den Dingen, die wie durch ein Wunder Bomben, Plünderung, viele Umzüge und all die Unbilden unserer Zeit überstanden haben.

Jeder Tag wie ein Geschenk

Berlin im Krieg

Im Lauf dieser Aufzeichnungen ist mir etwas klar geworden, was ich mir früher nie so richtig bewußt gemacht habe. Es waren ja nur ganze zwei Jahre, die ich in Berlin in der Illusion leben konnte, nun auf den untersten Stufen einer Erfolgsleiter zu stehen, die ich relativ ungestört weiter hinaufsteigen könnte. Genauer gesagt, zwei Jahre und zwei Monate. Im Juni 1937 hatte ich mich entschlossen, nach Berlin überzusiedeln. Und am 1. September 1939 brach der Krieg aus. Die übrigen sieben Jahre in Berlin waren Kriegs- und Bombennächte, geprägt von Mangel, Lebensgefahr, Besitz- und Vermögensverlust und Flucht.

Seit Beginn des Jahres 1938 war mir und vielen Freunden die politische Entwicklung immer unheimlicher geworden. Mein Agent floh nach der Besetzung Österreichs nach Berlin und suchte für eine Weile bei mir Zuflucht. Ich gab ihm alles Geld, das ich erübrigen konnte – viel war es nicht, denn die Filmgagen für junge Schauspieler waren nicht sehr üppig, und ich hatte mir kurz zuvor ein Auto geleistet. Aber es reichte, um ohne Steuerschulden emigrieren zu können.

Weitere Freunde und Bekannte kamen aus Wien und brachten Hiobsbotschaften. Aber das rasante Tempo, in dem sich dann die Ereignisse überstürzten und alles auf die Katastrophe zutrieb, das erahnte ich nicht, und ich glaube, auch die meisten anderen Menschen nicht.

Ich war nach dem Weltkrieg aufgewachsen – glücklich die Zeiten, in denen er noch nicht »der erste« hieß, da eine Wiederholung

holung dieses Infernos unvorstellbar schien –, in einer Atmosphäre der Kriegsablehnung. Der Gedanke, dieser selbstmörderische europäische Wahnsinnsakt könnte sich wiederholen, ich könnte als erwachsener Mensch noch einmal dem ausgesetzt sein, was eine verblassende Kindheitserinnerung geworden war, dieser Gedanke lag mir völlig fern. Und wohl auch den meisten europäischen Regierungen, sonst hätten sie Hitlers Überfällen nicht so unvorbereitet gegenübergestanden. Ich hatte keine Vorstellung, wie sich die Zukunft entwickeln würde, nur daß es so nicht weitergehen und nicht gut gehen konnte, das spürte ich. Aber mit Krieg hatte ich nicht gerechnet.

Inzwischen drehte ich Filme, u. a. mit Marika Rökk, Ilse Werner, Grethe Weiser, Carola Höhn, ich spielte am Kleinen Theater Unter den Linden *Der Mann mit den grauen Schläfen* (eine herrliche Doppelrolle) mit Irene von Meyendorff, dann am Kurfürstendammtheater, bei Hans Wölffer, *Mrs. Cheneys Ende*, wieder mit Grethe Weiser. An der Komödie und im Theater am Kurfürstendamm spielte ich in den nächsten Jahren ein Stück nach dem anderen, mit Rudolf Platte, Ida Wüst, Hilde Sessak und, und, und!
Welch ein Glück, daß mir nie eine Rolle in einem nationalsozialistischen Propagandafilm angeboten wurde! Auch in keinem der Kriegsfilme, die nach 1939 das Volk ideologisch aufrüsten sollten. Ich war wohl nicht der Typ für solche martialischen Streifen. Ich betone ausdrücklich, daß ich Glück hatte, denn wenn man mir solche Rollen angetragen hätte, so hätte ich ja auch nichts machen können, ebensowenig wie die Kollegen, die es getroffen hatte.
Ich erinnere mich noch an meine Gespräche mit Ferdinand Marian. Er wohnte ganz in meiner Nähe, und wir trafen uns manchmal, nachdem wir gemeinsam in einem Film von Paul Verhoeven vor der Kamera gestanden hatten. Er erzählte mir, mit welchen Tricks und verzweifelten Ausreden er versucht hatte, nicht im *Jud Süß* zu spielen. Vergebens! Aber dann gelang es diesem genialen Schauspieler gewissermaßen unter den Augen

von Goebbels, die Rolle so zu spielen, daß der Jude Sympathie und Mitleid erweckte.

Ein einziges Mal geriet auch ich in Gefahr, in einem Propagandastreifen spielen zu müssen. Es muß wohl irgendwann im zweiten Kriegsjahr gewesen sein, da kam das Propagandaministerium auf die Idee, allwöchentlich oder zweimal die Woche vor dem Hauptfilm als Vorspann eine kurze Szene laufen zu lassen, die im englischen Kabinett spielte und in der die Kabinettsmitglieder sich natürlich besonders dumm und widerwärtig zu den aktuellen Kriegsereignissen äußern sollten. Ich erinnere mich, daß Will Dohm Winston Churchill und der niederdeutsche Schauspieler Hoopts den Lord Halifax darstellen sollten. Mir aber blieb aufgrund meines Schnurrbarts und einer gewissen physiognomischen Ähnlichkeit die Rolle des Anthony Eden vorbehalten. Wir wurden zu Probeaufnahmen bestellt, saßen verdattert beisammen und warfen uns ratlose Blicke zu. Niemandem unter uns war wohl bei dem Gedanken, in diesem Propagandamist mitwirken zu müssen. Ich weiß bis heute nicht, welcher Laune des Schicksals wir es zu verdanken hatten, daß dieses Filmprojekt wieder abgesagt wurde.

Mit dem Film *Anna Favetti* – ich spielte wieder einen Angelsachsen, diesmal einen Kanadier – hatte ich 1938 noch einmal das Glück, ins Ausland zu kommen. Da ich den Captain einer kanadischen Eishockeymannschaft spielte, nahm ich jeden Tag ein paar Stunden Eishockeyunterricht bei kanadischen Cracks. Um ein paar blaue Flecken reicher, fuhr ich zu den Ski- und Eishockey-Aufnahmen nach Tre Croci in Südtirol und anschließend nach St. Moritz.

Wir residierten im Carlton-Hotel, weil wir vor der Hotelauffahrt zu drehen hatten. Gleich unterhalb, im Palace-Hotel, spielte der damals weltberühmte Teddy Stauffer mit seiner Kapelle. Brigitte Horney, Gina Falckenberg und ich, die wir den Musiker von Berlin her kannten, wo er jedes Jahr ein paar Wochen im

»Frasquita« gastierte, ließen kein Konzert aus, wenn wir von den Diäten genügend Fränkli abgespart hatten.

Bei dieser Gelegenheit lernten wir auch Erich Maria Remarque kennen. Er war schon 1931 in die Schweiz emigriert. Es stellte sich heraus, daß Remarque die frohe Botschaft erhalten hatte, daß sein Roman »Drei Kameraden« als Drehbuch nach Hollywood verkauft worden war und daß Remarque am nächsten Tag über den großen Teich setzen würde. Wir stießen auf diesen Erfolg an, tranken munter weiter und bald waren Brigitte, Gina, ich und Remarque die letzten Gäste in der Bar. Die Kapelle spielte nur für uns, und sie mußte immer wieder intonieren: »Frag nicht, warum ich gehe, frag nicht warum...« aus dem Film *Das Lied ist aus*. Remarque zwang mich mit trunkener Beharrlichkeit, den Schmachtfetzen für ihn zu singen. Wie es klang, möchte ich nicht wissen, denn wir waren alle längst betrunken, und als nach Stunden irgend jemand meinte, ob wir denn nicht genug hätten, tat Remarque den denkwürdigen Ausspruch: »Wenn ich auf dem Boden liege und ich die Hand noch zum Tisch heben kann, darf man mir den Alkohol nicht verweigern!« Er war eben nicht nur ein begnadeter Autor, sondern auch ein wahrhaft großer Zecher. Erst am hellen Morgen trennten wir uns und winkten ihm noch lange nach, als er in einem Pferdeschlitten glöckchenklingend entschwand. Der Glückliche.

Als die letzte Szene im Kasten war, mußten wir nach Berlin zurückkehren. Schweren Herzens, denn die Tage in der freien Schweiz waren schön gewesen. Aber das Leben ging weiter, ich spielte Stücke und drehte Filme mit dem hochbegabten, allzu früh verstorbenen Rudi Godden, mit Hilde Weißner, wieder mit Karin Hardt und mit Marina von Ditmar.

Ich hatte inzwischen die Filmgesellschaft gewechselt und arbeitete bei der Tobis. Im Sommer 1939 bekam ich das Angebot für die Titelrolle in dem Film *Casanova heiratet*. Regie führte Victor de Kowa. Ahnungslos fuhren wir an den Tegernsee zu den Außenaufnahmen. Als wir nach Berlin zurückkamen, war der Krieg ausgebrochen.

Victor hatte ich Anfang des Jahres 1939 kennengelernt. Er besuchte eines Abends eine Vorstellung des Lustspiels *Der Mann mit den grauen Schläfen*, und hinterher saßen wir zusammen – der Beginn einer jahrelangen Freundschaft und Zusammenarbeit.

1943 übernahm Victor de Kowa die Leitung der Berliner Komödie, aber das Theater wurde kurz darauf ausgebombt. Wir behalfen uns bis zur Theaterschließung am 1. September 1944 mit dem Theatersaal der Musikhochschule, der Komödie in der Fasanenstraße genannt wurde. Die ganze Saison 1943 hindurch führten wir *Wollen Sie meine Frau werden?* auf, eine musikalische Komödie von Werner Bochmann. Gretl Schörg war meine Partnerin. 1944 folgten *Die letzten Fünf*, auch eine musikalische Komödie mit Grethe Weiser, Margit Symo und Tina Eilers. Margit Symo, eine temperamentvolle Ungarin, hatte mit ihrem sehr freizügigen Tanz in dem Film *Der Postmeister* einige Männerherzen höher schlagen lassen. Sie war mit dem Komponisten Willy Mattes verheiratet und wurde die Mutter einer der interessantesten jungen Schauspielerinnen von heute, Eva Mattes. Margit war auch meine Partnerin in dem Film *Der Verteidiger hat das Wort!* mit Heinrich George und Rudolf Fernau.

Die Musik zu den *Letzten Fünf* war von Heino Gaze, der nach dem Krieg einer der erfolgreichsten Komponisten auf dem Unterhaltungssektor war. Auch die Musik der Revue *Lied der Straße* hatte er komponiert, ferner zahlreiche Schlager, die zum Teil um die ganze Welt gegangen sind. Unser »Orchester« waren zwei Flügel und ein Schlagzeug. An einem Flügel saß der Komponist selbst, am anderen ein zweiter Erfolgskomponist, Peter Igelhoff. Die Regie in den Komödien *Wollen Sie meine Frau werden?* und *Die letzten Fünf* führte jeweils Victor de Kowa. Es ist unglaublich, wieviel ich hierbei von ihm lernte. Unter seiner Leitung machten wir »entfesseltes Theater«, wie Alexander Tairoff 1923 das Buch nannte, in dem er vom Schauspieler expressiven Körperausdruck und akrobatische und pantomimische Einlagen fordert. Er setzte Kräfte in mir frei, die loszulassen ich bis dahin zu schüchtern oder zu bequem gewesen war. Denn »es ging ja auch so«. Er lockte mich aus der lässigen, gefälligen Art hervor, in der ich bis dahin meine eleganten Herrn in Frack und Smoking gespielt hatte. Er brachte mich auf der Bühne zum Toben, Rasen und Jubeln, mobilisierte alle meine Kräfte, auch die physischen. Ich sprang durchs Fenster und über Tische, beim Vortrag von Chansons oder Couplets jagte ich von der Bühne ins Orchester, vom Orchester in den Zuschauerraum und wieder zurück auf die Bühne. Victor de Kowa hat mein Bühnenspiel enthemmt und entfesselt. Es war wie eine künstlerische Neugeburt. In dem Film *Peter Voß, der Millionendieb* traten wir zusammen auf.

Ich arbeitete in diesen Jahren auch mit einer anderen Persönlichkeit zusammen, dessen Stern erst nach dem Krieg im Osten, bei der Defa, richtig aufging: Wolfgang Staudte. Ich kannte Staudte von einem Fußballfilm her, in dem wir beide zu tun hatten. Wir sahen uns manchmal abends im »Bardinet«. Eines Tages fragte er mich, ob ich in seinem »Probefilm« mitspielen würde. Früher nämlich mußte ein junger Regisseur, bevor man ihm die Inszenierung eines abendfüllenden Spielfilms anvertraute, einen kurzen Probefilm von etwa vierzig bis fünfzig Minuten drehen. Ich sagte ihm natürlich zu, und er bekam die Regie des Tobis-Films *Akrobat Schö-ö-ö-ö-n!* mit Charlie Rivel. Meine Rolle forderte mich sehr, und ich war glücklich, auf diese Weise mit diesem großen, weltberühmten Artisten zusammenzukommen. Viele Jahre nach dem Krieg, als Charlie, schon sehr alt, im Zirkus Krone in München gastierte, veranstaltete ein Kinotheater eine Matinee des Films. Wir saßen zusammen in der Loge und sahen uns gerührt unseren alten Film an, der immer noch sehr gut ankam. Gemeinsam schwärmten wir von den alten Zeiten. »Tu te rappeles...«, sagte er immer wieder und stieß mich mit dem Ellbogen in die Seite.

Mein nächster Film mit Staudte hieß *Ich hab von dir geträumt*. Der Titel läßt eine schwülstige Liebesgeschichte vermuten, aber das Ganze entpuppte sich als eine Mischung aus Surrealismus und Action-Film. Ein höchst modernes Drehbuch, das man durchaus auch heute drehen könnte. Leider nicht mehr mit mir.

In diesem Film durfte ich unter anderem etwas machen, was mir seit Kriegsbeginn, als wir unsere Wagen abliefern mußten, sehr fehlte: Autofahren! In einem großen Horch-Kabriolett inszenierte ich verwegene Autofahrten, durch Dorfteiche und über holprige Landstraßen, ich führte riskante Bremsmanöver vor und Power-Slides. Es war ein Genuß! Und auch sonst konnte ich mich in der Rolle richtig austoben. Meine Partnerin war übrigens Fita Benkhoff.

Mein dritter Film mit Staudte, *Frau über Bord*, in dem ich zur Abwechslung einmal einen Spanier spielte und mir die Haare schwarz färben mußte, fiel schon in die Zeit nach der Theaterschließung vom 1. September 1944. In diesem Film spielten eine Fülle von bekannten Kolleginnen und Kollegen, wie z. B. Charlotte Schellhorn, Anneliese Uhlig, Heinrich George, Hubert von Meyerinck, Carl-Heinz Schroth, Will Dohm, Georg Alexander. Und Axel von Ambesser. Wir lernten uns erst bei diesem Film kennen, obwohl wir beide seit Jahren in Berlin Theater spielten und filmten. Nach dem Krieg trafen wir uns in München wieder und wurden gute Freunde. Leider starb er im Sommer 1988, während ich am Manuskript zu diesem Buch arbeitete. Der Film wurde noch fertiggestellt, aber er kam nicht mehr zur Aufführung. Im ganzen habe ich in drei Filmen gespielt, die nicht mehr zur Uraufführung kamen.

Die Theaterschließung war wohl der schlimmste Augenblick im Leben der Schauspieler. Niemand wußte, ob wir je wieder auf einer Bühne stehen würden. Die Zukunft war völlig ungewiß, nur eines war gewiß: Sie würde düster sein. Es war ein Abschied ohne Aussicht auf Wiederkehr. Das Publikum der wie immer ausverkauften letzten Vorstellung weinte, wir weinten, und mit uns zusammen weinten die Beleuchter und Bühnenarbeiter. Das waren französische Kriegsgefangene, die sich bei uns im Theater wohlgefühlt hatten und die nun wieder in die trostlosen Lager zurückkehren mußten.

Von diesem Zeitpunkt an galten wir Schauspieler als kriegsdienstverpflichtet, d. h., wir bekamen keine Honorare mehr, sondern nur eine Pauschale pro Monat. Wir durften unseren »Standort« nicht verlassen und mußten jede Rolle spielen, die uns zugeteilt wurde.

Noch schlimmer erging es den Schauspielern, die nicht das Glück hatten, beim Film zu sein: Sie wurden eingezogen und nach einer kurzen Ausbildung an die Front geschickt, wo einige von ihnen noch in den letzten Kriegstagen fielen.

Mir blieb dieses Schicksal erspart, weil ich zu dieser Zeit zwei Filmrollen hatte. Aber an drehfreien Tagen mußten wir in der Rüstungsindustrie arbeiten. Wir wurden einer Flugzeugfabrik zugeteilt. Dort sollten ich und meine Kollegen mit Leuchtfarbe Ziffern auf die Armaturenbretter malen – zur Verzweiflung der übrigen Arbeiter, denn wir Schauspieler machten natürlich alles falsch.

Da überlegte ich mir, daß in dem allgemeinen Chaos doch niemand feststellen könnte, ob ich nun an einem Tag drehfrei hatte oder nicht. Ich blieb daher einfach zu Hause. Und tatsächlich scheint mich in der Flugzeugproduktion niemand vermißt zu haben.

Schließlich wurden wir in den »Volkssturm« gesteckt. Diese Truppe rekrutierte sich aus älteren, für den Fronteinsatz untauglichen Männern und einigen jüngeren, die – wie wir Schauspieler – noch in der Heimat lebten. Man konnte sich diesem völlig sinnlosen «letzten Aufgebot« nicht entziehen.

Der Volkssturm wurde nach Bezirken eingeteilt, und ich kam zum »Motorsturm Grunewald«. Ein Motorrad oder eine Waffe habe ich aber dort nie gesehen. Eine ganze Reihe von Kollegen und Filmleuten, die wie ich im Grunewald wohnten – Kurt

Meisel, Helmut Käutner, Walter Felsenstein, Peter Widmann, der Kameramann Bruckbauer –, waren dabei. Unser Kommandant war gleichzeitig Produktionsleiter der Tobis. Den Ersten Weltkrieg hatte er als Offizier miterlebt. Nun war er wohl für den Fronteinsatz zu alt. Er war ein vernünftiger Mann, der genau wie wir wußte, was für ein verbrecherischer Unsinn es war, den man da mit uns trieb. Dieser Einsicht entsprechend richtete er unseren Dienst ein. Zweimal die Woche mußten wir uns abends unterm Dach irgendeines Parteigebäudes am Hohenzollerndamm versammeln und bekamen taktischen Unterricht am Sandkasten! Ob das nicht vergebliche Liebesmüh war?

Eines Abends wollte uns der Kommandant den Gebrauch der Panzerfaust erklären. Aber uns interessierte viel mehr, wie wir bei Fliegeralarm so rasch wie möglich nach Hause fliehen könnten. In den Keller des Parteigebäudes, wie es dienstlicher Befehl war, wollten wir auf keinen Fall gehen. Denn die Zeit der harmlosen Fliegerangriffe der ersten Kriegsjahre war längst vorbei, jeder wollte nach Hause, um, wenn nötig, zu löschen und zu retten, was zu retten war.

Bald kam uns der rettende Einfall. Einer unserer Leidensgenossen war ein Herr, der in der Rüstungsindustrie an wichtiger Stelle saß und daher noch ein Auto mit Fahrerlaubnis hatte. Sobald die Sirene ertönte, rannten wir die Treppe hinunter, der Fahrer setzte sich in seinen Wagen, Helmut Käutner neben ihn, und wir banden unsere Fahrräder mit vorbereiteten Stricken am hinteren Wagenteil fest. Auf ein Zeichen fuhr er ab und zog uns, so schnell wie wir es mit dem Rad nie geschafft hätten, den Hohenzollerndamm hoch Richtung Grunewald. Am Roseneck ließen wir los und stoben rasch in alle Richtungen auseinander, unseren Behausungen zu.

Unser Geländedienst aber bestand darin, daß wir uns am Sonntag vormittag im Grunewald trafen und mit unseren Hunden spazierengingen.

Als es ernst wurde, setzte ich mich, wie schon erwähnt, mit Rad und Hund zu Victor ab. Zu meinem großen Glück! Denn unsere Truppe wurde tatsächlich noch eingesetzt. Mit italienischen Gewehren, zu denen die Munition nicht paßte, schickte man sie gegen russische Panzer, und einige sind noch, völlig sinnlos, gefallen.

Berlin war nicht nur wichtig für meine künstlerische Entwicklung, sondern hier nahm auch mein Privatleben eine neue Wendung. 1941 heiratete ich Herta Saal. Wir hatten uns ja neun Jahre zuvor am Stadttheater Salzburg kennengelernt, aber dann trennten sich unsere Wege wieder, wie das am Theater so ist, neue Engagements führten uns in andere Städte und in andere Bindungen. Erst in Berlin trafen wir uns wieder. Sie hatte hier schon seit längerem ein Engagement. 1942, ein Jahr nach unserer Hochzeit, kam unsere Tochter zur Welt. Zwölf Monate später mußten wir uns abermals trennen, als Goebbels den Evakuierungsbefehl verkündete: Alle Frauen und Kinder sollten das von immer heftigeren Fliegerangriffen bedrohte Berlin verlassen. Doch es gelang uns, die Anordnung zu umgehen. Meine Frau und unser Kind fanden im Osten von Berlin Unterschlupf auf dem Rittergut Morrn, das Freunden von uns gehörte. Hier, in der Nähe von Schwerin an der Warthe, herrschte keine Fliegergefahr, und ich konnte meine Frau gelegentlich besuchen. Das war ein unschätzbarer Vorteil. Der Nachteil dieser Situation wurde uns erst 1944 klar, als die russische Front immer näher rückte.

Es war wohl Ende Januar 1945, mitten im strengsten Winter, als nachts um 2 Uhr bei mir das Telefon klingelte und eine Stimme sagte: »Es ist so weit.« Das war das verabredete Zeichen zwischen dem Gutsherrn Herrn Delius und mir. Als Bahnhofskommandant von Frankfurt an der Oder kam er an wichtige militärische Informationen heran. Er konnte besser als jeder andere von uns abschätzen, wann die Rote Armee Schwerin erreichen und es für seine und meine Familie Zeit würde, das Landgut zu verlassen. Eigentlich durfte erst »getreckt« werden, wenn die Parteileitung das Zeichen gab, aber das kam meist zu spät. Vielleicht aus

Unwissenheit, vielleicht aber auch mit der hinterlistigen Absicht, den Parteibonzen Gelegenheit zu geben, sich als erste ungehindert von anderen Flüchtlingen in Sicherheit zu bringen.

Ich nahm den ersten Zug vom Bahnhof Charlottenburg nach Landsberg/Warthe, um meine Frau abzuholen. Der Zug, der weiter nach Osten ging, war überfüllt, zum größten Teil mit Menschen, die aus den zerbombten Städten des Westens in den von Fliegerangriffen bisher verschont gebliebenen Osten verlagert werden sollten. Später erfuhr ich, daß der Zug überhaupt der letzte war, der von Berlin in Richtung Osten fuhr. Wo er endete, wird man nie erfahren. Die Gegend, in die die armen Menschen zogen, war schon Kampfgebiet.

In Landsberg sprang ich auf einen Pferdewagen, den Rest der Strecke ging ich zu Fuß. Durch Morrn rollten schon den ganzen Tag über die Flüchtlingstrecks, mit Pferdewagen und Handkarren, zu Fuß oder auf Fahrrädern. Es war kalt und schneite fast ununterbrochen. Im Gutshaus wurden die Zimmer mit Stroh ausgelegt, um Flüchtlinge übernachten zu lassen, bevor sie nach Westen weiterzogen.

Am zweiten Abend gab uns Delius telefonisch das Zeichen zum Aufbruch. Wir beluden zwei Ackerwagen, die mit je drei Pferden bespannt wurden. Die französischen Kriegsgefangenen, die schon seit Jahren auf dem Hof arbeiteten, halfen uns dabei. Sie wären gern mit uns gefahren, denn sie hatten auf dem Gut ein angenehmes Leben gehabt, während sie von den Russen nichts Erfreuliches erwarteten. Aber es war verboten, Kriegsgefangene mitzunehmen. Dennoch wußte ich, daß die Kriegsgefangenen hier in Morrn ein verhältnismäßig angenehmes Leben führten – sofern das Leben eben angenehm sein kann, wenn man in einem fremden Land gefangen ist, ohne zu wissen, wie lang dieser Zustand dauern wird. Durch einen kuriosen Zufall erfuhr ich einmal, was in Menschen in dieser Lage vorgeht.

Es war im letzten Kriegsjahr, ich fuhr mit der S-Bahn nach Neubabelsberg zur Ufa und saß erst allein im letzten Wagen. Kurz vor meiner Zielstation stieg eine Gruppe englischer Kriegsgefangener ein. Ich bemerkte rasch, daß in meinem Wagen keine Wachleute dabei waren, ich saß als einziger Zivilist unter lauter englischen Soldaten. Da fühlte ich den unwiderstehlichen Drang, mit einem von ihnen zu reden. Ich wußte, daß es streng verboten war, aber es schien niemand da zu sein, der mich verraten könnte. Ich fragte den neben mir sitzenden jungen Soldaten: »Well, and what do you think of this war?« (Na, und was denken Sie von diesem Krieg?) Kaum daß mir die Worte über die Lippen gekommen waren, wurde mir bewußt, wie idiotisch diese Frage war, aber an der nächsten Station mußte ich aussteigen, der Zug war schon langsamer geworden, und so fiel mir in der Eile nichts Besseres ein. Der junge englische Kriegsgefangene sah mich ruhig an und antwortete ganz gelassen: »We aren't thinking any more. Just waiting for the end, like anybody else.« (Wir denken nichts mehr. Wir warten nur auf das Ende, wie alle anderen auch.) So dachten wohl die Franzosen in Morrn auch. Sie versuchten, sich das Leben so angenehm wie möglich zu machen. Sie bekamen ihre vom Roten Kreuz vorgeschriebenen Lebensmittel, hatten ihre eigene Küche und kochten für sich selbst. Sie profitierten natürlich auch davon, daß fast alle deutschen jungen Männer eingezogen waren. Besonders einer, Mario, ein fröhlicher Südfranzose, schwang sich zum Casanova des Dorfes auf. Abends konnte man ihn in sauberer Uniform, das Käppchen auf dem Ohr, unternehmungslustig pfeifend vom Gutshof dem Dorf zuwandern sehen, um seinen diversen Rendezvous-Verpflichtungen nachzukommen. Solche Liebeleien konnten sich unter den Kriegsgefangenen aber nur die Franzosen oder Holländer erlauben, für Polen oder Russen bedeutete eine solche Affäre, wenn sie bekannt wurde, den Tod.

Wir luden massenhaft Hafer für die Pferde auf, von deren Ausdauer unser Schicksal abhing. Dann so viel Habe, wie noch unterzubringen war, Teppiche, ein wertvolles Ölbild, Hausrat und Lebensmittel. Schließlich brauchten auch wir selbst noch

Platz: Frau Delius mit Tochter, Sohn und Mutter, ein alter Kutscher mit seiner Tochter und deren Baby, meine Frau, unser Kind und ich.

Den einen Wagen lenkte der Kutscher, den anderen der zwölfjährige Sohn des Hauses. Ich hingegen spielte die Rolle einer ungelernten Hilfskraft. Aber es ist erstaunlich, was man alles schafft, wenn Gefahr im Verzug ist. Ich lernte in kürzester Zeit die Pferde ein- und auszuspannen, sie aus dem Eimer zu füttern und zu tränken. Ich lernte, wie man Heu und Stroh organisiert und wie man in einem fremden Dorf einen warmen Stellplatz für die Pferde auftreibt.

Den ganzen Tag lang sahen wir nichts als vor uns einen hochbeladenen Wagen und hinter uns nickende Pferdeköpfe. Die Wälder auf beiden Seiten der Straßen waren tief verschneit. Was sonst um uns herum vorging, wußten wir nicht, es war, als wären wir wie aus der Welt.

Endlich erkannten wir in der Ferne die Turmspitzen des Schlosses von Schwedt an der Oder. Dort trafen wir die ersten deutschen Soldaten und sahen, wie die Oderbrücken zur Sprengung vorbereitet wurden. Wir hörten, daß die russischen Panzer einen halben Tag hinter uns waren. Schon am Abend, als wir einige Kilometer westwärts auf einem Gut übernachteten, wurden die Brücken in die Luft gesprengt, und der russische Vortrupp tauchte am Ostufer auf.

Tags darauf holte mich eine Militärstreife aus dem Treck. Zum Glück war der Major, dem ich vorgeführt wurde, Österreicher und erkannte mich. Er ließ mich wieder laufen, schärfte mir aber ein, ich müßte auf dem schnellsten Wege zu meinem Standort Berlin zurückkehren, sonst würde mich die nächste Streife aufgreifen. Ich hatte ja ohne Urlaubsschein vom Volkssturm oder vom Kriegsdiensteinsatz Berlin verlassen. Also nahm ich in Neubrandenburg Abschied von meiner Familie und vom Treck und schlug mich nach Berlin durch. Fahrplanmäßigen Zugverkehr gab es kaum noch. Eine Nacht verbrachte ich auf dem Bahnhof von Neustrelitz, der völlig überfüllt war: Zivilisten, vor allem Frauen und Kinder, mit Bergen von Gepäck auf sinnloser Flucht, irgendwohin; Bessarabiendeutsche, die ein ganz antiquiertes Schwäbisch sprachen, schon Tausende von Kilometern unterwegs, mit ihren typischen hohen, schwarzen Pelzmützen, dazwischen kleine Gruppen deutscher Soldaten und einige amerikanische Kriegsgefangene, offensichtlich Flieger, die sich vielleicht mit dem Fallschirm aus ihren von der Flak abgeschossenen Maschinen gerettet hatten. Sie unterhielten sich fröhlich lachend mit ihren deutschen Bewachern, und alle rauchten, wie man deutlich riechen konnte, amerikanische Zigaretten. Alles sprach und schrie durcheinander, es war ein Höllenlärm. Trotzdem schlief ich, an einem Tisch sitzend, mit dem Kopf auf meinem Rucksack, bis mich allgemeine Bewegung und aufgeregtes Geschrei weckten.

Ein Zug war eingefahren. Ich zwängte mich mit aller Gewalt hinein und landete am frühen Morgen meines Geburtstages auf dem Stettiner Bahnhof in Berlin. Schwere Rauchwolken hingen über der Stadt, an einigen Stellen brannte es noch. In der Nacht hatte ein schwerer Fliegerangriff ganze Stadtviertel verwüstet. Da um diese Zeit noch keine S-Bahn unterwegs war, machte ich mich auf den langen Fußweg, quer durch Berlin, vom Stettiner Bahnhof zum Grunewald, voller Ungewißheit, ob denn der Rest meiner Wohnung noch stehen würde. Er stand.

Der Treck mit meiner Frau und dem Kind war inzwischen in Vorpommern zum Stehen gekommen. Fieberhaft suchte ich in den nächsten Wochen nach Möglichkeiten, sie in eine ruhigere Gegend zu bringen. In Berlin würden sie auch nicht bleiben können. Denn daß Berlin nicht kampflos fallen würde, war klar. In allen großen Straßen wurden Panzersperren gebaut und der Rundfunk schwor die Bevölkerung pausenlos auf den kommenden »Endkampf« ein.

Nach drei Wochen konnte meine Frau einen Zug nehmen, der völlig überraschend von Vorpommern nach Berlin fuhr. Der Zug wurde unterwegs bombardiert, aber meine Liebsten kamen, wenn auch zu Tode erschrocken, heil in Berlin an. Nun ging die Suche weiter. Wir brauchten eine Transportmöglichkeit in den Süden, denn wir hatten ein Telegramm von Freunden bekommen: In ihrem Haus in Seefeld am Pilsensee, unweit Münchens, hielten sie noch eine Kammer für uns frei!

Endlich erhielt ich einen Tip. Ein Transportunternehmer trug sich mit der Absicht, in den nächsten Tagen einen Lastzug nach München zu schicken, der offiziell eine Ladung für die Wehrmacht befördern, in Wirklichkeit aber Menschen mitnehmen sollte, die mit ihrem Hab und Gut Berlin verließen.

Dieser Expediteur hatte eine große Leidenschaft – den Kaffee! Da sah ich durchaus Möglichkeiten, denn im Hause eines meiner Freunde residierte das Schweizer Rote Kreuz! Dort kaufte ich mir, schwarz, versteht sich, sechs Pfund grünen Kaffee, und dafür fuhren ich und meine Familie ein paar Tage später auf einem Lastwagen in Richtung München. Mit uns reisten zwei Weißrussen, von denen ja in Berlin viele lebten und die ihren roten Landsleuten lieber nicht begegnen wollten, ferner ein Ungar und ein deutscher Fliegeroffizier mit Freundin. Was der für wundersame Papiere mit sich führte, weiß ich nicht. Aber sie müssen wohl in Ordnung gewesen sein, denn die SS-Streifen, die uns mehrmals vor München anhielten, ließen ihn ohne weiteres passieren.

Ich hatte mir diesmal einen richtigen Urlaubsschein vom Volkssturm und vom Schauspieler-Kriegseinsatz besorgt, der aber befristet war, worauf mich dann auch die SS hinwies. Denn ganz so schnell, wie man heute von Berlin nach München gelangt, schafften wir es nicht. Kein Wunder, mußten wir doch des öfteren die Autobahn verlassen, um in Deckung vor den Tieffliegern zu gehen. Es brauchte noch eine Extrabestechung für den Fahrer, damit er uns nach Seefeld brachte. Nicht weit davon, am Wörthsee, hatte Willy Birgel sein Haus. Ihn und seine Frau Charlotte besuchten wir am nächsten Tag. Die beiden haben sich in der kommenden schwierigen Zeit rührend um meine Frau und meine Tochter gekümmert. Ich aber mußte mit dem Lastwagen nach Berlin zurückkehren. Es war ein schwerer Abschied, denn wir wußten ja beide nicht, wie und wann wir das Kriegsende erleben würden. Es war Ende März.

Zwei Tage später war ich wieder in Berlin. Dort begann eine Art Tanz auf dem Vulkan. Jeder spürte, es würde zu Kämpfen kommen, aber keiner wußte genau wann und wie. Gehortete Alkoholvorräte wurden ausgetrunken, überall herrschte eine hektische, unnatürliche Lustigkeit, es »schwanden alle Bande frommer Scheu«. Ich erinnere mich, daß ich einmal am Steuer eines Fiat Topolino, vollbeladen mit Betrunkenen, ohne Führerschein, ohne Papiere und ohne Licht durch das nächtliche Berlin raste. Weiß der Teufel, wohin und mit wem zusammen! Wir spielten alle verrückt.

Als am 22. April 1945 die ersten Artilleriegranaten am Bahnhof Friedrichstraße einschlugen, wußten wir, daß wir endgültig eingeschlossen waren. Noch am gleichen Abend fuhr ich zu Victor de Kowa.

Für die Zeit der Belagerung von Berlin hatten wir uns einen Plan gemacht. Wir wollten nicht von einem Angriff auf das Haus im Schlaf überrascht werden. Daher sollten zwei Mann Tag und Nacht, jeweils vier Stunden, wachen, bis sie von zwei anderen abgelöst wurden. Unser fünfter Mann war eine Art Joker. Im Garten, unter einem Gebüsch, hatten wir uns eine Latrine gegraben, denn es gab schon seit Tagen kein Wasser mehr. Gegen Morgen schlichen wir uns in einer Feuerpause hinüber auf das Olympiagelände und schöpften mit Eimern aus dem Teich Wasser. Das wurde mit Holz aus dem Garten auf dem Küchenherd abgekocht, um es für Tee und Kaffee verwenden zu können. Waschen wurde auf ein Minimum reduziert. Michi Tanaka, Victor de Kowas japanische Frau, die in keiner Situation die Ruhe verlor, servierte, was immer auch geschehen mochte, täglich um 17 Uhr einen Cocktail. Dieses regelmäßige Ritual, diese Erinnerung an normale Zeiten, trug sicher dazu bei, daß wir diese Tage und Nächte halbwegs gelassen überstanden, während sich über unsere Köpfe hinweg die Russen und die Deutschen beschossen. Die sowjetischen Truppen hatten sich auf dem U-Bahn-Gelände hinter unserem Domizil verbarrikadiert, die Deutschen verschanzten sich auf dem Olympiagelände. Wir bekamen vier Artillerietreffer ins Haus und vierzehn in den Garten, aber niemand wurde verletzt. Als wir bemerkten, daß die letzten deutschen Truppen abgezogen waren, liefen wir aufs Olympiagelände, um uns eventuell zurückgelassene Lebensmittel zu sichern. Aber da lagen Gefallene, blutjunge Burschen, fast Kinder – wahrscheinlich Flakhelfer, die gegen Ende des Krieges noch aus den Schulen geholt wurden. Einen werde ich nie vergessen: Er lag wie entspannt auf dem Rücken, ein schmales, blasses Kindergesicht mit einer blonden Strähne über der Stirn, ruhig wie im Schlaf. Aber wir hatten keine Zeit, jede Sekunde konnte der Beschuß wieder losgehen. Wir rafften einen Waschkorb voll Sauerkraut zusammen, ein paar Päckchen mit »eiserner Ration« und liefen wieder hinüber in unsere Deckung zurück.

Unsere Begegnungen mit den Russen verliefen glimpflich. In den letzten Tagen war es Günther Lüders und mir noch gelungen, mit dem Fahrrad die japanische Botschaft in der Tiergartenstraße zu erreichen. Michi hatte dort ein paar Tage zuvor angerufen. Ihr hatten wir es zu verdanken, daß die Botschaft uns eine Art Schutzbrief ausstellen wollte, ein Schreiben in russischer Sprache, aus dem hervorging, daß unser Haus japanisches Eigentum sei. Diese Mitteilung war damals viel wert, da Japan und die Sowjetunion sich noch nicht den Krieg erklärt hatten.

Dank Flori Stahmer, der an der Ostfront ein wenig Russisch gelernt hatte, wußten wir auch, was wir den Rotarmisten zu sagen hätten, falls sie die Bestätigung nicht lesen könnten: »Japanski Dom«.

In der japanischen Botschaft herrschte eine gespenstische Atmosphäre. Bomben- und Artillerieeinschläge hatten das Gebäude völlig demoliert. In den Kellerräumen saßen sich einige Herren in einer Art Luftschutzkleidung gegenüber, Helme auf dem Kopf, und vertrieben sich die Zeit mit irgendwelchen Brettspielen. Darin schien sich auch schon die ganze Arbeit der Botschaft zu erschöpfen. Niemand sprach ein Wörtchen, nichts war zu hören, außer dem Lärm der vereinzelten Einschläge in der fernen »Oberwelt«. Ein höflicher Herr, der uns schon erwartet hatte, übergab uns den Schutzbrief und ein paar japanische Wimpel.

Draußen erschreckte uns wieder der Kriegslärm. Wir traten wie Sechstage-Rennfahrer in die Pedale und riefen uns unter hysterischem Lachen ein Klassiker-Zitat zu: »Und die Angst beflügelt den eilenden Fuß!« Diese völlig unnatürliche, krampfhafte Heiterkeit habe ich in jenen Tagen immer wieder an uns und an anderen festgestellt, gerade in Momenten der Gefahr, etwa beim Löschen von brennenden Häusern nach Luftangriffen. Sie war wohl Ausdruck des ungläubigen Staunens, wieder mal mit dem Leben davongekommem zu sein. Jedenfalls waren Günther Lüders und ich heilfroh, das vielleicht lebenswichtige Dokument tatsächlich erhalten zu haben.

Als wir sicher waren, daß die letzten deutschen Truppen vom Olympiagelände abgezogen waren, krochen Günther und ich über die Terrasse und befestigten, wo immer es ging, die japanischen Fähnchen. Dadurch blieb unser Haus von Plünderungen weitgehend verschont. Der Krieg war aus, und wir waren noch einmal davongekommen. Aber wie sollte es weitergehen mit uns?

»Ärste Juni, ärste Vorstellung!«

Die schwierigen Nachkriegsjahre

Ärste Juni, ärste Vorstellung!« Diesen kategorischen russi-schen Befehl brachte Victor de Kowa von einer Versammlung der Berliner Theaterleiter bei dem sowjetischen Stadtkommandanten mit. Und zwar sollten wir diesen Befehl in der Tribüne am Knie, heute Ernst-Reuter-Platz, in die Tat umsetzen.

Wir sahen uns das Theater an und erkannten sofort, daß man hier kein Stück spielen konnte, denn es fehlte von den Kulissen bis zum Vorhang an allem. Das Theater war Kampfgebiet gewesen, und es sah unbeschreiblich aus. Es war also nur ein Bunter Abend möglich.

Wir säuberten zunächst das Gebäude vom Schutt und von den übrigen Kampfspuren, schleppten aus dem benachbarten Hansemann-Stift einen Flügel herüber und drapierten die Bühne mit schwarzen Vorhängen. Dann begannen wir ein Programm zusammenzustellen und zu probieren. Außer unserer Hausgemeinschaft wirkten noch Kolleginnen und Kollegen mit, die wir durch Boten ausfindig gemacht hatten. Die griechische Sängerin Nina Konsta, Ilse Werner, die Tänzerin Else Werdermann, Anton Herbert und ein ganz junger Mann, Benno Meyer-Wehlack, der Texte von Erich Kästner rezitierte. So starteten wir am 1. Juni 1945 in die erste Nachkriegssaison, ja in ein neues Leben, mit dem Programm *Heute abend um 6*. Denn um 8 Uhr mußte der Vorhang fallen.

Einige Zeit später stießen auch Hildegard Knef und Wolfgang Dohnberg zu uns. Wolfgang Dohnberg machte sich durch seine russischen Sprachkenntnisse sehr nützlich. Er war Balte und homosexuell. Während des Krieges wurde er zur Polizei eingezogen, erhielt aber die Erlaubnis, abends zu spielen. Während des Endkampfes um Berlin geriet er in russische Gefangenschaft und kam als Dolmetscher ins Lazarett im Friedrichshainbunker in Ostberlin, wo nicht nur deutsche und russische Verwundete lagen, sondern auch deutsche und russische Ärzte arbeiteten. Er machte sich bei den Russen so beliebt, daß sie ihn vorzeitig entließen. Zum Abschied wollten sie ihm sogar noch eine besondere Freude machen. Sie spendierten ihm ein Abendessen, und auf ein Zeichen des Kommandanten spielte eine Kapelle das Horst-Wessel-Lied! Nun war Dohnberg ein wütender Regimegegner gewesen und, schon allein wegen seiner Veranlagung, glücklich, das »Tausendjährige Reich« und seine Lieder hinter sich zu haben. Er bat also mit allen Zeichen des Abscheus, diese Darbietung abzubrechen. Aber die Liebenswürdigkeit der Russen war nicht zu bremsen. Gutmütig lachend klopften sie ihm auf die Schulter und sagten: »Du brauchst dich doch nicht zu genieren, hör dir das Lied ruhig noch einmal an, bald ist der ganze Spuk vorbei.«

Sie schenkten ihm noch ein Damenfahrrad, mit dem er dann bei uns in Ruhleben ankam. Wenn betrunkene Rotarmisten ins Haus hereinplatzten und es handgreiflich zu werden drohte, hat er uns mit seinen Sprachkenntnissen oft aus der Patsche geholfen.

Aber seine schönste Zeit erlebte er, als die Westmächte nach Berlin kamen, und wir zum englischen Sektor gehörten. Er fand sehr bald heraus, wo der nächtliche Treffpunkt der ziemlich zahlreichen englischen Vertreter seiner Richtung war, nämlich im Lietzenseepark. Dahin zog er nun fast jeden Abend nach der Vorstellung, das Taschentuch wie die englischen Offiziere im Ärmel, den Hut unternehmungslustig aufs Ohr gesetzt, mit Monokel und Regenschirm. Meist kam er erst spät, müde, aber sehr befriedigt nach Hause.

Fast gleichzeitig mit den Vorstellungen in der Tribüne begann auch die Zeit des »Tingelns«. Es tauchten Unternehmer auf, die in irgendwelchen halbwegs stabil gebliebenen Sälen oder ausgedienten Kinos Bunte Abende veranstalteten und sich damit brüsten wollten, als besondere Attraktion einen Filmstar an Land gezogen zu haben. Günther Lüders, Victor de Kowa und ich nutzten solche Veranstaltungen, um uns Geld für die nötigen Schwarzkäufe, ohne die man kaum leben konnte, zu verdienen. Denn die Russen hatten sofort sämtliche Bankkonten geschlossen, man verfügte also nur über das Geld, das man gerade in der Tasche mit sich trug. Ich sang Chansons und Couplets aus den musikalischen Lustspielen, die ich früher gespielt hatte, Lüders trug Ringelnatz vor, und Victor rezitierte Verse von Kästner, Morgenstern und Fred Endrikat. Georg Haentzschel begleitete uns. An manchen Sonntagen fuhr unser ganzes Ensemble mit einem Pferdewagen in irgendeine graue Vorstadt, um da eine Matinee zu geben. Mit der Tingelei half ich mir durch die filmlose Zeit der frühen Nachkriegsjahre.

Wir spielten schon unser zweites Programm an der Tribüne, als uns ein Gerücht erreichte, daß auch die Westmächte nach Berlin kämen. Und tatsächlich saß eines Abends in der ersten Reihe eine Gruppe englischer Offiziere. Sie hörten, wie Victor de Kowas Frau Michiko das alte englisch-irische Soldatenlied »Oh, danny boy, the pipes, the pipes are calling...« intonierte. Nach der Vorstellung kamen die Engländer ganz erregt und aufgekratzt hinter die Bühne und erzählten, was für ein Erlebnis das für sie sei – nach einer Fahrt durch das zerstörte Deutschland und die Ruinen von Berlin auf einer Bühne gut angezogene junge Menschen zu sehen und dann noch eine Japanerin »Oh, danny boy...« singen zu hören.
Kaum daß die sowjetischen Truppen aus unserem Sektor abgezogen waren, wagten wir erstmals abends auf der Terrasse und im Garten ein kleines Fest zu feiern. Wir hatten uns, soweit machbar, chic angezogen. Zum erstenmal kamen andere Kolleginnen und

Kollegen zu Besuch – ich erinnere mich an Marianne Hoppe und Elsa Wagner. Wir fühlten uns erleichtert und fröhlich, da die Zeit der willkürlichen Verhaftungen, der Verschleppungen von der Straße weg und der ständigen Plünderungen nun offensichtlich vorbei war.

Plötzlich tauchten am Gartentor drei englische Offiziere auf. Anglomane, als der ich lange Zeit galt, öffnete ich ihnen und fragte, was sie wünschten. Der erste, ein großer Mann in Flieger-uniform, musterte mich prüfend und sagte: »Mr. de Kowa?« Ich bedeutete ihm, daß ich das nicht sei, bat die Herren aber herein. Als die Offiziere sich der Terrasse näherten, stand Michi plötzlich auf und warf sich mit dem Aufschrei »Wally!« dem Großen in die Arme. Es stellte sich heraus, daß dieser Offizier Wally Timms hieß und einst Privatsekretär ihres ersten Mannes gewesen war. Er hatte erfahren, mit wem sie jetzt verheiratet war, und sie lange gesucht. Es wurde ein langer, fröhlicher Abend, der nicht ohne Folgen bleiben sollte.

Einige Tage später wurde de Kowa die Leitung des Renaissance-Theaters übertragen. Das Theater diente den »Army welfare services«, soll heißen, der Truppenbetreuung der Briten. Da Victor das Englische nur radebrechte, führte ich die ganzen Gespräche für ihn und dolmetschte die Verhandlungen.

Eines Abends führte uns unser künftiger Boß, Major »Roly« Rice, in ein großes Kino am Reichskanzlerplatz, wo eine englische Truppe für die Soldaten spielte. Roly wollte uns zeigen, was für eine Art von Unterhaltung man ungefähr von uns erwartete.

Die Vorstellung war schon im Gange, als wir von hinten leise in den dunklen Zuschauerraum traten. Auf der Bühne war eine Mauer mit einem Tor aufgebaut, davor schimmerte das Licht einer Laterne, und unter dieser Laterne stand eine Sängerin und sang »Lilli Marleen!« auf englisch. So erfuhren wir zu unserer grenzenlosen Verblüffung, daß die britischen Truppen im Krieg an allen Fronten nachts den deutschen »Soldatensender Belgrad« eingeschaltet hatten, um »Lilli Marleen« zu hören, das Lied, das bei den Engländern mindestens so beliebt war wie bei den Deutschen.

Was wir dann sahen, war eine Revue, also eine bunte Folge von musikalischen, artistischen und schauspielerischen Nummern, lose zusammengehalten durch eine Handlung oder auch nur durch einen Conférencier.

Eine solche Show erwartete man also auch von uns Deutschen. Ich half Victor als ständiger Assistent und Dolmetscher, konferierte auf englisch, übersetzte Sketche und Black-outs ins Englische und spielte auch in einzelnen Szenen mit. Es war eine interessante, aber auch anstrengende Aufgabe, zumal wir jetzt auch in der Tribüne schon opulente Stücke aufführten. Wenn die deutsche Vorstellung in der Tribüne zu Ende ging, hetzten wir hinüber ins Renaissance-Theater, wo der englische Teil des Abends begann.

Mit den Briten, die uns oft bei Victor besuchten, verbanden uns bald freundliche Beziehungen. Besonders rührig um uns bemüht zeigte sich ein in England geborener Sohn weißrussischer Eltern, der ganz versessen auf Theater war. Er fieberte viele Abende hinter der Bühne mit uns, fuhr Victor, Günther und mich in seinem Dienstwagen zu unseren »Tingeleien« und war in unserem Hause so etwas wie »das Mädchen für alles«. Meine Freundschaft mit ihm währt bis heute, er ist nun längst Zivilist, mit einer reizenden Frau verheiratet und Vater von zwei großen Kindern. Als ich ihn in London besuchte, meinte er rückblickend: »Die Zeit in Berlin war eine der glücklichsten meines Lebens und ich weiß, warum auch ihr alle so glücklich wart. Wir waren froh, den Krieg heil überstanden zu haben. Und ihr wart froh, daß wir euch aus den Klauen der Russen befreit haben.«

Dieser englische Freund war eigentlich Litauer und hieß Ian Turinas. Wie so viele Angehörige kleiner Völker, verfügte er über ein beneidenswertes Sprachtalent. Ein deutsches Kindermädchen hatte ihm einst die ersten Deutsch-Brocken beigebracht, so daß er nach ein paar Monaten in Berlin sprach, als hätte er schon immer hier gelebt. Da er auch Russisch perfekt beherrschte, ließ man ihn im »Russian Liaison Office« arbeiten, dem englischen Verbindungsbüro zur sowjetischen Besatzungsmacht.

Eines Tages kam Ian in seinem Dienstauto, einem beschlagnahmten Horch, vorgefahren und sagte: »Heute soll ich einen General, der gerade aus England rübergekommen ist, die Trümmer der Reichskanzlei zeigen. Wenn's dich interessiert, kann ich dich gerne mitnehmen.« Ich nahm das Angebot an.

Nachdem wir den General abgeholt hatten, fuhren wir durch die Ruinen der Innenstadt zur Wilhelmstraße. Von der Reichskanzlei, die ich nie zuvor gesehen hatte, war nichts mehr zu erkennen außer Säulenstümpfe und einem mächtigen Betonklotz im Garten. Offensichtlich war der Bunker erst kurz vor Kriegsende gebaut, aber nicht mehr fertiggestellt worden, denn aus dem oberen Teil ragte eine Stahlkonstruktion heraus, die noch nicht mit Beton verkleidet war. Ich entdeckte eine flache Mulde voller schwarz-grauer Asche und dachte: Das ist die Stelle, wo die Leichen Hitlers, Eva Brauns und der Familie Goebbels verbrannt wurden.

Über eine schmale Treppe gelangten wir in die unterirdischen Räume. Da war er also, der »Führerbunker«, wo Hitler und seine engsten Vertrauten – die zum Teil nicht freiwillig bei ihm geblieben waren – ihre letzten Tage verbracht hatten.

Heute, nach über vierzig Jahren, weiß ich nicht mehr, warum wir überhaupt etwas sehen konnten, woher wir Licht bekamen. Aber es gab nur sehr wenig zu sehen: An der Wand einige Bänke aus hellbraunem Holz mit grüner Polsterung, davor ein paar Holztische. Es erinnerte mich an die Inneneinrichtung alter Wiener Kaffeehäuser. Aber das Ganze machte einen nüchternen, trostlosen und uninteressanten Eindruck. Auch der General schien enttäuscht. Die beklemmende Stille verlieh dem Bau eine gespenstische Atmosphäre. Als wir wieder draußen vor dem Bunker standen, schoß Ian ein Foto von mir. Leider ist es mir irgendwann abhanden gekommen. Man möge es mir totzdem glauben, daß ich wohl der einzige Schauspieler bin, der den berüchtigten Führerbunker betreten hat.

Eines Tages kam auch Thomas Manns Tochter Erika, die mit Victor von früher her befreundet war, hinaus nach Ruhleben. Einen ganzen Nachmittag saß sie mit uns zusammen und plauderte angeregt. Aber sie prophezeite uns eine düstere Zukunft. »Ins Ausland«, so meinte sie zum Beispiel, »werdet ihr wohl lange nicht, wenn überhaupt je, wieder reisen dürfen.«
Offen gestanden erwarteten wir auch nichts anderes. Daß mir noch einmal ein normales Leben in einem freien Land und in einigem Wohlstand vergönnt sein würde, daran habe ich damals nicht im entferntesten gedacht. Daß dieser Traum dann doch wahr wurde, mutet mich wie ein Wunder an, für das ich Gott zutiefst dankbar bin. Daher habe ich in den letzten vierzig Jahren jeden Tag wie ein Geschenk angenommen, auch wenn ich noch manches Leid erleben sollte. Für mich waren diese vierzig Jahre die besten meines Lebens.

Ein halbes Jahr war nun schon vergangen, seit ich Frau und Kind nicht mehr gesehen hatte. Im Oktober 1945 versuchten Günther Lüders und ich zu unseren Familien in den Westen zu gelangen, er nach Lübeck, ich nach Bayern. Es gab jetzt Interzonenpässe, und man mußte, um Berlin verlassen und durch die russische Zone nach Westen reisen zu können, die Visa aller vier Besatzungsmächte vorzeigen. Das englische, das amerikanische und das französische Visum bekamen wir sofort. Die Sowjets lehnten nicht ab, sondern sie sagten: »Kommen nächste Woche. Dann bekommen ein Visum!« Diese Woche erwies sich als sehr dehnbar. Sie dauerte bis zum März 1946!
Dann kam einer unserer englischen Freunde und sagte: »Wir bringen morgen vierzehn deutsche Artisten, die wir für Army Welfare Services im Westen brauchen und denen die Russen kein Visum geben, schwarz über die Grenze nach Hannover. Wenn ihr

wollt, könnt ihr mitkommen.« Wörtlich sagte er: »You've got to risk it, same as we do!« Womit er vollkommen recht hatte. Am nächsten Tag kauerten wir dicht gedrängt auf der Ladepritsche des mit einer Plane verschnürten Militärwagens und rollten bei heftigem Schneeregen auf der Autobahn Richtung Helmstedt-Marienborn.

Aja, meine Airedalehündin, mußte ich schweren Herzens zurücklassen. Ich wußte ja nicht, wie es von Hannover aus weitergehen würde. Wie hätte ich Futter für sie mitnehmen können, wo ich doch für meinen eigenen kleinen Proviant kaum Platz fand?

Um so größer war meine Erleicherung, als ich später erfuhr, daß Ajas Leben eine erfreuliche Wendung genommen hatte. Schon wenige Tage nach meiner Abfahrt stahl sie sich morgens aus Victor de Kowas Haus davon und drang ins Nachbargebäude ein. Die Engländer hatten es beschlagnahmt, die Besitzer aber weiter im Souterrain wohnen lassen. Aja stürmte das Parterrezimmer, wo ein üppig gedeckter Frühstückstisch auf die Briten wartete. Als sie eintrafen, fanden sie den Tisch fast kahl vor. Aja hatte gleich mehrere Portionen auf einmal gefressen! Kein Wunder, bedenkt man, daß die Hunde damals kaum weniger Hunger litten als wir. Glücklicherweise sind die meisten Engländer Hundefreunde. Sie fanden Ajas Verhalten mutig und auch sehr sportlich und lachten sich über den leeren Frühstückstisch halb zu Tode. So ernährten sie Aja und ließen sie bei den Hausbesitzern im Souterrain wohnen. Als ich 1948 für ein halbes Jahr nach Berlin zurückkehrte, traf ich meine Hündin in guter Verfassung wieder. Mit meiner wechselhaften Schauspielerexistenz hätte ich ihr keine Sicherheit bieten können, weshalb ich mich entschloß, sie bei ihren neuen Freunden zu lassen.

Doch nun zurück ins Jahr 1946, zu meiner Flucht in den Westen. Captain Palmer saß vorn im Fahrerhaus. An der Grenze öffnete er eine kleine Klappe, bedeutete uns, absolutes Stillschweigen zu bewahren und stieg aus. Längere Zeit hörten wir nichts. Dann stieg er wieder ein, öffnete die Klappe, nickte uns zu, und der

Wagen setzte sich brummend in Bewegung. Was der Captain den Russen erzählt hat, weiß ich nicht, aber am Abend waren wir in Hannover.

Es war die Zeit der großen Überschwemmung von 1946 in Niedersachsen. Wir wurden im Stadtteil Linden abgesetzt. Als wir zum Hauptbahnhof gehen wollten, um zu erfahren, ob und wann Züge in welche Richtungen fahren würden, waren die Brücken an der Leine schon alle überflutet. Wir saßen auf unseren Kofferbergen fest. Jeder hatte natürlich so viel Gepäck mitgenommen, wie er gerade schleppen konnte. Ich, zum Beispiel, brach unter der Last eines Rucksacks und der vier Koffer – von denen zwei über meinen Schultern hingen – schier zusammen. Auch sonst standen wir im wahrsten Sinne des Wortes im Regen. Wir wußten nicht, wo wir ein Quartier auftreiben konnten und sorgten uns auch um unsere Mägen, denn mit unseren Lebensmittelmarken konnten wir hier nichts ausrichten. Sowohl das leibliche als auch das Wohnungsproblem lösten sich durch Glück und unsere Filmgesichter. Während wir noch ratlos in der beginnenden Dunkelheit herumstanden, sprach uns eine Frau an, die uns erkannt hatte. Sie bot uns ein Zimmer an!

Um unser Glück vollständig zu machen, lud uns am nächsten Tag ein filmbegeisterter Metzger zu einem frugalen Abendessen ein. Ich muß hier öffentlich gestehen, daß wir diese Einladung in schamlosester Weise ausnützten und an diesem Abend gleichsam auf Vorrat aßen, etwa so, als wären wir Kamele vor einer Wüstendurchquerung.

Es vergingen noch zwei Tage und zwei Schneenächte, bis ich endlich einen Zug erwischte, der in Richtung Süden fuhr. Ich mußte ihn durch ein Fenster entern, denn er wurde von den Menschenmassen regelrecht gestürmt. Langsam rollten wir durch das überschwemmte Land in Richtung Kassel. Dort schloß sich mir eine Gruppe junger Leute an oder genauer: Sie rieten mir lebhaft, sich ihnen anzuschließen. Es waren zwei Mädchen und zwei oder drei junge Burschen. Sie trugen alle Windjacken und blaue Mützen mit einem Edelweiß als Kokarde und nannten sich die »Edelweißpiraten«. Ich fragte damals nicht lange wieso und warum, sondern war froh, Menschen zu treffen, die mir behilflich sein konnten, mit meinem Gepäck in den nächsten Zug zu kommen. Und das taten sie auch, ehrlich und eifrig und ohne mich zu bestehlen, was damals gar nicht so selbstverständlich war.

Viele Jahre später habe ich kurz hintereinander in zwei Zeitschriften etwas über die Edelweißpiraten gelesen. In der einen wurden sie als eine illegale Vereinigung junger, früherer Wehrmachtsangehöriger bezeichnet, in der anderen hieß es, die westlichen Besatzungsmächte hätten sie insgeheim gesammelt und unterstützt, und zwar im Hinblick auf die vage Möglichkeit einer kriegerischen Auseinandersetzung mit dem Osten. Welche Version stimmt, mag höheren Ortes entschieden werden.

Egal! Sie waren mir damals eine große Hilfe, und ich bewahre auch ihnen ein dankbares Andenken; meinen Edelweißpiraten, die wie Sternschnuppen in meinem Leben kurz aufleuchteten und dann wieder verschwanden.

Auf unserer nächsten Station, Frankfurt am Main, konnte ich mich bei meinen jungen Begleitern revanchieren. Der Bahnhof war überfüllt wie alle Bahnhöfe damals. Es hieß, am Morgen solle ein Zug Richtung München abfahren, und ich bereitete mich innerlich schon auf ein erbarmungsloses Gerangel um die wenigen Plätze vor. Da sprach mich ein kleiner Herr an, zivil gekleidet, aber durch die Armbinden als einer jener deutschen Hilfspolizisten ausgewiesen, die damals von den Besatzungsmächten eingesetzt wurden. Kaum hatte er mein Inkognito gelüftet, so führte er mich und meine schon ganz verzagten Edelweißpiraten zu einem leeren Zug, der außerhalb des Bahnhofs bereitstand, um am nächsten Morgen eingesetzt zu werden. Er ließ uns dort unverzüglich einsteigen! Oh, gesegnetes Filmgesicht! So hatte ich auf der letzten Etappe meiner Reise sogar einen Sitzplatz.

In München verließen mich meine jungen Begleiter. Ich bekam

noch einen Lokalzug nach Seefeld am Pilsensee. Es war schon dunkel, als ich mich dem Haus näherte, in dem meine Frau ihrem letzten Brief zufolge jetzt wohnen mußte. Da ging die Tür auf, und Herta trat heraus. Sie hatte natürlich keine Ahnung, daß ich unterwegs war, und wollte gerade Freunde besuchen. Fast genau ein Jahr war es her, daß wir uns verabschiedet hatten.

Es gab damals in München einen Stammtisch im ersten Stock des Spatenbräu, an dem sich die Schauspieler trafen, die erst seit Kriegsende in München lebten. Denen gab der Wirt, Herr Noack, für wenige oder gar keine Marken zu essen. Auch er sei lobend erwähnt und seiner in Dankbarkeit gedacht!
Ich traf im Spatenbräu gleich drei Berliner Freunde: Axel von Ambesser, Rudolf Schündler und Curd Jürgens. Curd hatte ich kennengelernt, als er einmal am Kurfürstendammtheater bei Hans Wölffer spielte. Auch in einem Film spielten wir zusammen und hatten uns bald angefreundet. Inzwischen ging er einem Engagement am Burgtheater in Wien nach, war vor dem Einmarsch der Sowjets zusammen mit Judith Holzmeister, die später seine zweite Frau werden sollte, aus Wien geflüchtet und in München gelandet. Dort traf er einen früheren Berliner Freund, der als amerikanischer Theateroffizier arbeitete und ihm eine Bühnenlizenz verschaffte. So konnte sich Curd Jürgens ein Theater im niederbayerischen Straubing aufbauen, wohin es noch einige andere Schauspieler, darunter Ursula Herking, verschlagen hatte. Curd kam sogleich mit einem Rollenangebot auf mich zu.
Auch von Rudolf Schündler bekam ich ein attraktives Angebot. Er hatte gerade die Schaubude, ein literarisches Kabarett, gegründet, das damals führend in München und weithin berühmt war. Die Texte schrieben Erich Kästner, den ich auf diese Weise wiedertraf, Herbert Witt, Hellmuth Krüger und Axel von Ambesser, der aber auch schon an den Münchner Kammerspielen engagiert war. Für die Musik sorgte Dr. Edmund Nick, der seit

den zwanziger Jahren sämtliche Chansons von Kästner komponierte. Rudi Schündler bot mir an, das Herbstprogramm bei ihm zu spielen.

Aber zunächst fuhren meine Frau, meine kleine Tochter und ich nach Straubing, in einem uralten, wackligen Opel, den Curd organisiert hatte und den wir »müde Emma« tauften. Auch mit Gustav Fröhlich, seit *Metropolis* einer der erfolgreichsten deutschen Film-Liebhaber, konnte ich dort Wiedersehen feiern; mit ihm hatte ich noch gegen Kriegsende in Berlin zusammen gefilmt. Er hielt sich kurze Zeit in Straubing auf. Niederbayern war damals sehr beliebt, weil »nahrhaft«! Endlich sah ich auch meine Mutter wieder, die vor der Eroberung Wiens nach Neuburg am Inn geflüchtet war. Mit der »müden Emma« holte ich sie für einige Zeit zu uns.

In Straubing spielte ich ein Stück mit Judith Holzmeister, anschließend ging ich mit meiner Frau mit einem Zwei-Personen-Stück auf Tournee. Wir fuhren mit einem der damals gebräuchlichen Holzgas-Lastautos durch die amerikanische und die französische Zone. Vorne neben dem Fahrer saßen wir, hinten türmte sich die Dekoration auf, und zwischen all den Schränken und Tischen saß auf einem Sofa unsere Garderobiere, die auch als Souffleuse fungierte.

So zogen wir durch die Lande, bis im Herbst in München die Proben an der Schaubude begannen. Ursula Herking war dabei, ein damals sehr junger und schlanker Siegfried Lowitz, ferner Monika Greving, die das Publikum mit Kästners »Ja, das mit Liebe, das ist so…« bezauberte, und Sepp Nigg, der das Lokalkolorit beisteuerte. Walther Kiaulehn und Hellmuth Krüger konferierten, spielten aber auch in den Sketchen mit. Ich trug eine Introduktion in Prosa vor, untermalt mit der Musik von Karl von Feilitzsch, sang Kästners »Man müßte wieder sechzehn Jahr sein« und »Die kleine Schraube« von Hellmuth Krüger, ein Chanson, das die Zuhörer packte und aufwühlte, weil es die Sorgen und Nöte dieser Zeit auf den Punkt brachte. Es war eine harte Zeit, im

Winter froren wir uns auf der Bühne und in der Garderobe halb zu Tode. Aber glücklicherweise pflegte jetzt Otto Sukrow, der frühere Garderobier von Hans Albers, in der Schaubude unsere Kostüme. Er wußte uns schwarz gebrannten Schnaps und amerikanischen Nescafé zu verschaffen, der uns fast ebenso erwärmte wie die Begeisterung des Publikums.

Eine Eigentümlichkeit der Schaubude war, daß unsere Bühnentechniker und Beleuchter fast alles Personen waren, die wegen ihrer Nazi-Vergangenheit für längere Zeit nicht mehr in ihren Berufen arbeiten durften.

Für das nächste Programm schrieb Erich Kästner für mich »Strohhut im Winter« und Herbert Witt den »Couchgast«, beides wirkungsvolle Chansons, vertont wie immer von Edmund Nick.

Im Herbst 1946 besuchte ich noch einmal meine Mutter in Neuburg am Inn, bevor sie nach Österreich zurückkehrte. Das war nicht leicht zu bewerkstelligen gewesen, denn zwischen Bayern und Österreich war ja nun wieder eine Grenze, und zwar eine sehr dichte Grenze. Aber mit Hilfe eines Besatzungsoffiziers, den ich auf der Tournee kennengelernt hatte, erreichte ich, daß sie die Grenze überqueren und nach Linz fahren konnte, wo sie meine Schwester in ihrer Nähe wußte. In der Folge hörten wir nur selten voneinander, Briefe brauchten Wochen, Telefonverbindungen gab es noch nicht.

Es war im Februar 1947, am Tag der Premiere unseres neuen Programms, als ein Brief von meiner Schwester vorbeigebracht wurde: Meine Mutter war gestorben – das Begräbnis hatte vor zwei Wochen stattgefunden!

Der Sommer verging mit Tingeln und mit Versuchen, Lebensmittel auf dem Land zu hamstern. Aber da ich als Schauspieler über keine der so begehrten gehorteten Waren verfügte, die ich gegen Lebensmittel hätte tauschen können, ging ich oft leer aus. Ich mußte mich mit meinem ertingelten Geld bescheiden. Und dafür bekam man damals nicht viel.

Doch es ging aufwärts! Bald erhielt ich ein Angebot von den Münchner Kammerspielen, die Titelrolle in *Alpenkönig und Menschenfeind* zu spielen. Bruno Hübner, der selbst den Rappelkopf, den Menschenfeind, spielte, inszenierte dieses Märchenstück von Ferdinand Raimund, das im Grunde eine hochinteressante psychologische Studie ist. Das bezaubernde Bühnenbild von Wolfgang Znamenacek trug nicht wenig zum großen Erfolg bei, und ich spielte den Alpenkönig, bis sich im Frühjahr 1948 erstmals wieder der Film meldete.

Da unsere Wohnung in Seefeld ein erbärmliches Provisorium war, suchte ich verzweifelt nach einem Domizil in München. Es bedurfte einiger Beharrlichkeit, um endlich eine halbe Wohnung aufzuspüren, die obendrein ausgebombt war, die man aber mit etwas Geschick ausbauen konnte. Das Unglaubliche gelang, obwohl ich weder über Feuersteine noch über einige Stangen amerikanischer Zigaretten verfügte, was damals noch als Zahlungsmittel gebräuchlich war. Aber der Vater einer Kollegin, ein Bauunternehmer, half mir in selbstloser Weise. Das Glück war mir wieder einmal treu geblieben. Aber den Umzug mußte ich meiner Frau aufbürden. Denn Ende März 1948 mußte ich wieder nach Berlin.

Einer der letzten Filme, die ich gegen Kriegsende in Berlin gedreht hatte und die nicht mehr zur Aufführung kamen, hieß *Träum' nicht, Annette* mit der bezaubernden Jenny Jugo in der Titelrolle. Der junge, noch gänzlich unbekannte O. W. Fischer aus Wien, Max Eckard vom Berliner Staatstheater und ich waren ihre Partner. Der Film gehörte nun der Defa, der neugegründeten staatlichen Filmfirma in der sowjetischen Besatzungszone. Aber ein Teil des Films war in den Wirren der letzten Kriegstage verbrannt oder sonstwie zerstört worden. Er mußte also nachgedreht werden. »Überläufer« nannte man solche Filme. Da O. W. Fischer keine Möglichkeit fand, von Wien nach Berlin zu gelangen, mußte seine Rolle umbesetzt werden. Solche Schwierigkeiten, mit denen wir uns ständig konfrontiert sahen, zwangen zur Improvisation.

Es lief also darauf hinaus, daß der größte Teil des Films neu gedreht werden mußte. Ein Herr von der Defa kam nach München, um mit mir zu verhandeln, und dann hieß es: Auf nach Berlin! Mit einem Interzonenzug fuhr ich nach Hannover, wo mich Produzent und Regisseur Eberhard Klagemann mit einem Wagen abholte.

Natürlich freute ich mich auf Berlin. Ich hatte ja nicht nur »einen Koffer in Berlin« zurückgelassen, wie es wenig später im Lied hieß, sondern auch eine ganze Reihe alter Freunde, mit denen mich unvergeßliche Erlebnisse verbanden.

Aber dann war ich doch etwas enttäuscht von dem Wandel der Atmosphäre. Das erregende, prickelnde, trotz aller Schwierigkeiten des täglichen Lebens euphorische Berlin – ich fand es nicht mehr. Allenthalben spürte ich so etwas wie Resignation, einen Hang, sich mit dem Unabänderlichen einzurichten. Die Aufbruchsstimmung des ersten Nachkriegsjahres war einer gewissen Enttäuschung gewichen. Ich bemerkte auch eine zwar keinesfalls aggressive, aber doch fühlbare Ablehnung denen gegenüber, die »nach' m Westen« gegangen waren. Um so größer war meine Freude, Victor de Kowa wiederzusehen, bei dem ich wohnte, bis meine Frau und unsere Tochter nachkamen, und wir in unsere notdürftig reparierte Wohnung im Grunewald zurückkehrten.

In den Ateliers in Johannisthal, die einst der Tobis und nun der Defa gehörten, bereitete man uns einen kühlen Empfang. Von den alten Beleuchtern und Bühnenarbeitern, mit denen ich jahrelang zusammengearbeitet und auf die ich mich gefreut hatte, war kaum noch jemand da, und diese wenigen, die ich kannte, taten fremd. Ansonsten lauter neue, unbekannte Gesichter. Ich fühlte mich ihnen weniger verbunden als etwa den französischen Kriegsgefangenen während des Krieges, die bei der Ufa als Beleuchter gearbeitet und die mich schon mal um

Autogramme gebeten oder mir spontan applaudiert hatten, wenn ich vor der Kamera einen langen französischen Satz herunterrasselte. Glücklicherweise machte wenigstens die Zusammenarbeit mit Jenny Jugo und mit Helmuth Rudolph, der O. W. Fischers Rolle übernahm, großen Spaß.

Aber die Dreharbeiten kamen nur langsam voran und dehnten sich bis in den Sommer aus. Als ich gerade meine letzte Gage in Reichsmark ausgezahlt bekam, wurde plötzlich die Währungsreform durchgeführt! Und wir saßen ohne Engagement, nur mit dem Kopfgeld von 40 DM, in Berlin. Das hätte nicht einmal zur Heimreise nach München gereicht. Was blieb uns also übrig, als in Berlin zu bleiben und zu versuchen, neues Geld zu verdienen. Prompt kamen auch zwei Angebote von der Volksbühne, die im Sommer auf der Freilichtbühne in Rehberge zwei Stücke herausbringen wollte. Ich spielte Jaques, den melancholischen Narren in *Wie es euch gefällt* von Shakespeare und – wie schon in Salzburg – den Ignaz Scheel in Zuckmayers *Katharina Knie*. Meine Frau übernahm die Titelrolle, den alten Knie spielte Otto Gebühr.

Otto war ein liebenswürdiger, bezaubernder, vielseitig begabter Mensch, aber als Schauspieler ein fast tragischer Fall. Aufgrund seiner Ähnlichkeit mit Friedrich II. wurde ihm schon in jungen Jahren die Rolle des großen Preußenkönigs in *Fridericus Rex* anvertraut. Dieser Stummfilm wurde so populär, daß man Otto Gebühr vorschnell auf die Rolle des Preußenkönigs festlegte und ihm auch im Tonfilm nur noch Fridericus-Rollen anbot; was ihn trotz des Erfolges unglücklich machte, denn er war ein ausgezeichneter, vielseitiger Schauspieler, der viel mehr zu bieten hatte als nur den Alten Fritz. Einige Jahre nach der Berliner *Katharina Knie* traf ich ihn wieder in Wiesbaden. Ich drehte dort in den Ateliers *Rosen aus dem Süden* mit Maria Holst, Susi Nicoletti, Gustav Fröhlich und Oskar Sima. Otto Gebühr spielte gleichzeitig in einem anderen Film und wohnte auch in einem anderen Hotel, so daß wir uns nur einmal sahen. Wie mir später erzählt wurde, sagte er eines Tages zu dem Regisseur und zu dem Produktionsleiter: »Kinder, seht zu, daß ihr meine Szenen bald dreht, ich glaube, ich mach's nicht mehr lange.« Obwohl niemand so recht daran glauben wollte, tat man ihm den Gefallen. Am Abend nach seiner letzten Einstellung kam er nicht zum Abendessen aus seinem Zimmer herunter. Als jemand nach ihm sah, fand man ihn auf seinem Bett sitzend, seine geliebte Gitarre im Arm, friedlich entschlafen.

Übrigens war er – wie so viele Schauspieler – auch ein begabter Amateurmaler, der mich während der Proben zu *Katharina Knie* als Ignaz Scheel porträtierte. Wann immer mein Blick auf dieses Gemälde fällt, denke ich an Otto.

Wenn ich an unsere Aufführung von Zuckmayers *Katharina Knie* zurückdenke, so fällt mir auch das große Naturtheater in Rehberge ein, das für dieses Stück wie geschaffen war. Wir ließen echte Zirkuswagen aufstellen und ein Hochseil spannen. Die Bühne verwandelte sich in eine Manege. Zuckmayers Volksstück handelt ja von dem Zirkusdirektor Knie, der in wirtschaftliche Not gerät und aus Kummer stirbt, als er sieht, wie seine Tochter Katharina dem Zirkus abtrünnig wird. Erst nach seinem Tod regt sich in ihr wieder mit Macht das Zirkusblut, und sie zieht mit den Artisten weiter, statt einen wohlhabenden Bauern zu heiraten.

Auf der großzügigen Freilichtbühne konnten wir diese Szenen realistisch darstellen. Nur eines irritierte uns: Jede fünf Minuten donnerte ein Flugzeug über unsere Köpfe hinweg! Nachdem die Sowjets die Blockade verhängt hatten, wurde Berlin von den Westalliierten aus der Luft versorgt. Aber wir wußten den Lärm wohl zu schätzen, lebten wir doch alle von diesen »Rosinenbombern«. Anders als in Westdeutschland, wo man für das wenige neue Geld bald all die lang entbehrten Dinge kaufen konnte, gab es in Berlin nichts zu konsumieren. Wir wurden also von den Amerikanern ernährt, wofür ich ihnen noch heute dankbar bin. Über Mangel an Beschäftigung konnte ich wahrlich nicht klagen:

Ich trat bei Willi Schaeffers im Berliner Kabarett der Komiker auf und spielte in dem Film *Berliner Ballade* (mit Gert Fröbe als Otto Normalverbraucher) die lustige Episode eines etwas schusseligen Reporters. Fröbe hat – damals spindeldürr – mit *Berliner Ballade* seine Filmkarriere begründet, die ihn später – rund und füllig geworden – zum Weltstar werden ließ. Leider verstarb er gerade zur Zeit der Abfassung dieses Buches. Ich kannte ihn schon von München her.

Schließlich bekam ich einen Vertrag für zwei Wochen als Chansonnier am Georgspalast in Hannover. Dieser Vertrag ermöglichte mir die Rückkehr in den Westen. Meine Frau fuhr sofort weiter nach München, unsere Tochter, die noch in Berlin eingeschult worden war, mußte ja weiter zur Schule gehen.

In Hannover trat ich vor ein ganz anderes Publikum als in Berlin. Bei Schaeffers in Berlin strich ich den sattesten Applaus mit einem Chanson von Hellmuth Krüger ein, der die typisch deutsche Schwäche für Abzeichen aufs Korn nahm:

> Einer muß es endlich sagen,
> Diese Schande ist zu groß,
> Denn kein Abzeichen zu tragen,
> Ist ein bittres deutsches Los ...

In diesem Sinn ging es auch weiter: ironisch, witzig, sarkastisch. Das Berliner Publikum stieg sofort darauf ein und reagierte großartig. Klar, daß ich den Song mit ein paar ähnlichen Nummern auch in Hannover vortrug. Aber hier konnte ich mit diesem Programm keine Begeisterungsstürme entfachen. Fünf Monate nach der Währungsreform konnte man sich im freien Westen schon vieles anschaffen, und man aß wieder ausgezeichnet. Man konnte zwar noch nicht von der Wegwerfgesellschaft sprechen, aber doch schon von der beginnenden Konsumgesellschaft, die unterhalten, aber nicht mehr zum Nachdenken oder zu Selbstkritik angeregt werden wollte.

So schnell ändern sich die Zeiten! Ich schaltete also um und beglückte das Publikum mit dem Wiener Fiakerlied, meinem Zeichen-Couplet aus *Wollen Sie meine Frau werden?* – ein Couplet, bei dem ich während jeder Strophe auf einer Tafel einen Körperteil zeichnete, was dann am Schluß ein menschliches Paar ergab –, dem »Kleinen Hund« von Heino Gaze und ähnlich unterhaltsamer Ware. Das Publikum vergnügte sich derweil bei Speis und Trank und achtete wohl gar nicht so genau auf meine Darbietungen.

In München erwartete mich schon sehnsüchtig meine Familie – und Rudolf Schündler. Diesmal nicht mit einem Kabarett-Programm – auch er hatte die Zeichen der Zeit erkannt –, sondern mit einem musikalischen Lustspiel, *Das Ministerium ist beleidigt* mit Magda Schneider.

Ich freute mich darauf, denn das Buch war gut und die Musik eingängig. Magda Schneider kannte ich schon lange, wir hatten zusammen gefilmt und ich mochte sie sehr gern. Rudolf Schündler führte mit Begeisterung Regie – alles deutete auf einen Erfolg. Und in der Tat: Weder das Publikum noch die Presse geizten mit Lob und Anerkennung. Dennoch waren die Aufführungen schlecht besucht. Wir erkannten die Kehrseite des wirtschaftlichen Aufschwungs nach der Währungsreform. Für das Theater war es eine bittere Zeit. Die Menschen wollten erst einmal wieder Möbel kaufen, Kochtöpfe, Wäsche, schöne Kleider und vor allem gut und viel essen! Meistens zuviel. Sie wollten alles das nachholen, was sie zehn Jahre lang entbehrt hatten. Da blieb für Theaterkarten nichts übrig. Nur die subventionierten Bühnen konnten diese Periode überbrücken, die Privatbühnen gingen reihenweise zugrunde.

Bei den Proben besuchte uns gelegentlich ein entzückendes kleines Mädchen in einem weißen Kleidchen und sah sich mit großen Augen die Arbeit der Schauspieler, Bühnenbildner und Regisseure an. Es war die kleine Romy, die Tochter von Magda

Schneider, die acht Jahre später in einem Film mit mir einen entscheidenden Erfolg feiern sollte und dann die große Romy Schneider wurde.

Rudolf Schündler, Magda Schneider und ich gingen dann mit dem *Ministerium* auf eine kurze Tournee, während der wir die Erfahrung aus München wiederholten: Viel Ehr, viel Ruhm, aber kaum Einnahmen.

Mein alter Freund Geza von Cziffra drehte zu dieser Zeit in Wien den Film *Höllische Liebe* mit Elfie Mayerhofer und Vera Molnar und wollte mich als einen der Hauptdarsteller neben Hans Holt und dem Kammersänger Erich Kunz. Das Buch war gut, die Rolle lustig, und ich freute mich, nach so langer Zeit endlich wieder einmal nach Wien zu kommen. Das war aber gar nicht so einfach. Die wirtschaftlichen Verhältnisse normalisierten sich zwar in einem manchmal atemberaubenden Tempo. Vor den staunenden Augen der Welt bahnte sich das deutsche Wirtschaftswunder an. Aber die politischen Verhältnisse hinkten nach.

Ich hatte zwar in Berlin von einer provisorischen österreichischen Verbindungsstelle einen vorläufigen Ausweis bekommen, aber einen Paß hatte ich immer noch nicht. Um als Österreicher von Bayern nach Österreich zu gelangen, brauchte man ein Visum. Dieses Visum konnte nur ein amerikanischer Herr ausstellen, der irgendwo an der Grenze saß. Beide Seiten der Grenze waren ja damals von den Amerikanern besetzt. Und der Herr ließ sich viele Wochen Zeit, so daß die Dreharbeiten in Wien schon stockten, weil ich nicht kommen konnte. Aber bei Filmaufnahmen verschlingt jeder Tag, an dem nicht gedreht werden kann, sinnloses Geld.

Daher kam eines Tages der Produktionsleiter aus Wien nach München, nahm mein Gepäck mit und gab mir Instruktionen, wie ich heimlich die Grüne Grenze passieren konnte. Das sollte wie folgt geschehen: Ich fahre nach Bayerisch-Gmain. Dort melde ich mich bei einem Kinobesitzer, der mich abends im Dunkeln zu einem Bauernhaus an der Grenze führt. Dieser Mann weiß über den Rhythmus der Grenzpatrouillen Bescheid und wird mich im richtigen Augenblick durch eine Hintertür hinausschicken. Ich laufe über ein Schneefeld – das war der riskanteste Teil –, um mich dann durch den dunklen Wald zu schleichen, bis ich ein hell erleuchtetes Bauernhaus erreiche, das schon zu Groß-Gmain und daher zu Österreich gehört. Dort erwartet mich ein Taxi, das mich nach Salzburg bringen wird.

Ich hielt mich genau an diesen exakt ausgetüftelten Plan, und alles klappte wie vorgesehen. Nun fehlte mir nur noch ein Ausweis, aus dem hervorging, daß ich ständig in Österreich wohnte! Ohne ein solches Papier konnte ich unmöglich die Ennsbrücke überqueren, die damals die gefürchtete Grenze zur sowjetischen Zone bildete. Ich redete so lange auf den Beamten der zuständigen Dienststelle in Salzburg ein, bis er mir aus lauter Verzweiflung, nur um mich endlich loszuwerden, den Ausweis ausstellte. Endlich war der Weg nach Wien frei!

In Wien begann für mich nun wirklich eine Art zweites, besseres Leben. Mein Freund Hans Holt und seine Frau Renate nahmen mich auf, und ich genoß ihre großzügige Gastfreundschaft, bis ich, als meine Frau nachkam, ein Pensionszimmer fand. Obwohl Wien längst nicht in dem Maße von Zerstörungen heimgesucht worden war wie die deutschen Städte, bereitete es auch hier Schwierigkeiten, eine Unterkunft zu finden. Viele der großen Hotels waren ja von den vier Besatzungsmächten okkupiert.

Tanz auf zwei Hochzeiten

Die Engagements überstürzen sich –
Wien, Cannes und München

Vieles hatte sich in Wien verändert. Der Stephansdom war schwer beschädigt, die Bühnenhäuser der Staatsoper und des Burgtheaters waren ausgebrannt. Doch in dem früheren Revuetheater Ronacher hatte das Burgtheater ein vorzeigbares Notquartier gefunden, wo einige Jahrzehnte zuvor die Revuetänzerin Lilian Harvey für den Film entdeckt wurde, und zwar von Fritz Odemar, dem Vater von Erik Ode. Die Oper hingegen wurde im ehrwürdigen Theater an der Wien untergebracht, womit diese Stätte, nachdem sie längst als Operettenbühne Geltung erlangt hatte, für kurze Zeit wieder zu ihrer ursprünglichen Bestimmung zurückkehrte. Hier bewunderte ich die berühmte Inszenierung von *Cosi fan tutte* mit Erich Kunz, der im Filmgeschäft mein Kollege war. Er galt als einer der ersten großen Opernsänger, die sich nicht nur auf ihre Stimme verließen, sondern ihre Rollen auch gestisch und mimisch ausformten. Er war schlank, beweglich, ein glänzender Schauspieler und obendrein ein reizender Kollege, dessen Humor und Witz mir manch vergnügte Stunde bescherte.

In Wien schien sich das Leben schon irgendwie normalisiert zu haben. Das System der Lebensmittelkarten wurde in der Praxis kaum noch befolgt, auch wenn es offiziell noch als verbindlich galt. Man konnte in jedem Beisl – wie die kleinen Wirtschaften in Wien genannt werden – schon sehr gut essen, und ich genoß die lang entbehrte heimische Küche. Man möge es mir bitte verzeihen, aber ein schmackhaftes Menü bedeutet mir viel, und ich schäme mich dessen auch nicht. Von einer guten Küche erwarte ich, daß sie einfache Gerichte sorgfältig und mit Raffinesse zubereitet, nicht aber, daß sie obskures Fleisch grillt, dieses mit Büchsengemüse und exotischen Früchten bewirft, in chemischen Saucen ertränkt und mit einem phantasievollen Namen serviert, dessen Anfangsbuchstaben meist »à la« lauten. Mir geht es in dieser Hinsicht wie Kaiser Franz Joseph I. von Österreich. Als ihm eines Tages, wie an jedem Tag seiner langen Regierungszeit, die Speisenfolge für die Hoftafel zur Genehmigung vorgelegt wurde und er, wie immer, als Nachtisch ein exotisches Gericht mit einem langen französischen Namen vorfand, da durchbrach der greise Monarch sein jahrzehntelanges duldsames Schweigen und schrieb mit schon leicht zitternder Hand an den Rand der Karte: Warum nicht einmal Zwetschgenknödel?!

Ich feierte also nach Kräften Wiedersehen mit meiner geliebten Wiener Küche – aber auch mit meinem früheren Schauspiellehrer Dr. Schulbaur, Cary Merz-Czell und vielen anderen Freunden, die gefährliche Situationen gemeistert hatten und zum Teil schon aus der Emigration zurückgekehrt waren, während ich einige Schulkollegen auf immer vermißte: Sie waren gefallen.

Die ersten amerikanischen Filme, die nach dem Krieg über die Leinwand flimmerten, sog ich wie eine Droge ein, die man mir zu lange verweigert hatte. Während des Krieges konnte ich mir nur bei einer Gelegenheit amerikanische Streifen ansehen. Uns normalsterblichen Erdenbürgern wurde dieses Vergnügen untersagt, während sich die Nazi-Prominenz an diesen Filmen delektierte.

Ich wirkte nämlich 1942 in einem Film mit, der in den Ateliers von Amsterdam und Den Haag gedreht wurde. In Den Haag wohnten wir in einem entzückenden Hotel, dessen Besitzer sich früher als Kameramann in Hollywood verdingt hatte. Als er sich überzeugt hatte, daß wir – Curd Jürgens, Ernst von Klipstein, Fritz Odemar und ich – keine Nazis waren, fragte er eines Tages ganz geheimnisvoll: »Wollt ihr amerikanische Filme sehen?«

Ebenso erstaunt wie neugierig bejahten wir. Er führte uns in den

Keller des Hotels, wo er sich einen kleinen Vorführraum einge-
richtet hatte. Hier brachten uns an den nächsten Abenden drei
Filme zum Träumen. Besonders *Ninotschka* mit Greta Garbo in
der Hauptrolle und den drei deutschen Emigranten Alexander
Granach, Sig Rumann und Felix Bressart in den Rollen sowjeti-
scher Funktionäre. Der zweite Film war der Meilenstein eines ganz
anderen Genres: Walt Disneys *Schneewittchen und die sieben
Zwerge*, 1937 als der erste abendfüllende Zeichentrickfilm heraus-
gekommen. Nur der dritte Film erwies sich als Dutzendware.
1948 kamen also mehr und mehr amerikanische Filme in die
Kinos. Wir freuten uns, die vertrauten Stars vergangener Zeiten
wieder auf der Leinwand zu sehen, entdeckten aber auch neue
Gesichter wie Rita Hayworth und Errol Flynn. Letzterer dürfte
heute, so steht angesichts der Schnellebigkeit unserer Zeit zu
befürchten, fast schon wieder vergessen sein. Auch die Filme, in
denen er spielte, reine, problemlose Unterhaltungsfilme von
naivem Optimismus, würde man heute vermutlich nur belächeln. *Der Herr der sieben Meere* und *Robin Hood, der König der
Vagabunden* sowie – ein Streifen, der mich besonders faszinierte
– *Gentleman Jim*, die Geschichte des Jim Corbett, eines eleganten Boxweltmeisters um die Jahrhundertwende. Ich war, ich
gebe es zu, von Errol Flynn begeistert, von seiner selbstverständ-
lichen Männlichkeit, seinem strahlenden, offenen Lachen, seiner
Ausstrahlung.

Und nun, im Juni 1949, saß ich plötzlich keine zwei Meter entfernt
neben ihm.
Wir drehten gerade für die *Höllische Liebe* Außenaufnahmen in
Nizza, Cannes und anderen Orten der Côte d'Azur. Man kann sich
denken, was für ein Erlebnis für uns die Reise von Wien über
Venedig nach Nizza war, kamen wir doch nach vielen Jahren zum
erstenmal wieder ins Ausland. Den Film *Peter Voß, der Millionendieb* zum Beispiel mußten wir während des Krieges im Atelier
und in der Umgebung von Berlin drehen, obwohl die Story eine

Jagd rund um den ganzen Globus verlangt. Nur die Kollegen, die in den zwanziger Jahren den Stummfilm *Peter Voß* gedreht hatten und natürlich erst recht die, die nach dem Krieg das Remake erstellten, fuhren wirklich um die Erde.

Wir reisten mit der Bahn, denn der Flugverkehr war erst in seinen Anfängen. Auch im Rückblick schätze ich diese Art des Reisens sehr, es war eben wirklich noch eine Reise und nicht nur eine möglichst schnelle Ortsveränderung. Wir sahen noch etwas von den Ländern, durch die wir fuhren, statt nur über einer Wolkenschicht dahinzuschweben. Ein Erlebnis war es, nicht nur weil wir zum erstenmal aus der Absperrung herauskamen, sondern auch, weil wir Venedig und die Côte d'Azur noch in ihrem ursprünglichen Zustand vorfanden, noch nicht vom Tourismus-Geschäft verdorben, noch nicht von bizarr gekleideten Menschenmengen überquellend, noch nicht verbaut und zubetoniert.

Der Hügel von Cagnes, dem Dorf, in dem Renoir gelebt und seine leuchtenden Landschaften gemalt hatte, hob sich in der Ferne aus der Ebene empor, die Straßen waren noch von Villen und Parks gesäumt, statt von endlosen Reihenhäusern, und Monte Carlo erstickte noch nicht unter den Hochhäusern, in denen die Steuerflüchtigen wohnen. Die Promenade des Anglais in Nizza lud dazu ein, am Meer zu flanieren und zu träumen. Das Meer war noch klar, der Strand sauber. Die französische Riviera war noch nicht wiederentdeckt worden, ja die Franzosen fürchteten, ihre Küste würde nie wieder in Mode kommen. An vielen Besitztümern hing ein Schild: »A vendre« – zu verkaufen. Schon fünf Jahre später sah alles ganz anders aus!

Zwei Tage lang drehten wir auch vor »Eden Roc«, dem Millionärshotel, das seinem Namen wirklich gerecht wird. Da ich während einer längeren Szene nichts zu tun hatte, setzte ich mich auf die kleine Terrasse des Hotels und las. Als am Nebentisch jemand Platz nahm, schaute ich auf: Da saß Errol Flynn. Ich hatte große Lust, ihn anzusprechen, aber dann erinnerte ich mich, daß die Engländer es taktlos finden, jemanden anzusprechen, dem man nicht vorgestellt ist. Also las ich stumm weiter. An meiner Schminke hätte er mich eigentlich als einen »Kollegen« erkennen müssen, und meine Lektüre – die Originalausgabe eines Romans von P. G. Wodehouse – mußte ihm verraten, daß ich seine Sprache beherrschte. Aber er schwieg und blätterte in einem Segelschiffkatalog. So saßen wir eine ganze Weile stumm nebeneinander, bis ich zu meiner nächsten Aufnahme gerufen wurde. Nach einiger Zeit erschien Errol Flynn mit einer reizenden jungen Dame auf einem Balkon des Hotels und sah uns zu. Dann verschwand er und ward nicht mehr gesehen.

Später überlegte ich mir, wie ich mich an seiner Stelle verhalten hätte. Hätte ich ein paar Worte mit dem unbekannten Kollegen aus dem kleinen Österreich gewechselt? Vielleicht sogar die Crew zu einem Drink eingeladen? Ich weiß es nicht. Wir waren ihm vermutlich einfach zu unwichtig. Ein Mensch, der immer in Freiheit gelebt hatte, dem alles offenstand, wie sollte der uns verstehen, die wir zum erstenmal wieder internationale Luft schnupperten? Oder unterlag er nur denselben Etikette-Vorstellungen wie ich? Ich werde es nie erfahren.

Als ich Jahrzehnte später doch einmal gegen das Höflichkeitsgesetz der Engländer verstieß, keine wildfremden Menschen anzusprechen, mußte ich das bald bereuen. Ich wohnte ein paar Tage in Salzburg, im Österreichischen Hof, wo auch eine kleine englische Filmcrew mit Alec Guinness wohnte, einem Schauspieler, den ich grenzenlos verehre und dessen mit den sparsamsten Gesten erzielte Komik mich immer wieder begeistert. Mit dem Regisseur des Alec-Guinness-Films, Gottfried Reinhardt, dem Sohn Max Reinhardts, hatte ich mich im Foyer des Hotels schon kurz unterhalten. Ich glaubte daher annehmen zu dürfen, Sir Alec Guinness hätte vielleicht schon erfahren, daß auch ich Schauspieler war. Eines Nachmittags stand er an einer Verkehrsampel in Salzburg plötzlich neben mir. Ich konnte meine Neugier nicht beherrschen und sprach ihn unüberlegt an. Aber er nickte mir nur mit einem leicht gequälten Lächeln zu und verschwand sofort auf die andere Straßenseite, als die Ampel auf Grün schaltete. Ich hätte mich ohrfeigen können! Warum hatte ich mich so blamieren müssen? Von dem Augenblick an vermied ich es im Speisesaal peinlichst, einen Blick in die Richtung des Tisches der englischen Kollegen zu werfen. Der Gedanke, daß diese meine Zurückhaltung wohl nicht einmal beiläufig registrieren würden, war auch nicht sehr erhebend.

Da war die Art, wie ich mich anläßlich der unverhofften Begegnung mit Errol Flynn an der Côte d'Azur aus der Affäre gezogen hatte, die ungleich bessere Lösung. Nach Beendigung der Dreharbeiten zur *Höllischen Liebe* kehrte ich nach München zurück. Ich drehte einen Film mit Heinz Rühmann und seiner Frau Hertha Feiler, es folgte der *Blaue Strohhut* mit Margot Hielscher und Gustav Knuth unter der Regie von Viktor Tourjanski, der seinerzeit den *Blaufuchs* inszeniert hatte, sowie zwei kleinere, weniger bedeutende Filme.

Bald geriet ich in eine Konstellation, die wohl mein Schicksal ist. Ich sah mich gezwungen, gewissermaßen auf zwei Hochzeiten gleichzeitig zu tanzen. Ich hatte einen Vertrag für einen Film unterzeichnet, der in Hamburg gedreht werden sollte, der aber mit Ski-Außenaufnahmen bei Oberstdorf im Allgäu begann. Kurz darauf trat das Theater am Gärtnerplatz mit einem Angebot für die Hauptrolle der neuen Operette von Oscar Straus an mich heran. Straus' zweiter großer Erfolg – nach dem *Walzertraum* von 1907 – war 1920 *Der letzte Walzer* gewesen, *Ihr erster Walzer* wurde 1950 sein letzter.

Es sollte eine große Produktion werden, Adolf Rott, der Direktor des Burgtheaters, reiste aus Wien an, um Regie zu führen, der greise Komponist selbst traf rechtzeitig zu den Proben aus Paris ein und wollte die Premiere persönlich dirigieren – wie sollte ich da die Rolle ausschlagen?

Andererseits konnte ich der Direktion nicht verhehlen, daß ich vier Wochen nach der geplanten Premiere Filmaufnahmen im Allgäu zu absolvieren hatte. Man erklärte sich damit einverstanden, daß ich nur die Premiere und die ersten vier Wochen spielte, um anschließend die Rolle umzubesetzen. Also unterschrieb ich den Kontrakt.

»Doch mit des Geschickes Mächten ist«, wie schon Schiller wußte, »kein ew'ger Bund zu flechten«. Die Proben zogen sich länger und länger hin, so daß schließlich die Premiere am Vorabend meines ersten Drehtages im Allgäu angesetzt wurde! Nun war guter Rat teuer! Die Direktion beschwor mich, doch wenigstens eine Woche lang zu spielen, es mache einen schlechten Eindruck auf das Publikum, wenn die Hauptrolle unmittelbar nach der Premiere umbesetzt würde.

Also ließ ich mich auf folgendes Husarenstück ein: Nach der Vorstellung wartet ein Wagen des Theaters am Bühneneingang, der mich nach Oberstdorf bringt. Dort treffe ich etwa um zwei Uhr morgens ein. Ich lege mich bis sechs Uhr in der Früh zur Ruhe, fahre mit der Seilbahn aufs Nebelhorn, drehe bis 14 Uhr, worauf mich der Wagen wieder nach München und ins Theater bringt. Dann spiele ich meinen Herzog – so aristokratisch und edel es nur eben ging – und dann steige ich wieder in den Wagen ein, der mich wieder nach Oberstdorf bringt – und so ging es eine Woche lang!

Im Sommer 1950 tanzten wir den *Ersten Walzer* zum letzten Mal während der Festspiele im Landestheater in Salzburg, wo wir ein Gastspiel gaben. Hier traf ich unter den Technikern und Bühnenbildnern manche Bekannten aus alten Zeiten wieder.

Vier, fünf Jahre nach Kriegsende begann man in Deutschland wieder eigene Filme zu produzieren. In einer früheren Flugzeughalle in Göttingen, in einem Gasthaussaal in Bendestorf, in Wiesbaden und anderswo stampften – zumeist aus Berlin geflüchtete – Filmleute behelfsmäßige Ateliers aus dem Boden. Sie gingen später wieder ein, als in den traditionellen Filmstädten neue Ateliers entstanden, etwa das des Artur Brauner in Spandau. Der Ausbau oder die Renovierung alter Filmwerkstätten ließ die

Ateliers der ersten Nachkriegsjahre zu Ruinen verkümmern. Ich selbst habe in Bendestorf in *Taxi-Kitty* mitgespielt, gemeinsam mit Hannelore Schroth, Fita Benkhoff und Carl Raddatz. Die Regie führte Kurt Hoffmann, der seinerzeit beim *Mädchen Irene* Reinhold Schünzel als Regieassistent zur Seite stand.

Aber trotz all dieser Filme verschrieb ich mich noch einmal der Kleinkunstbühne. An der Kleinen Freiheit in München begann meine zweite Kabarett-Periode. Trude Kolman, die während der Weimarer Republik das Kabarett Die Katakombe in Berlin geleitet hatte, kehrte mit ihrem Mann aus der Emigration in England zurück. Sie nahm sogleich mit Ursula Herking, ihrer alten Mitstreiterin aus der Katakombe, Verbindung auf und suchte Künstler, mit denen sie ein neues Kabarett aufziehen konnte. Als mich Ursel Herking mit diesem Projekt bekannt machte, war ich gleich Feuer und Flamme. Die Gewißheit, daß Erich Kästner, wie schon damals für die Schaubude, die Texte schreiben würde, gab dann endgültig den Ausschlag. Kästner schrieb auch den Song, mit dem wir jede Vorstellung eröffneten und schlossen und der dem Unternehmen auch den Titel geben sollte, den Song von der »Kleinen Freiheit«:

> Der Titel des Programms – DIE KLEINE FREIHEIT
> klingt eigentlich, als wüßten wir Bescheid.
> Der Titel des Programms – DIE KLEINE FREIHEIT –
> stammt nicht von uns, den Titel schrieb – die Zeit!
>
> Die große Freiheit ist es nicht geworden,
> es hat beim besten Willen nicht gereicht.
> Aus Traum und Sehnsucht ist Verzicht geworden.
> Aus Sternenglanz ist Neonlicht geworden.
> Die Angst ist erste Bürgerpflicht geworden.
> Die große Freiheit ist es nicht geworden,
> die kleine Freiheit – vielleicht!

Wir sind so frei! Das heißt: Soweit's erlaubt ist.
Wir sind so frei! (Soweit man's überhaupt ist.)
Wir dürfen wieder zittern, wenn wir frieren.
Wir dürfen staunend vor Geschäften steh'n.

Wir dürfen atmen, lachen, vegetieren.
Wir dürfen schimpfen und den Kopf verlieren,
Wir dürfen, wenn's so weitergeht, marschieren.
Wir sind so frei. Wir werden ja sehn.

Der Titel des Programms – DIE KLEINE FREIHEIT –
hat seinen Grund, Sie wissen nun Bescheid.
Der Titel des Programms – DIE KLEINE FREIHEIT –
stammt nicht von uns. Der Autor heißt: DIE ZEIT!

Unser erstes Programm führten wir in einem kleinen Zimmer-
theater in Schwabing vor. Ursula Herking, Bum Krüger, den ich
aus alten Schaubuden-Zeiten kannte, Oliver Hassencamp, Herbert Weicker, Christiane Maybach, Hannelore Schützler waren
dabei. Mitten im Karneval 1951 schrieb Erich Kästner mir das
Chanson »Prinz auf Zeit«, seine Antwort auf den Koreakrieg, der
die Welt wieder an den Rand des Abgrunds führte. Die ersten
beiden Strophen lauteten:

Ich bin der Lieblingswunsch der Götter.
Sie tauften mich – Prinz Karneval.
Ich bin ein Prinz, trotz aller Spötter.
Philipp der Zweite war mein Vetter.
Wir sah'n uns oft im Escorial.
Er stets vergrämt, ich immer munter,
teilten wir uns der Sonne Lauf:
In seinem Reich ging sie nicht unter,
in meinem Reich geht sie nicht auf.
Mein Reich ist aus Samt und aus Seide,
bekränzt mit Gestirn und Geschmeide,

verwunschen in Tanz und Gesang.
Nur, ich herrsche nicht ununterbrochen.
Ich regier' im Jahr ein paar Wochen,
dies freilich – jahrhundertelang.

Jubelt! Hört nicht den Lärm der Gefechte!
Hört nicht auf das Schleichen der Pest!
Blickt nicht auf die blutroten Nächte!
Liebt Euch, Gerechte und Ungerechte!
Lacht und glaubt, die Welt sei ein Fest!

Mit dieser sarkastischen Aufforderung, alles Leid und alle Opfer, die die »große« Politik forderte, zu ignorieren und sich blindlings ins Vergnügen zu stürzen, traf Kästner den Nerv seiner Zeit. Mit einer unmißverständlichen Anspielung auf den Koreakrieg klang das Lied aus:

Blickt nicht auf die Opfer der Schinder
Hört nicht auf das Weinen der Kinder
in Korea und anderswo!

Laßt die Toten die Toten verscharren!
Singt meine Lieder!
Morgen kommen die wirklichen Narren
und regieren Euch wieder!

Der großartige Erfolg des Programms bewog uns weiterzumachen. So gründeten Trude Kolman, Ursula Herking, Bum Krüger, Oliver Hassencamp und ich auf Teilung das Kabarett »Die kleine Freiheit«. Im ersten Stock eines Hauses in der Pacellistraße fanden wir eine provisorische Bleibe. Dieses Theater hatte die Eigentümlichkeit, daß man die Schauspielergarderoben nur durch den Zuschauerraum betreten konnte und daß es hinter der Bühne an einem stillen Örtchen mangelte. Sobald also das

Publikum den Zuschauerraum betrat, saßen wir hinter der Bühne gefangen. Aber mit solch kleinen Mängeln konnten wir uns nicht lange aufhalten.

Ehe ich mich versah, tanzte ich schon wieder auf zwei Hochzeiten zugleich! Die Kleine Komödie in der Maximilianstraße führte das Stück *Der erste Frühlingstag* auf, in dem ich eine Episode von etwa zwanzig Minuten spielen sollte. Es fällt mir manchmal einfach schwer, nein zu sagen. Überdies brauchte ich wieder Geld, denn was in der Kleinen Freiheit finanziell abfiel, war sehr wenig. Ich konnte also das zusätzliche Honorar sehr gut gebrauchen. Da ich in fast jeder Nummer unseres Kabarett-Programms mitwirkte, war es schwierig, rechtzeitig in die Kleine Komödie zu kommen. Aber durch Kollegialität und Teamgeist läßt sich manches arrangieren. Wir gestalteten das Programm so, daß die Kabarettnummern, bei denen ich nicht mitspielte, genau in die Zeit fielen, da ich meinen 20-Minuten-Auftritt in der Maximilianstraße absolvieren mußte. Der Blackout (also die plötzliche Verdunkelung der Szenerie nach der letzten Pointe) mußte um ein paar Sekunden verlängert werden, damit ich unbemerkt durch den dunklen Zuschauerraum zum Ausgang gelangen konnte. Dann wurde das Licht wieder eingeschaltet, und ich stürmte die Treppe hinunter und auf die Straße. Dort sprang ich in meinen Wagen mit laufendem Motor, den ein hilfsbereiter Kollege vorgewärmt hatte, und raste wie ein flüchtiger Schwerverbrecher zum Bühneneingang der Kleinen Komödie, wo man mich schon erwartete. Ich rannte in die Garderobe, warf das Kostüm über – zum Glück nur eine Hose und ein Malerkittel – und kam einigermaßen atemlos und mit hochrotem Kopf auf die Bühne. Kaum war das letzte Wort dieser Szene gesprochen, hieß es zurück in die Kleine Freiheit. Da galt es dann, sich rasch in die Welt des Geheimrates Johann Wolfgang von Goethe zu versetzen. Ulrich Beiger saß als Eckermann schon auf der Bühne. Ich zog mir im Foyer den Schlafrock des Klassikers an, stülpte mir den kaschierten Goethe-Kopf über, und als das Licht anging, schritt ich mit den Worten: »Nun, Eckermann…« von hinten durch den Zuschauerraum auf die Bühne. Wir probierten das Timing ein paarmal, und es klappte. Diesen Tanz auf zwei Hochzeiten hielt ich drei Monate durch, und ich weiß kaum, was anstrengender war, das Rollenspiel oder der Kampf gegen die Uhr.

Erich Kästner schrieb mir dann für das nächste Programm der Kleinen Freiheit den »Kleinen Mann im Ohr«, eine Anklage gegen die Finanzämter, angeregt durch eigene Erfahrungen. Besonderen Spaß machte mir auch eine Errol-Flynn-Parodie, ein Chanson, währenddessen ich, wie der »Herr der sieben Meere«, mit dem Degen zwischen den Zähnen das Portal der Bühne hochkletterte, als wäre es ein Schiffsmast.
Jetzt, da ich diese Zeilen hier geschrieben hatte, am Karfreitag, den 1. April 1988, traf mich wie aus heiterem Himmel die Nachricht von dem plötzlichen und unerwarteten Tod meines alten Freundes und Mitbegründers der Kleinen Freiheit, Oliver Hassencamp. Er starb bei einem nicht von ihm verschuldeten Autounfall. Seine Frau Eva wurde dabei schwer verletzt. Es war noch keine acht Tage her, daß ich mit Oliver und seiner Frau zusammen bei einer gemeinsamen Freundin zum Mittagessen eingeladen war. Ich sehe auch darin wieder, man möge mich ruhig belächeln, eine Fügung.
Wir hatten uns seit einigen Jahren nicht mehr gesehen, wie das in unserem Beruf leider gang und gäbe ist. Er hatte das Kabarett und die Schauspielerei völlig aufgegeben und war ein sehr erfolgreicher Schriftsteller geworden. Ich hingegen pendelte seit Jahren zwischen Köln, Wien, Berlin, Stuttgart hin und her, war monatelang auf Tourneen unterwegs und kam eigentlich nur noch zum Kofferpacken nach Hause. Es war das erste Mal, daß unsere gemeinsame Freundin mich und Oliver zusammen einlud. Als hätte ich geahnt, daß dies die letzte Möglichkeit sein würde, den alten Gefährten aus den Tagen der Kleinen Freiheit wiederzuse-

hen, sagte ich zu, obwohl ich gerade damals unter argem Zeit-
druck stand. So schwärmten wir noch einmal von den alten
Zeiten, von der Kleinen Freiheit und besonders von unserer
gemeinsamen Tournee mit all ihren komischen Situationen und
überraschenden Erlebnissen.

Für diese Tournee hatten wir damals die effektvollsten Sketche
und Pointen aus drei Programmen zusammengestellt. Unsere
Gastspielreise führte nach Berlin, Stuttgart und Frankfurt. Wir
waren ein ziemlich großes Ensemble. Die meisten Kollegen und
unser technischer Leiter fuhren in einem Bus, Oliver und ich in
seinem klapprigen Vorkriegs-Adler voraus oder auch hinterher,
etwa wenn das Auto wieder einmal von einem plötzlichen Leiden
befallen wurde, wie das leider des öfteren geschah. Überhaupt
standen uns manche Schwierigkeiten bevor, aber es gelang uns,
sie mit Elan und vor allem mit Humor zu meistern. Es war schon
Herbst, manchmal überraschte uns der Nebel, und da es ja bei
weitem nicht so viele Autobahnen gab wie heute – was die
Fahrten einerseits reizvoller, andererseits langwieriger machte –,
hatten wir Mühe, die Termine einzuhalten. Ich erinnere mich,
daß wir einmal »den Hof« nur »mit Mühe und Not« erreichen
konnten, wie es im »Erlkönig« heißt, indem ich aus der geöffne-
ten Autotür die Straße aus nächster Nähe beäugte und immer
wieder ausrief: »Ich sehe Gras! Mehr nach links!«

Der Gewinn, den die Vorstellungen abwarfen, wurde von unserem relativ teuren, aber notwendigen Theaterapparat mit all
seinen Effekten und Möglichkeiten rasch aufgefressen, so daß wir
ständig knapp bei Kasse waren. Nach dem einwöchigen Gastspiel
in Frankfurt stellte sich bei der Abreise heraus, daß wir die
Hotelrechnung für das Ensemble nicht bezahlen konnten. Wir
mußten also telefonisch dringend Nachschub von der »Zentrale«
anfordern. Eine telegraphische Überweisung wurde uns zugesagt, aber der Bus mit dem Ensemble und der Technik mußte
abfahren, um rechtzeitig am nächsten Spielort einzutreffen. Oliver Hassencamp und ich blieben also zurück, um die Geldsen-

dung zu erwarten und dann mit dem Wagen nachzukommen, der zufälligerweise gerade in Ordnung war. Wir gaukelten dem Portier also sorglose Gelassenheit vor, gaben vor, uns von dem hübschen Hotel gar nicht trennen zu können, traten nur hie und da vor die Tür, um »nach dem Wetter zu sehen«, während wir in Wirklichkeit verzweifelt nach einem Telegraphenboten Ausschau hielten. Endlich kam er!

Aber wir wollten uns die Erleichterung nicht anmerken lassen, wir gaben uns amüsiert und überrascht über »diese völlig unerwartete Sendung«, die uns rein zufällig noch erreicht hatte. Was das wohl sein mag! »Wir hätten ja ebensogut schon abgereist sein können, ha, ha.« Um das Gesicht zu wahren, hielten wir uns noch eine Viertelstunde im Foyer auf, als ob wir es keineswegs eilig hätten, tranken noch eine Tasse Kaffee, zahlten dann nonchalant die Rechnung für das ganze Ensemble und fuhren ab. Ob der Hotelportier unser Theater für bare Münze genommen hat, bezweifle ich allerdings. Portiers sind erfahrene Leute, die man nicht so leicht täuscht.

Auf einer unserer nächsten Stationen mußten wir feststellen, daß das Gebäude, in dem wir auftreten wollten, ein Kino war, in dem tagsüber drei Filmvorstellungen gegeben wurden. Die Bühne wurde nur abends vermietet und hatte sehr bescheidene Ausmaße. Diese Bühne konnte obendrein nur von einer Seite betreten werden, aber einige Szenen unseres Programms forderten Auftritte von beiden Seiten. Auch gab es keine Verbindung zwischen der Bühne und dem Beleuchter, der am anderen Ende des Saales im Vorführraum neben dem Projektionsapparat für die Filme saß. Man mußte sich also durch Handzeichen verständigen. Die Frage, wann wir denn den Ablauf unseres Programms, die nötigen Umstellungen und den Aufbau unserer, wenn auch sehr kabarettistisch-primitiven Bühnenbilder probieren könnten, entlockte dem Kinobesitzer nur ein müdes Lächeln. Nur in den kurzen Pausen zwischen den Filmvorführungen, wenn die neuen Besucher draußen warten würden und der Saal sich gerade geleert hätte, so erklärte er uns, könnten wir auf der Bühne proben. Aber wir waren es gewohnt, immer improvisieren zu müssen. In fliegender Hast studierten wir die neuen Auf- und Abtritte, die Positionsänderungen ein, die die »einseitige« Bühne erzwang. Denn im Kabarett darf es keinen Stillstand, keine Pause geben.

Doch um den Aufbau des Schlußbildes, einer musikalischen Szene in einem Wiener Kaffeehaus zu probieren, reichte die Zeit nicht mehr. Dieses Schlußtableau begann damit, daß ich als Oberkellner im Frack einen einführenden Text zur Melodie des Wiener Fiakerliedes sang, während nach und nach die Gäste eintrudeln. Daraus sollte sich eine kabarettistische Szene entwikkeln.

Ein Sketch im Kabarett braucht kein vollständiges Bühnenbild, es reicht, den Ort des Geschehens mit einigen Requisiten anzudeuten. Aber ohne zwei Kaffeehaustische mit Stühlen und einen Kleiderständer, an dem auch ein paar Zeitungen hängen, konnte man unser Finale nicht spielen. Als wir abends vor das Publikum traten, wußten wir immer noch nicht, wie wir das letzte Bild aufbauen sollten. Zunächst lief alles glatt ab. Nur wurde einmal nach einem Blackout die Bühne zu früh wieder aufgehellt, so daß man Hassencamp und mich auf offener Bühne auf den Knien rutschen sah, angestrengt bemüht, im Dunkeln für unseren Auftritt auf die andere Seite der Bühne zu kriechen. Die Zuschauer lachten, wer will es ihnen verdenken, über diese sportliche Geste besonders herzhaft.

Unaufhaltsam näherten wir uns dem Finale und wußten immer noch nicht, wie wir das Kaffeehaus andeuten könnten, da es doch aus zeitlichen Gründen vor dem letzten Bild kein Blackout gab.

Da kam mir im letzten Moment die rettende Idee. Als ich den Frack anzog, konnte ich meinen Kollegen noch rasch den Einfall mitteilen. Dann betrat ich die leere Bühne, und während ich die Einleitung sang:

»Schaut's her, ich bin's, na Servus ...
Grüß Gott, ich küß' die Hand ...«

reichten mir die Kollegen – so als ob das zur Szene dazugehörte –
die einzelnen Möbelstücke von der Seite zu, ich stellte sie auf,
und pünktlich mit dem letzten Takt war die Bühne fertig, und das
Spiel konnte beginnen!
Dennoch fühlte ich mich nie als ein geborener Kabarettist,
sondern nur als ein Schauspieler mit Talent fürs Kabarett. Der
wirkliche geborene Kabarettist, wie ihn in Reinkultur Karl Farkas
in Wien vorstellte, ist ein Genie der Improvisation und formuliert
wie selbstverständlich aus dem Stegreif. Carl Merz etwa drech-
selte in seinen Conférencen Pointen aus aktuellen Tagesereignis-
sen zusammen, von denen er erst wenige Minuten vorher erfahren hatte. Zwar habe ich manchmal auch konferiert, aber ich griff
immer auf Texte zurück, die ich oder ein anderer verfaßt hatte
und die ich dann so vortrug, als wären sie mir gerade eingefallen.
So gesehen war ich selbst nicht wenig überrascht, daß ausgerechnet mir bei diesem Schlußbild der passende Geistesblitz kam.
Aber die Feuertaufe in Sachen Extemporieren stand mir erst
noch bevor.

Im Winter 1956/57 gastierte ich am Theater in der Josefstadt in
Wien. Meistens holte ich nach der Vorstellung Cary Merz vom
Kabarett ab, das wesentlich später fertig wurde als ich, da sich das
Kabarett nun einmal mehr an die Nachtschwärmer wendet. Wir
saßen dann noch in der kleinen Bar hinter der Bühne oder in
einem nahegelegenen Lokal eine Weile zusammen. Nun hatte es
sich seit einiger Zeit eingebürgert, daß zur letzten Vorstellung
eines Programms Kollegen, die zufällig anwesend oder auch
eigens zu diesem Zweck gekommen waren, auf die Bühne zitiert
wurden, um dort in einer ihnen noch völlig unbekannten Szene
aufs Geratewohl mitzuspielen. Das Publikum kannte diese Sitte
und wartete schon auf diese Stegreif-Auftritte. Ich hatte zwar auch

davon gehört, hatte es aber wieder vergessen, da ich ja nicht ständig in Wien lebte. Als ich nun eines Abends wieder Cary Merz abholen wollte, lief im Kabarett gerade die letzte Vorstellung eines Programms. Ich hatte kaum in der kleinen Bar Platz genommen, als ein Kollege herbeilief und mich mit den Worten: »Komm, du bist dran!« zur Bühne zerrte und hinausschubste. Da stand ich nun. Das Publikum, das diesen Moment schon sehnsüchtig erwartet hatte, lachte und applaudierte in Erwartung dessen, was nun passieren würde. Zum Glück hatte ich das Programm früher schon einmal gesehen und kannte die Szene, in die man mich hineinstieß. Sie spielte unter Wiener »Pülchern« in einem düsteren Vorstadtlokal, das man in nördlicheren Gefilden eine »Kaschemme« nennen würde. Nun muß ich dem geneigten Nicht-Wiener die Bezeichnung Pülcher erklären. Der Pülcher – oder wie er richtig ausgesprochen klingt: der »Püüüücher« – ist ein Mensch von äußerst geringer Bildung und rauhen Umgangsformen, auf die er aber stolz ist. Er befleißigt sich einer unflätigen dialektgesättigten Sprache, verabscheut regelmäßige Arbeitszeiten und gebärdet sich recht aggressiv. Mit einem Wort: noch kein Ganove, aber doch nicht allzuweit davon entfernt.

Solche Typen bevölkerten die Szene, und einer der Pülcher-Darsteller war Helmut Qualtinger. Ich hatte ihn in den letzten Jahren oft bei Cary Merz getroffen, die beiden arbeiteten viel zusammen und wir hatten uns gut unterhalten und viel zusammen gelacht. Auch über die Romane von P. G. Wodehouse, die auch Cary las und liebte.

Durch diese Assoziation kam mir blitzschnell eine Idee. Ich begann mich auf englisch zu entschuldigen – wobei ich mich bemühte, das Oxford-Englisch nachzuahmen, das ich von manchen meiner englischen Freunde gehört hatte – und erklärte umständlich, daß ich aus Versehen eingedrungen sei und was ich eigentlich in Wien suchte. Aber so weit kam ich gar nicht, denn schon antwortete mir »Quasi«, wie seine Freunde Helmut Qualtinger riefen, in einem herrlich wienerisch gefärbten Primitiv-

Englisch, das er perfekt beherrschte, wie er ja ein Meister in allen Dialekten war. Was wir nun im einzelnen da redeten, weiß ich offen gestanden gar nicht mehr. Aber es muß uns ganz gut gelungen sein, denn die Leute lachten und applaudierten, als ich die Bühne verließ. Das war mein einziger gemeinsamer Auftritt mit Helmut Qualtinger.

»Treten Sie auch in einem Schützenhaus auf?«

Unterwegs mit dem »Grünen Wagen«

Ende der fünfziger, Anfang der sechziger Jahre schossen jene Unternehmen aus dem Boden, die es sich zur Aufgabe machten, Städte, die früher ein Theater mit eigenem Ensemble unterhielten, dies aber aufgegeben hatten, mit Vorstellungen zu versorgen. Bald war auch das Interesse solcher Ortschaften erwacht, die früher nie über eine eigene Bühne verfügten. Oft ließen die Gemeinden sogar neue Häuser, die sogenannten Mehrzweckhallen, bauen.

Leider weisen die meisten dieser Bauwerke für eine Verwendung als Theater große Nachteile auf. Die Bühne liegt zu hoch, und zwischen der Rampe und der ersten Reihe klafft ein weiter Abgrund, so daß sich die Stimmung der zarten Szenen und der leisen Pointen nicht auf das Publikum überträgt, das sich irgendwo in der Ferne verliert. Ich will gar nicht leugnen, daß diese Bauweise den anderen vielfältigen Verwendungszwecken sehr entgegenkommt, der Aufführung von Theaterstücken, zumal von Komödien, ist sie sehr abträglich. Überdies versuchen besonders zartfühlende taktvolle Menschen manchmal diesen freien Raum zu nutzen, indem sie während der laufenden Vorstellung fotografieren! Man möchte es nicht für möglich halten, wie rücksichtslos sich manche Menschen doch aufführen können.

Auch um die Garderoben ist es in diesen Mehrzweckhallen oft schlecht bestellt. Da kann es dem Schauspieler passieren, daß er in einem Raum mit, sagen wir vier Schminkplätzen, ganze vier kleine Häkchen an der Wand entdeckt, weil sich niemand über- legt hat, daß eine Rolle nicht selten drei, vier verschiedene Kostüme verlangt, von der Privatgarderobe, auf die auch unser Berufsstand nicht gänzlich verzichten mag, ganz zu schweigen. Es ist zwar nicht mehr so schlimm wie bei meinen Tingeleien in der Übergangszeit vor der Währungsreform, als ich neben meinen Noten immer einen Hammer und Nägel in meiner Aktentasche verstaute, weil die sogenannten Garderoben oft nur aus einem Verschlag mit vier nackten Wänden bestanden. Aber man hat manchmal schon seine liebe Not. Etwas ganz anderes ist es, wenn bescheidene ökonomische Mittel eine gewisse Primitivität unum- gänglich machen! Darüber wird sich ein Schauspieler niemals mokieren.

Vor Jahren, auf einer Tournee mit *Tchao* von Marc-Gilbert Sauva- jon, spielten wir ein paar Tage in Recklinghausen und hatten dann einen Tag spielfrei. Schon bei der Ankunft wurden wir gefragt, ob wir bereit wären, an diesem Abend in einem Vorort aufzutreten, der von einer großen Schuhfabrik lebte, deren Belegschaft noch nie ein Theater besucht hatte. Die Unternehmer wollten ihren Arbeitern diese Unterhaltung gerne bieten, und der Kulturreferent der Stadt begrüßte die Gelegenheit, auf diese Weise vielleicht Neuland für das Theater zu erschließen. Wir sagten sofort zu.

Unsere Spielstätte war der Saal des Schützenhauses. An einem Ende des Saales zog sich die Theke hin, an der Bier und Schnaps ausgeschenkt wurden. Am anderen Ende hatte man aus Brettern und Böcken eine etwas wacklige Bühne gezimmert und an über Rollen gespannten Schnüren einen dünnen Vorhang installiert. Ich fühlte mich an meine Kindheitseindrücke erinnert, an die Bühne in Wesenufer. Dekoration gab es gar keine! Allerdings hatten wir einige wenige Möbel selbst mitgebracht. Als Garde- robe diente ein kleiner Verschlag an einer Seite der Bühne, für Männlein und Weiblein gemeinsam, und vom Zuschauerraum nur durch einen dünnen, bei jedem Atemzug gefährlich ausein-

anderwehenden Vorhang getrennt. Eine Gelegenheit zur Erfüllung eines unabweisbaren menschlichen Bedürfnisses gab es
hinter oder neben der improvisierten Bühne nicht. Dafür war ein
Fenster zu einem Hinterhof da ...

Aber, wie Komödianten, Gott sei Dank, nun einmal sind, diese
abenteuerlichen Verhältnisse deprimierten uns nicht, im Gegenteil! Sie spornten unsere Spielfreude erst richtig an. Daß der
Vorhang schon beim zweiten Einsatz stecken blieb, bald endgültig seinen Geist aufgab und herunterfiel, konnte unseren Elan
nicht bremsen. Die Umbauten mußten nun bei offener Bühne
vor aller Augen stattfinden, ein nachgerade Brechtscher Verfrem-
dungseffekt, der die Zuschauer besonders erheiterte und wesentlich zum Erfolg des Abends beitrug. Auch daß an der Theke
weiterhin Bier und Schnaps ausgeschenkt wurden, steigerte nur
unsere Laune und erzeugte eine Art sportlichen Ehrgeiz, ob es
uns gelingen würde, die Thekengeräusche zu übertönen! Allerdings eskalierte in dieser ausgelassenen Stimmung auch unsere
eigene Lachanfälligkeit.

Ich spielte einen furchterregenden Konzernherrn, der von den
kleinbürgerlichen Eltern des jungen Mannes aufgesucht wurde,
in dem sich meine Tochter sterblich verliebt hatte. Als die Eltern
nun eintrafen, wollte die Mutter mich, wie es der Rolle entsprach,
mit einer Art verlegenem Knicks begrüßen, stieß dabei auf der
winzigen Bühne an ein Sofa, das in einem Spalt zwischen dem
hintersten Bühnenbrett und der Wand versank. Die gute Frau
landete, halb kniend, halb liegend, auf dem Boden. Worauf mir,
in dem Bestreben, die Situation zu retten, in der Eile nur die
stereotype Bemerkung einfiel: »Aber ich bitte Sie, das wäre doch
nicht nötig gewesen!« Daraufhin ging die Vorstellung unter
wechselseitigen Lachsalven zwischen Bühne und Zuschauerraum zu Ende. Aber der Erfolg war ungeheuer, das Publikum
begeistert und wir gratulierten uns, die schönste Vorstellung
unserer Tournee erlebt zu haben!

Aber ich will nicht ungerecht und undankbar sein. Viele Städte verfügen über hervorragend eingerichtete und funktionierende Bühnen und die örtlichen Manager kümmern sich oft rührend um die gastierende Truppe. Man findet Getränke, Kaffee in Thermosflaschen, manchmal sogar einen kleinen Imbiß in der Garderobe vor und fühlt sich liebevoll betreut und gut aufgehoben.

Es war schon erstaunlich, wie sich das Tourneegeschäft, das früher nur einige wenige Unternehmer betrieben, ausweitete und bald immer mehr Schauspielern und Bühnentechnikern Arbeitsmöglichkeiten bot. Immer häufiger stellten Industriefirmen die großen Säle ihrer Werksgelände für Aufführungen zur Verfügung, die dann die Belegschaft als willkommene Abwechslung besuchte.

In kleinerem Maßstab hatte ich das schon einmal erlebt, als ich selbst noch in der Provinz lebte. In den zwanziger Jahren brach eine über die Jahre hinweg in die Höhe getriebene Hausse an den amerikanischen Börsen zusammen, die Kurse an der New Yorker Wall Street fielen am »schwarzen Freitag« 1929 ins Bodenlose; dadurch wurde – neben anderen – auch die mit amerikanischen Krediten arbeitende Wirtschaft in Deutschland zutiefst erschüttert. Natürlich wirkte sich das auch auf die Besucherzahlen der Großstadt-Theater aus, viele von ihnen waren finanziell am Ende. So waren, neben den schon erwähnten Einzelgastspielen, ganze Berliner Ensembles, mit einigen Prominenten als Attraktion, in der Provinz unterwegs. Ich habe damals Curt Bois in *Charleys Tante* gesehen, Lil Dagover und Ernst Deutsch in dem Kriminalstück *Der Schuß vor dem Spiegel*, Heinrich George in einem Stück von Barlach, Agnes Straub in der Titelrolle der *Medea* und noch einige andere.

In den fünfziger und sechziger Jahren wurden die Gastspielreisen und Tourneen zu einer ständigen Einrichtung. Die jeweiligen Kulturreferenten der Städte stellen das Programm für die ganze Saison, vom Herbst bis zum Frühjahr, zusammen, wobei es von dem künstlerischen Bewußtsein des Betreffenden, aber auch von der Finanzstärke der Kommunen abhängt, welches Niveau das Programm hat. In Städten mit hohem Steueraufkommen und besonders engagierten Kulturbeauftragten kann man Aufführungen erleben, wie sie oft kaum eine Großstadt zustandebringt. Das ist sehr schön, birgt aber auch eine große Gefahr in sich: Viele Städte sehen sich veranlaßt, ihre eigenen Theater aufzugeben. Daher gehen viele kleine und mittlere Theater zugrunde, um die uns Kollegen aus Frankreich und England immer beneidet haben. Wann immer ich in späteren Jahren mit französischen Kollegen ins Gespräch kam, hörte ich diese immer wieder sagen: »Chez vous, c'est formidable!« In Frankreich hingegen, so fügten diese Kollegen traurig hinzu, gebe es außer in Paris eigentlich kaum Theater mit Niveau, abgesehen vielleicht noch von Bordeaux und den Festspielstädten. Daher sahen sich die französischen Schauspieler gezwungen, auf Tourneen zu gehen, die nicht nur durch Frankreich, sondern auch durch die früheren Kolonien in Nordafrika und – vor dem Bürgerkrieg – in den Libanon führten. Dort aber lassen die Bühneneinrichtungen und die Begleitumstände, wie Garderobenverhältnisse usw., oft sehr zu wünschen übrig.

Ich selbst habe ähnlich primitive Bühnen auf der Tournee in Israel, mit *Duett im Zwielicht* von Noel Coward im Winter 1971/ 72, erlebt. Wir spielten meist in Kinos, die nur abends gelegentlich als Theater benützt wurden. Aber das fabelhafte Publikum entschädigte für manche Unbill! Da wurde mir wieder richtig bewußt, was wir am Theater nicht nur mit den jüdischen Schauspielern und Regisseuren, sondern auch mit dem jüdischen Publikum verloren haben!

Es gibt Kollegen, denen vor jeder Tournee graust, sie scheuen die täglichen Fahrten, das Jede-Nacht-in-einem-anderen-Bett-Schlafen, die lange Abwesenheit von zu Hause. Mir können diese Entbehrungen nichts mehr anhaben. Ich habe in den letzten dreißig Jahren so viele Tourneen absolviert, daß ich mich auf wesentlichere Dinge konzentriere, die ein solches Unternehmen erträglich, erfreulich oder sogar amüsant machen.

Das wichtigste ist natürlich, daß die Rolle einem Spaß macht. Die nächste Frage lautet: Wer sind die Partner? Wer gehört zum Ensemble, zur Crew? Denn es ist etwas ganz anderes, mit einer Kollegin oder einem Kollegen jahre- oder jahrzehntelang immer wieder einmal nebeneinander auf der Bühne oder gemeinsam vor der Kamera gestanden zu haben oder aber wie in einer Familie praktisch Tag und Nacht miteinander zu leben, und dies wochen-, manchmal monatelang. Ein einziger schwieriger, unleidlicher, vielleicht nur unbeherrschter Zeitgenosse im Ensemble reicht schon aus, um das Zusammensein zur Tortur zu machen. Eine Gruppe von anpassungsfähigen, toleranten und humorvollen Individuen dagegen meistert die unvermeidlichen Strapazen und Schwierigkeiten mit Überlegenheit, behält die Nerven und die gute Laune und macht die Tournee zu einem Vergnügen, an das man gerne zurückdenkt. Ich habe das Glück gehabt, daß fast alle meine Tourneen in diese letzte Kategorie fielen, so daß man oft mit Bedauern auseinanderging.

So eine Tournee hat ja immer etwas von der erwartungsvollen, spannenden und prickelnden Atmosphäre eines Abenteuers. Diese Situation erinnert mich an Boccaccio, an die »Canterbury Tales« oder an ausgedehnte Schiffsreisen und Schiffbrüchige, die auf eine einsame Insel verschlagen werden. Eine Gruppe von Menschen, die sich vorher nicht oder nur flüchtig kannten, aus dem gewohnten Ablauf ihres Lebens herausgehoben, ohne ihre Familie, freiwillig oder gezwungenermaßen vor die Aufgabe gestellt, für eine gewisse Zeitspanne miteinander auszukommen und gewisse Leistungen gemeinsam zu erbringen, um nach Ablauf der bestimmten Zeit wieder in ihr tägliches Leben und in ihre gewohnte Umgebung zurückzukehren – das ist schon eine geradezu archaische Situation.

Mich hat dieses kaum beschreibbare Tournee-Gefühl auch immer an die Zeit meiner frühen Provinz-Engagements erinnert.

Ich genieße diese zeitweilige Wiederkehr der Jugend, diese –
vielleicht nur eingebildete – befristete Ungebundenheit, die
Losgelöstheit vom Alltag, das Abenteuer. Auch bei längeren Film-
Außenaufnahmen in fremden Gegenden oder Ländern stellt sich
dieses Gefühl ein.

Früher lernte man rasch eine Faustregel in Sachen Provinz-
Engagement. Ich weiß nicht, ob sie heute angesichts der schnel-
len Verkehrs- und Telefonverbindungen noch gilt. Aber früher
lief es meist so ab: In den ersten Wochen und Monaten kam noch
der Freund oder die Freundin aus dem letzten Engagement zu
Besuch. Dann begannen sich Paarungen im neuen Ensemble
abzuzeichnen, und in den Übergangsperioden spielten sich
kleine Eifersuchtstragödien ab. Eine Weile schrieb man noch der
Verflossenen. Um Weihnachten herum waren dann meist klare
Verhältnisse geschaffen – bis zum Beginn des nächsten Engagements. Wie gesagt, das war so eine Faustregel. Es gab auch
Varianten dieses Ablaufs. Im Grunde war das auch ganz natürlich,
und niemand soll deswegen glauben, daß Schauspieler ihre
Partner öfter wechseln als Menschen mit einem bürgerlichen
Beruf.

Eine Tournee dauert nicht so lang wie eine Saison am Theater,
aber auch in drei, vier Monaten kann das gemeinsame Erlebnis,
die Freude am Erfolg oder die Verzweiflung über den Mißerfolg
Beziehungen zwischen zwei Menschen stiften, Verliebtheit, ja
Leidenschaft, die beglückend, beseligend sein kann. Und man
sollte ihnen dieses Glück gönnen und keinen Stein gegen sie
aufheben. Denn auch diese Liebe bringt, wie jede andere, viel
Leid mit sich, und auch für dieses Glück muß man eines Tages
bezahlen. Oder in den Worten des unvergeßlichen Erich Kästner:

> Ja, das mit der Liebe, das ist so:
> Ihr Kommen und ihr Gehen,
> Das kann man nicht verstehen,
> Ja, das mit der Liebe, das ist so ...

Keineswegs eine Nebenrolle spielt der Busfahrer auf den Gastspielreisen. Von seinem Charakter hängt nicht selten die Atmosphäre einer Tournee ab. Wir Schauspieler müssen uns ihn zum Freund machen, denn erstens hängt unsere Sicherheit, vielleicht unser Leben, ganz bestimmt aber unsere Bequemlichkeit während mehrerer Monate von ihm ab! Wenn er von uns eingenommen ist, hilft er z. B. beim Aus- und Einladen des Gepäcks, wozu er nicht verpflichtet ist! Spult er aber nur seinen Dienst nach Vorschrift herunter und besteht alle zwei Stunden auf seiner Ruhepause, so verlängert sich die Fahrtzeit, und man muß morgens noch früher aufstehen. Mit einem Wort, es ist fast unerläßlich, daß er uns wohlgesinnt ist. Andererseits soll er auch nicht das Heft an sich reißen und sich zu unserem Tyrannen aufschwingen, wie es viele Fahrer von Reisebussen gern tun.

Vor Jahren, auf einer Tournee mit *Amphitryon* von Molière, hatten wir einen Fahrer, der uns anfänglich Schwierigkeiten zu machen schien. Er war ein recht forscher Mann mittleren Alters, Berliner, und hatte bis dahin wohl nur Reisegesellschaften befördert, die ihm allzu willig das Zepter überlassen hatten. Am ersten Tag, unmittelbar vor der Abfahrt, als wir gerade in den Bus steigen wollten, hielt er plötzlich eine Rede an uns, in der er uns belehrte, wie wir uns verhalten sollten und wer auf der Fahrt das Sagen habe, nämlich er. Der Unglückliche hatte wohl noch nie mit Komödianten zu tun gehabt, auch ahnte er nicht, daß sich die Mitglieder des Ensembles schon lange kannten und größtenteils Freunde waren, die schon oft miteinander auf der Bühne gestanden und gefilmt hatten, die also, ohne sich lange verständigen zu müssen, instinktiv wußten, mit was für einer Szene man hier Paroli bieten könnte. Wie auf geheime Verabredung begannen wir uns lässig miteinander zu unterhalten und stiegen gemächlich plaudernd in den Bus ein, so daß der Gute, ehe er sich's versah, einsehen mußte, daß er kein Auditorium mehr hatte. Beiläufig sagte einer von uns: »Wir sind fertig, wollen wir nicht abfahren?« Und damit war der Fall erledigt.

Das kränkte unseren trefflichen Wagenlenker natürlich sehr, er war beleidigt, wovon wir uns auf Dauer auch keine Vorteile versprechen konnten. In der Tat machte er in der ersten Woche keinen Handschlag zuviel für uns: Er setzte uns am Theater oder am Hotel ab, sammelte uns wieder auf und ließ sich sonst nie blicken. Aber wir brauchten keine Initiative zu ergreifen, das nahm uns die ewige Faszination ab, die das Theater, die Atmosphäre hinter den Kulissen, in diesem Falle noch die besondere »Grüne-Wagen-Atmosphäre« einer reisenden Truppe, auf jeden ausübt, der damit in Berührung kommt.

Es war noch keine Woche vergangen, da stand der Gute plötzlich ein paar Minuten hinter der Bühne, hörte und schaute zu. Einige Tage später verließ er schon den ganzen Abend nicht mehr die Hinterbühne und die Seitengassen; er beteiligte sich mit ein paar Handgriffen an den Umbauten und quittierte mit beifälligem Lächeln und Kopfnicken, wenn eine Pointe beim Publikum besonders gut angekommen war. Und nach vierzehn Tagen sprach er nur noch wie ein alter Fachmann und kam nach den ersten Sätzen in die Garderobe, um den Kollegen, die noch nicht aufgetreten waren, mitzuteilen: »Heute sind sie gut«, oder »Heute ist ein langweiliges Publikum, lauter taubstumme Bulgaren!«

Nun gehörte er zu uns! So blieb es bis zum Ende der Tournee!

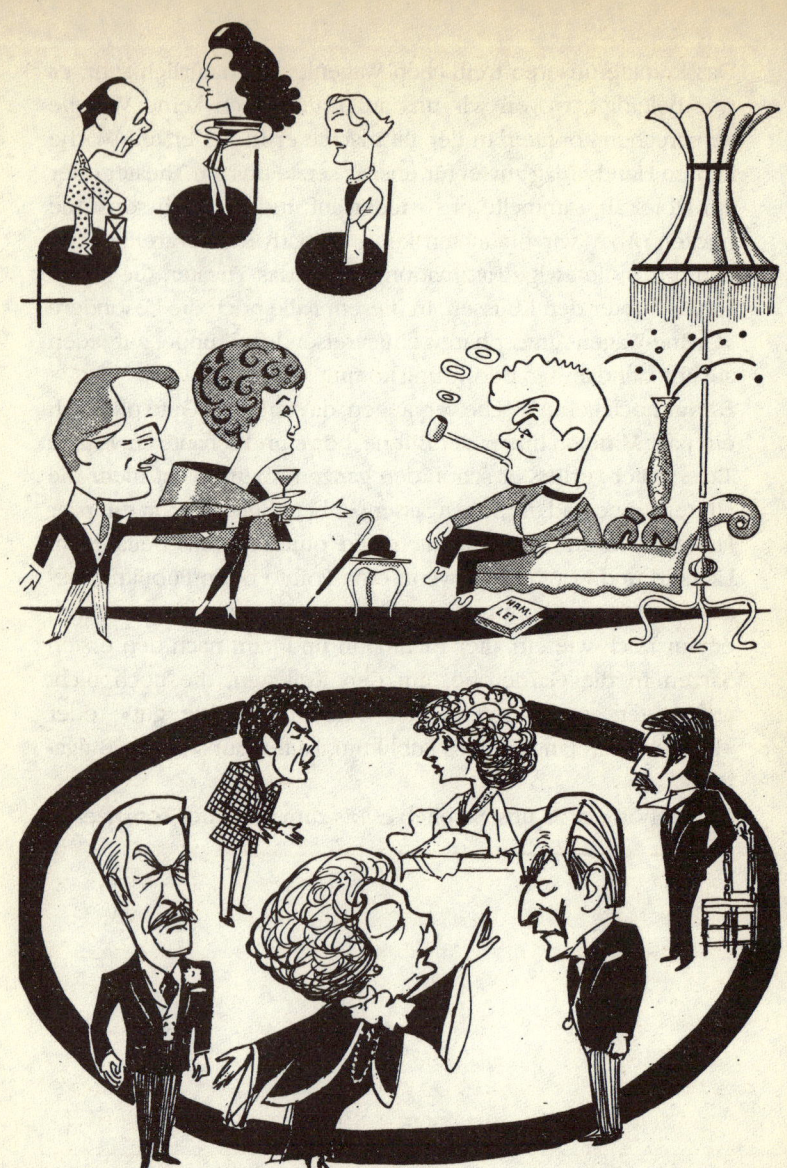

Zeichnungen zu »Bezauberndes Fräulein« von Ralph Benatzky, Berlin 1940, mit Rudolf Platte und Carola Höhn (Heinz Meyer-Mengede – Abb. oben); »Olivia« von Terence Rattigan, München 1959, mit Susanne von Almassy und Harald Dietl (Heinz Meyer-Mengede – Abb. Mitte); »Der Kreis« von W. Somerset Maugham, München 1978, mit Michael Schwarzmaier, Erika von Thellmann, Ulli Philipp, Ernst-Fritz Fürbringer und Amadeus August (Inge Auf dem Hövel – Abb. unten)

Der Grandseigneur vom Dienst

Verschiedene Blickwinkel auf eine Bühnenrolle –
»Die Försterchristl« und »Feuerwerk«

Ich glaube es war Ende 1951/Anfang 1952, da traf uns in der Kleinen Freiheit ein harter Schlag. Der Besitzer des Hauses in der Pacellistraße, eine Bank, kündigte uns, wir mußten aus dem kleinen Theaterchen ausziehen. Aber mit Hilfe von Freunden, die uns rührend unterstützten, gelang es, in der Maximilianstraße ein neues, eigenes kleines Haus zu installieren.

Ursula Herking war schon vor einiger Zeit ausgeschieden, ich spielte in dem neuen Haus noch ein Programm, in dem wir Helen Vita zum erstenmal herausstellten, dann verließ auch ich die Kleine Freiheit. Mit Bedauern, aber es mußte sein. Aufgrund meiner vielen Filmverpflichtungen konnte ich mich nicht genügend meinen »direktorialen« Pflichten widmen, wodurch Unstimmigkeiten mit Trude Kolman und ihrem Mann in bezug auf die Geschäftsführung entstanden – es war einfach besser, sich zu trennen. Oliver Hassencamp blieb noch einige Zeit dabei, dann verlegte er sich ganz aufs Schreiben und hatte als Romanautor und mit Kinderbüchern großen Erfolg (»Burg Schreckenstein«). Trude Kolman zog noch einmal in ein neues Haus um, ebenfalls an der Maximilianstraße gelegen, und verwandelte die Kleine Freiheit in ein Boulevardtheater. Als solches existiert es, unter ihrer Nachfolgerin Brigitte Raab-Kasch, noch heute.

Vor einigen Jahren spielte ich dort *Duett im Zwielicht* von Noel Coward mit Heli Finkenzeller und Maria Sebaldt. Ein ausgezeichnetes Stück, das ich schon im Winter 1971/72 mit Susanne von Almassy und Vilma Degischer auf einer großen Tournee des

Theaters in der Josefstadt durch die Bundesrepublik, Österreich, die Schweiz und Israel gespielt hatte. 1982 spielte ich das Stück nochmals, wieder auf einer Tournee, mit Lola Müthel und Ruth Pistor. Und noch ein letztes Mal im Winter 1985/86 in der Kleinen Komödie in Wien, mit Anneliese Stöckl-Eberhard und Ingold Platzer.

Das passiert bei uns Schauspielern selten, daß wir eine Rolle über fünfzehn Jahre hinweg immer wieder spielen. Das unterscheidet uns von den Opernsängern, die, wenn sie eine Partie einmal beherrschen, sie über Jahrzehnte hinweg immer wieder singen. Ich habe sonst nur noch ein Stück mit großem Zeitabstand mit zwei verschiedenen Partnerinnen gespielt: *Lady Frederick* von William Somerset Maugham im Jahr 1960 mit Hilde Krahl und im Jahr 1983 mit Winnie Markus.

Daß man in ein und demselben Stück im Lauf der Jahre, je nach Alter und Entwicklung, verschiedene Rollen spielt, ist eine reizvolle Erfahrung, die man als Schauspieler öfters macht. Auf diese Weise lernt man das Stück aus verschiedenen Blickwinkeln zu betrachten. So habe ich in dem köstlichen Stück *Spiel im Schloß* von Franz Molnár im Laufe der Zeit drei verschiedene Rollen gespielt: 1932 in Hannover den unglücklichen jungen Liebhaber Adam, 1946 an der Tribüne in Berlin den Schriftsteller Korth und 1963 an der Kleinen Komödie in München die herrliche Rolle des Almády. Ähnlich gründlich lernte ich Oscar Wildes Lustspiel *Lady Windermeres Fächer* kennen; ich spielte im Jahr 1958 an der Komödie in Stuttgart den Lord Darlington, fünf Jahre später in München für das Fernsehen den Lord Windermere und im Jahr 1981 an der Kleinen Komödie in München den Lord Augustus. Man sieht, ungeachtet meines fortgeschrittenen Alters, blieben die Lords und Grafen über Jahrzehnte hinweg an mir hängen! Ich beklage mich beileibe nicht! Es waren und sind schöne Rollen, und sie haben sicher dazu beigetragen, daß mir die Presse immer wieder den Titel eines »Grandseigneurs« verleiht. Aber zum Glück habe ich nicht nur solche Rollen gespielt, sondern eigentlich immer eine ganze Palette verschiedener Charaktere, auch aus Operetten oder Klassikern dargestellt. Und je älter ich werde, desto häufiger fallen mir Rollen aus dem komischen Fach zu, was mich sehr glücklich stimmt.

Schon vor vielen Jahren hatte ich den edlen Kaiser aus der *Försterchristl* in Berlin im Rundfunk gespielt. Aber da hieß der Held noch Joseph II., Sohn der Maria Theresia und von der Aufklärungsphilosophie geprägter Regent im letzten Viertel des 18. Jahrhunderts. Als mir nun im Jahr 1952 Günther Stapenhorst die Rolle in dem geplanten Film anbot, bewog ich ihn und den Regisseur Arthur Maria Rabenalt dazu, die Handlung in die Mitte des 19. Jahrhunderts zu verlegen und aus Joseph II. den jungen Kaiser Franz Joseph I. zu machen. Die Querelen der Habsburger mit den Ungarn, die in der Handlung eine Rolle spielen, trugen sich ja leider in beiden Jahrhunderten zu. Es waren weniger künstlerische Gründe, die mich zu diesem Kaisertausch bewegten, als vielmehr rein äußerliche. In der neuen Rolle konnte ich meinen Schnurrbart retten, der sonst der historischen Treue zum Opfer gefallen wäre, denn Joseph II. hatte nun einmal keinen Schnurrbart! Ich hatte diesen reformeifrigen Monarchen schon einmal, 1941 am Theater am Kurfürstendamm, gespielt, in dem Stück *Die Nacht in Siebenbürgen.* Damals mußte ich zu meinem großen Bedauern den Schnurrbart abnehmen. Aber als Franz Joseph I. konnte ich ihn behalten, konnte ihn sogar noch durch einen schmalen Backenbart ergänzen, der historisch übrigens als der Vorläufer des späteren großen kaiserlichen Backenbartes anzusehen ist.

Man mag es für albern und eine dumme Eitelkeit halten, daß ich so sehr an meinem Schnurrbart hänge. Aber er ist nun einmal eine Art Markenzeichen von mir, das ich seit meiner Zeit in Königsberg trage und von dem ich mich nur ungern trenne.

Das Schicksal hat mir aber die schwere Prüfung der Bartabnahme nicht ganz erspart. Ausgerechnet im Winter – Anfang 1962 – stand ich plötzlich, so fühlte ich mich jedenfalls, ganz nackt in der Welt.

Es kann kein Zufall sein, daß ich mich an den Fernsehauftritt, der mir diese Anfechtung auferlegte, partout nicht mehr erinnern kann! Es war aber eine schnurrbartlose Rolle. Vielleicht eine Strafe für mein neuerliches Tanzen auf zwei Hochzeiten? Zur gleichen Zeit spielte ich nämlich abends in der Kleinen Komödie in München in *Lady Frederick*. Der Maskenbildner in der Bavaria erbarmte sich meiner und fertigte mir für den abendlichen Auftritt einen Schnurrbart zum Ankleben. Als ich merkte, daß keiner meiner Kollegen den Unterschied von Original und Fälschung wahrnahm, kam mir eine teuflische Idee.

Hilde Krahl und ich spielten ein Liebespaar, das sich nach fünfzehn Jahren zum erstenmal sieht. Meine erste Begegnung mit Hilde Krahl in dieser Komödie war so arrangiert, daß ich sie mit dem Rücken zum Publikum erwartete. Sie sollte an der Spitze einer Gesellschaft aus dem hinteren Bühnenteil mit ausgebreiteten Armen auf mich zukommen und mich umarmen. Vor der nächsten Vorstellung unterließ ich es, den so täuschend echt geknüpften Bart anzukleben und paßte auf, daß Hilde mich vor ihrem Auftritt nicht sah, so daß sie völlig unvorbereitet mit meinem nackten Gesicht konfrontiert würde. Ich wollte ihr damit eine lustige Überraschung bereiten, aber der Effekt überstieg alle meine Erwartungen. Hilde Krahl brachte vor Lachen kein Wort mehr heraus und konnte mir in unserer Umarmung immer nur zuflüstern: »Du Schuft, du Schuft!« Dieser Kontrast zum eigentlichen Sinn der Szene reizte auch meine Lachmuskeln, bis mir siedendheiß einfiel, daß die Gesellschaft uns gleich verlassen würde und wir am Beginn einer langen Duoszene standen, in der uns niemand helfen konnte. Prustend und kichernd mogelten wir uns dann durch eine Szene, die eigentlich ganz andere Gefühlsäußerungen verlangte, und das arme Publikum wird – sofern es den Text überhaupt verstehen konnte – über unsere experimentell anmutende Interpretation nicht wenig gestaunt haben.

Dem Kinopublikum mußte ich mich nur einmal ohne mein

Markenzeichen präsentieren, das war vor dem Krieg in *Anna Favetti.* Ich spielte den Captain einer kanadischen Eishockey-Mannschaft, der »Manitoba Tigers«, wofür ich, wie schon einmal erwähnt, monatelang im Berliner Sportpalast von zwei kanadischen Cracks täglich Eishockey-Unterricht erhielt. Als nach meinem ersten Drehtag die Muster angeschaut wurden, war das allgemeine Urteil: »Unmöglich! Ein Eishockeyspieler, noch dazu ein kanadischer, kann keinen Schnurrbart haben!«

Der Bart mußte ab, und der ganze Drehtag wurde wiederholt. Im Sinne einer realistischen Rollenauffassung war diese Entscheidung sicher richtig. Ich selbst fand, daß ich im Eishockeydress und mit Schnurrbart einfach nicht echt aussah. Heutzutage dagegen dürfte man diese Rolle sogar mit Vollbart spielen.

Die Försterchristl, der Film, in dem ich meinen Schnurrbart so heroisch verteidigte, war der erste Film, den Günther Stapenhorst nach seiner Rückkehr aus der Emigration produzierte. Er war ein fabelhafter Mensch, ich habe ihn sehr gemocht, und wir waren bis an sein Lebensende die innigsten Freunde, obwohl ich nur noch einen Film in seiner Firma drehte.

Unter meinen Bekannten war er der einzige, der das nationalsozialistische Deutschland verließ, obwohl er nicht gefährdet war, weder politisch noch religiös, geschweige denn »rassisch«. Im Gegenteil, man hatte ihm den Posten eines Produktionschefs der Ufa angeboten. Aber der Kapitänleutnant Stapenhorst dankte und ging. Die Entscheidung fiel ihm sicher nicht leicht, denn die freien Länder zierten sich sehr, Emigranten aus Deutschland aufzunehmen und ihnen Existenzmöglichkeiten zu bieten. Aber er war ein Mann von kühner Entschlußkraft, was er schon als junger Kommandeur in der zusammenbrechenden kaiserlichen Marine bewiesen hatte. Nach seiner Entlassung vom Dienst charterte er ein ausgedientes Schiff und fing einen Handel mit Rußland, mit Zucker und Filz, an. Sein Partner war sein Freund Limbrecht von Schlieffen, der Russisch sprach. Sie fuhren, während der Bürgerkrieg noch tobte, bis Leningrad, mieteten sogar eine kleine Wohnung und engagierten eine Haushälterin. Allerdings wußten sie nicht, daß diese Mitglied der GPU, der Politischen Staatspolizei (heute KGB), war. Das erfuhren sie erst, als ein Taxi, das sie zum Hafen bringen sollte, bei der GPU vorfuhr. Aber durch die Russischkenntnisse Schlieffens, von denen die Sowjets zunächst nichts wußten, gelang es ihnen, sich herauszureden und immerhin mit einem Körbchen voll Schmuck, dem Erlös ihrer Handelsgeschäfte, ihr Schiff zu erreichen und Rußland zu verlassen.

Menschen, die ohne Rücksicht auf scheinbare Vernunftgründe und die Meinung der anderen, ihrem eigenen Urteil oder einfach ihrem Gefühl vertrauen und die Verantwortung ganz allein auf sich nehmen, gilt seit jeher meine Bewunderung. Man könnte solche Persönlichkeiten Maria-Theresien-Ritter-Naturen nennen, in Anlehnung an jenen österreichischen Orden, der bis 1918 an Offiziere verliehen wurde, die auf eigene Faust irgendeine militärische Aktion erfolgreich durchgeführt hatten. Sie wurden mit der Verleihung sogar in den Adelsstand erhoben. Man verwechsle aber ein solches Naturell nicht mit den Hasardeuren, den verantwortungslosen Spielernaturen, die sich in blinder Selbstüberschätzung auf Unternehmungen einlassen, denen sie einfach nicht gewachsen sind – was sie aber aus Eitelkeit niemals zugeben würden, auch nicht vor sich selbst.

Nein, der Mensch, den ich meine und bewundere, spürt in seinem tiefsten Inneren, daß er das Wagnis, worauf er sich einläßt, auch bewältigen kann. Intuitiv fühlt er, daß sein Entschluß richtig ist, auch wenn alle Umstände dagegen zu sprechen scheinen. Vor allem besitzt er die Kraft und das Konzentrationsvermögen, das auszuführen, wozu er sich, ohne lange Überlegung, nur seiner Eingebung folgend entschlossen hat. Charles A. Lindbergh, der eines Abends einfach ein paar belegte Brote einpackte, den »Spirit of St. Louis« bestieg und als erster Mensch den Atlantik von New York nach Paris überflog, ist für mich ein solches Beispiel.

Vielleicht geht meine Einstellung, wie so vieles, auf ein Kindheitserlebnis zurück. Wir wohnten damals gegenüber dem Praterkai, den kilometerlangen Verladeanlagen der Donau-Dampfschiffahrtsgesellschaft. Von unserem Fenster aus konnten wir direkt auf die Anlegestelle der Passagierdampfer blicken. Zu Pfingsten, wenn die Passagierschiffahrt eröffnet wurde, beobachteten wir jedes Jahr einen ungeheuren Andrang von Reisenden. Jedermann wollte die Feiertage zu einem Ausflug in die Wachau und an die obere Donau nutzen. Die Menschen standen bis dicht vor unserem Haus Schlange, Fiaker und Autodroschken rollten pausenlos herbei, Gepäckträger schleppten Koffer und Taschen, nervöse Leute stritten laut um ihre Plätze in der Schlange. Es war noch nicht der Wahnsinn, der heute auf den Autobahnen an Feiertagen oder am Ferienbeginn ausbricht, aber das Prinzip war dasselbe. Für uns Kinder, die wir das ganze Tohuwabohu ruhig von unseren Fenstern aus beobachteten, war es eine amüsante Unterhaltung, für die Schiffahrtsgesellschaft, also für unseren Vater, aber ein betäubender Hochbetrieb! Der fahrplanmäßige Schiffsverkehr reichte nicht mehr aus, Sonderfahrten wurden eingelegt, um den Ansturm zu bewältigen, die Schiffe drohten unter der Menschenlast zu versinken.

Einmal traf es sich, daß ausgerechnet zu Pfingsten extremes Niedrigwasser herrschte, was die Schiffahrt immer erschwert. Mein Vater kam erst später vom Dienst zurück, er hatte abgewartet, bis das letzte Schiff ausgelaufen war. Aber aus einem ruhigen Abend nach der Hektik des Pfingstverkehrs wurde leider nichts! Denn wenige Stunden später kam die Nachricht, daß ein überfüllter Dampfer auf eine Sandbank aufgelaufen war und in Schräglage festhing. Und bald darauf die nächste Hiobsbotschaft: Ein zweites Schiff war aufgelaufen. Mein Vater schickte einen im Hafen liegenden »Remorqueur«, wie damals die Schleppschiffe hießen, los, der die beiden Passagierdampfer wieder flott machen sollte. Aber die Pechsträhne riß nicht ab, und in unser banges Warten platzte die Nachricht, auch der Remorqueur sei gestrandet. Nun war guter Rat teuer! Was tun? Zwar lag noch ein starkes Frachtschiff am Kai, eine Mannschaft konnte auch noch notdürftig zusammengetrommelt werden, aber es war kein Kapitän mehr da! Mein Vater war längst wieder in seinem Büro, und meine Mutter stand am offenen Fenster und lauschte in die Nacht hinaus. Da hörte sie von unten eine Stimme: »Jetzt fahrt der Oide söwa!« (Jetzt fährt der Alte selbst.) Fast gleichzeitig kam ein Matrose von den Kaianlagen herbeigelaufen und rief noch von der Straße zu meiner Mutter hinauf: »Der Herr Oberinspektor läßt bitten um seine Dienstkappe.«

Mein Vater hatte sich also entschlossen, selbst das Kommando des Bergungsschiffes zu übernehmen. Meine Mutter fuhr entsetzt zusammen. Es mochte fünfzehn Jahre her sein, daß mein Vater zum letzten Mal ein Schiff geführt hatte. Und nun wagte er sich mit einem ihm völlig unvertrauten Schiff hinaus, mit einer zusammengewürfelten Mannschaft, die er ebensowenig kannte wie sie ihn, und das alles in undurchdringlicher Finsternis und bei ungünstigsten Wasserverhältnissen.

Uns Kinder überwältigte trotz der Spannung nach und nach die Müdigkeit, aber meine Mutter rührte sich nicht vom Fenster weg. Stunde um Stunde verging, da endlich, es wurde schon hell, rauschte das Frachtschiff mit Volldampf heran, mein Vater machte unter der Reichsbrücke wie ein übermütiger junger Kapitän »Rondeau« und legte zentimetergenau am Kai an. (»Rondeau machen« hieß damals die 180-Grad-Wende, die stromabwärts fahrende Schiffe zum Anlegen machen mußten.) Der Alte hatte es geschafft! Er hatte beide Passagierdampfer und den Remorqueur wieder flottgemacht.

Das Entsetzen meiner Mutter, als sie hörte: »Jetzt fährt der Alte selbst!«, aber auch der Anblick des Schiffes, wie es im Morgenlicht in kühner Wendung unter dem Brückenjoch hervorschoß, haben sich mir für immer eingeprägt. Ich bin sicher, daß diese Erinnerung stark in mein Faible für die Maria-Theresien-Ritter-

Naturen hineinspielt. Und natürlich auch in meine Verehrung des mutigen Günther Stapenhorst.

Doch zurück zu dem Film, der meine Assoziationskette und Abschweifung auslöste. Die *Försterchristl* war, das wußten wir alle, eine sentimentale Operettengeschichte, aber unter der Regie von Arthur Maria Rabenalt und mit einer sehr guten Besetzung, auch in den kleineren Rollen, kam ein guter und vor allem erfolgreicher Film zustande. Er wird immer wieder – ich habe das Zählen aufgegeben – im Fernsehen gezeigt, mit dem Ergebnis, daß die Stapel mit Autogrammpost unweigerlich in die Höhe schießen. Jedesmal bekomme ich rührende, begeisterte Briefe, auch von jungen Leuten. Ich gestehe ohne Hemmung, daß mich das innig freut, denn über fünfunddreißig Jahre lang so vielen Menschen Vergnügen bereitet zu haben, ist doch auch in unserm Beruf eine befriedigende Gewißheit.

Den größten Erfolg brachte der Film damals der jungen, zuvor gänzlich unbekannten Kollegin Johanna Matz aus Wien, die die Titelrolle spielte.

Sie drehte noch eine ganze Reihe von Filmen; an einem war ich auch wieder beteiligt, nämlich *Perle von Tokay*, ebenfalls einer Operette nachempfunden und 1954 in Wien unter der Regie von Hubert Marischka gedreht, dem früheren berühmten Operettentenor und langjährigen Direktor des Theaters an der Wien. Aber dann zog Johanna Matz sich ganz vom Film zurück und ging ans Burgtheater in Wien. Und dort ist sie heute noch zu bewundern.

Im Sommer 1952 drehte ich unter der Regie von Arthur Maria Rabenalt eine deutsch-italienische Koproduktion, soviel ich weiß, die erste nach dem Krieg: *Wir tanzen auf dem Regenbogen*. Der italienische Titel lautete *Senza veli* (Ohne Schleier) und rechtfertigte sich schon durch das sehr gewagte Kostüm unserer italienischen Hauptdarstellerin Isa Barzizza. Sehr gewagt für damalige Verhältnisse, heute würde man dieses Kostüm wahrscheinlich als übertriebene Vermummung kritisieren. Wir begannen mit Außenaufnahmen bei Neapel und auf Capri, und diesen Umstand benutzte ich zur ersten größeren Italienreise mit meinem ersten Nachkriegsauto.

Es war dies meine erste große Auslandsreise im eigenen Wagen. Denn vor dem Krieg konnte ich mich ja nur im Inland bewegen. Ein kleiner Trost war es gewesen, daß ich im letzten Friedenssommer, bevor die Autos für militärische Zwecke »eingezogen« wurden, meine Mutter noch einmal mit meinem eigenen Wagen spazieren fahren konnte. Ich besaß ein Kabriolett, und wenn wir mit offenem Dach langsam über die Waldstraßen ihrer niederbayerischen Sommerfrische rollten, sagte sie, das erinnere sie an die Kutschenfahrten in ihrer Jugend!

Leider konnte ich ihr diese Freude nur einen Sommer lang verschaffen. Zwei Monate später brach der Krieg aus, ich durfte meinen Wagen nicht mehr fahren, und bald wurde er beschlagnahmt. Meinen ersten Nachkriegswagen, auf den ich nicht wenig stolz war, konnte ich ihr nicht mehr vorführen.

Nun aber ging es erstmals ins Ausland, und das gleich bis in den tiefsten Süden, bis Neapel. Ein Abenteuer! Meine Frau und unsere kleine Tochter begleiteten mich. Ich hatte die Route nach einer Autokarte festgelegt, so daß wir vier Tagesetappen für die 1000 km nach Neapel brauchten. Es gab ja noch keine Autobahnen, man fuhr auf den – allerdings sehr guten – Landstraßen, überquerte den Apennin über richtige Gebirgspässe, es war anstrengend, aber man sah etwas vom Land. 1973 legte ich dieselbe Strecke in einem einzigen Tag zurück!

Wir freuten uns über die harmlose Fröhlichkeit und Freundlichkeit der Menschen, über das »Buon viaggio«, das sie uns nachriefen, wenn man sie nach einem Weg gefragt hatte. Es war alles noch nicht so kommerzialisiert wie heute, das Leben in Italien schien uns einfach und menschlich und wir genossen es wie die Kinder.

Es war Anfang August, und wir hatten noch nie etwas von

Ferragosto gehört! »Ferragosto« heißt, daß um diese Zeit ganz Italien in Urlaub fährt. Und zwar wirklich ganz Italien. Wir hatten also Quartier-Probleme, denn ich hatte kein Zimmer vorbestellt. Man war es gewohnt, wo immer man ankam, auf alle Fälle ein Zimmer zu finden. Deutsche Wagen begegneten uns unterwegs noch so selten, daß wir sie mit Hupen und Winken begrüßten! Es stand auch, Gott sei Dank, in keinem Lokal »Wurstl mit Sauerkraut« auf der Speisekarte! Italien hatte sich seine Eigenheiten noch bewahrt. Aber nach einigem Suchen kamen wir dann doch noch ganz gut unter.

In Rom erfuhr ich, daß der Drehbeginn verschoben wurde, wir konnten uns noch eine Woche irgendwo erholen. Die Filmgesellschaft versorgte uns in großzügigster Weise mit Diäten. Im Ausland, auch in Frankreich, ist man in dieser Hinsicht sehr spendabel. Übrigens: Diäten nennt man in unserer Branche nicht zu versteuernde Tagegelder, die man zum Ausgleich für die höheren Lebenshaltungskosten, Hotel- und Restaurantpreise usw. kassiert, wenn man im Ausland oder sonstwo außerhalb des eigenen Wohnsitzes arbeitet. Diese Spesen sind in anderen Ländern so großzügig bemessen, daß man wirklich bequem davon leben kann. In Deutschland hingegen reichen die Diäten meist nicht einmal für eine passable Unterkunft. Schauspieler haben leider nicht die Macht, sich wie die Politiker ihre Diäten selbst zu erhöhen.

Hochbeglückt über das Geschenk eines einwöchigen bezahlten Urlaubs hielten wir Kriegsrat über die Frage: Wohin sich wenden? Amalfi, das war ein Name, dessen weicher Wohlklang sich mir irgendwann einmal dauerhaft eingeprägt hatte. Er klang nach großer Welt und einem Schuß Romantik – nur, wo lag dieses so verheißungsvolle Örtchen? Mein Suchfinger fuhr die Landkarte rauf und runter und kam an der Küste südlich von Neapel zu stehen. Von Rom aus müßte Amalfi eigentlich in einem Tag zu erreichen sein. Gemächlich tuckerten wir los und ließen uns unterwegs reichlich Zeit. Der Abend nahte schon, als wir die letzte Etappe, eine laut Karte kurvenreiche und ans Ziel unserer Wünsche führende Straße, in Angriff nahmen. Zu meinem Unglück wußte ich nicht, daß die italienische Karthographie Steigungen nicht angibt, zumindest damals nicht. Ich staunte also nicht wenig, als die Straße unvermutet Anstalten machte, in den sich mehr und mehr verdunkelnden Himmel hinaufzuklettern, um alsbald ebenso steil in einem Abgrund zu versinken. Das wiederholte sich nun unzählige Male in kühnen Kurven, wobei natürlich der Straßenrand auch nicht so auffällig markiert war, wie es heute durch sogenannte Katzenaugen geschieht. Wir verloren uns also in endlosen Serpentinen, fürchteten schon endgültig in die Irre gefahren zu sein, als sich plötzlich nach einer scharfen Kurve tief unten ein hell erleuchteter Ort abzeichnete. Nach einer halsbrecherischen steilen Abfahrt landeten wir an der Mole im Hafen von Amalfi.

Es war schon ziemlich spät. Ich ließ meine Frau und meine Tochter am Wagen zurück und begab mich auf Quartiersuche. Zu beiden Seiten des Hafens lagen, an das steile Felsenufer herangebaut, elegante Hotels. Aber meine in einem mühsam eingelernten Italienisch vorgetragenen Fragen nach einem Zimmer wurden höflich, doch bestimmt mit nein beantwortet. Ich sah wohl auch, nach einer Tagesfahrt in glühender Hitze, nicht mehr sehr »grandseigneural« aus.

In dem Gefühl, daß wir wohl die Nacht am Hafen im Auto verbringen müßten, kehrte ich von meiner vergeblichen Zimmerjagd zurück. Aber inzwischen hatte sich ein kleines Wunder ereignet. Ein hilfsbereiter Zeitgenosse, der anscheinend unsere deutsche Autonummer erkannt hatte – die einzig deutsche am Hafen –, teilte meiner Frau in einer Mischung aus Italienisch, englischen Brocken und hie und da eingestreuten deutschen Worten mit, er hätte in seiner Pension noch ein Zimmer für uns. Allerdings sei die Pension recht hoch gelegen. »La macchina« müßte unten in einer Garage bleiben, unser Gepäck sollte mit Hilfe von ein paar Männern zu Fuß hinaufgetragen werden.

In unserer Ratlosigkeit und Müdigkeit ließen wir uns auf das Abenteuer des Aufstiegs ins Unbekannte ein. Drei Männer beluden sich mit unseren Gepäckstücken. Da in meinem Kopf alte Geschichten von Banditen und Desperados in Kalabrien spukten, verfolgte ich den Vorgang mit bangen Gefühlen. Ich selbst hob den größten Koffer auf meine Schulter, was von den Männern mit beifälligem Kopfnicken und dem Wort »Maciste« kommentiert wurde. Mir fiel ein, daß Maciste der bekannte Darsteller von Kraftmenschen im italienischen Stummfilm gewesen war, den ich als Jugendlicher in vielen Filmen Ketten sprengen und Säulen einreißen sah, und so wuchs, von Eitelkeit genährt, mein Vertrauen in unsere Begleiter. In freundlicher Stimmung begannen wir den langen Aufstieg: zwölfhundert Stufen in einem schmalen, in den Felsen gehauenen Gang. Später erklärte mir unser Wirt Don Pietro, daß Amalfi einst als sarazenisches Seeräubernest die Küste verunsicherte, und der Aufstieg so schmal angelegt worden war, daß ein einziger Mann ihn gegen viele Angreifer verteidigen konnte. Er war sehr stolz auf die wilde Vergangenheit seiner Heimatstadt und begleitete fast alles, was er mir zeigte, mit den Worten: »Tutto saracene, tutto saracene!«

Der Aufstieg war sehr mühsam, aber was uns oben erwartete, entschädigte uns völlig: frische, fast kühle Abendluft, himmlische Ruhe, im Gegensatz zu dem (für unsere italienungewohnten Ohren) Höllenlärm am Hafen, eine große Terrasse mit einem faszinierenden Ausblick auf die Bucht von Amalfi, wo Fischerboote mit einer brennenden Laterne ausliefen. Tief unter uns sahen wir die Spitze des Domes, über uns nur noch das Kreuz von Amalfi und den Sternenhimmel.

In der Pension erwarteten uns einfache, aber große und kühle Zimmer, eine köstliche Mahlzeit und süffiger Wein. Hier blieben wir eine Woche und fühlten uns wohl, auch wenn jeder Badebesuch an einem der nahegelegenen Strände zwölfhundert Stufen hinunter und auch wieder hinauf bedeuteten.

Schließlich begannen die Dreharbeiten in der Gluthitze Neapels, wo man tagsüber nur von »Caffè granit«, einem erst gefrorenen und dann zerstampften, starken schwarzen Kaffee leben konnte. Später wechselten wir für ein paar Wochen nach Cinecittà über, der Filmstadt bei Rom, und drehten den Rest in der Bavaria in Geiselgasteig bei München.

Wenige Monate darauf, im Herbst 1952, spielte ich noch in weiteren zwei Filmen unter der Regie von Rabenalt, beide Male in Wien, bei dem schon erwähnten Produzenten »Bart-Müller«: *Die Fiakermilli*, die poetisch verklärte Geschichte einer historischen Wiener Figur, die als Episode auch in *Arabella* von Richard Strauss vorkommt, und *Lavendel – eine ganz unmoralische Geschichte*. Diesen nach einem erfolgreichen Theaterstück konzipierten Film drehten wir nach einer Woche intensiver Proben chronologisch wie eine Bühnenvorstellung.

Mit *Fiakermilli* ging ich auf eine groß aufgezogene Verbeuge-Tournee durch verschiedene städtische Kinotheater. Gretl Schörg, meine Partnerin, und Lucie Englisch begleiteten mich. Wir reisten in einem Salonwagen der Bundesbahn zusammen mit der Wiener Deutschmeisterkapelle und ein paar hübschen, langbeinigen Girls. So entstand eine kleine Bühnenshow auf Rädern, Gretl Schörg sang eines ihrer Filmlieder, Lucie Englisch erzählte komische Geschichten, und ich brachte auch ein Ständchen zu Gehör, im Zweifelsfall das Fiakerlied, während die Girls die Beine schmissen und die Kapelle den Radetzky-Marsch servierte. Mir schien es zuviel Aufwand, und ich genierte mich ein wenig. Aber den Leuten gefiel es, sie erschienen zu Tausenden auf den Bahnhöfen und begleiteten uns, wenn wir in einer Droschke zum Hotel gefahren wurden. Man kann sich das heute kaum mehr vorstellen, und ich würde es selbst nicht glauben, hätte ich nicht noch einige Fotos, die diesen Jubel und diesen Kult dokumentieren. In den folgenden Jahren absolvierte ich noch einige solcher Verbeuge-Tourneen, sei es mit Hans Moser und Oskar Sima für das Remake des Films *Der Kongreß tanzt*, sei es mit Waltraut Haas, Margit Saad und Gerhard Riedmann für den Film *Der Zigeunerbaron*. Aber mit dem Niedergang von »Opas Kino« fanden diese Reisen Anfang der sechziger Jahre ihr Ende. Und jetzt, wo »Opas Filme« sich schon seit einiger Zeit wieder wachsender Beliebtheit erfreuen, nicht nur unter älteren Leuten, sondern auch bei der Jugend – jetzt sieht man die Streifen von Anno dazumal ja im Fernsehen und geht dafür nicht mehr ins Kino.

Diese Tourneeveranstaltungen liefen immer nach dem gleichen Muster ab. Es gab drei Vorstellungen. Nachdem jeweils das »ENDE« mit ausdrucksstarker musikalischer Begleitung ausgeblendet worden war, ließ man vor der Leinwand einen Vorhang herab, Scheinwerfer hellten die meist schmale Vorbühne auf, und die Hauptdarsteller traten unter dem erwartungsvollen Beifall des Publikums an die Rampe, um sich mehr oder weniger strahlend zu verbeugen. Aber diese Geste konnte natürlich auch sehr verkrampft ausfallen, wenn man das Gefühl hatte, daß der Film gar nicht so gut war oder wenn der Beifall nur sehr zögernd einsetzte. Anschließend trat der Kinobesitzer oder ein Vertreter der Verleihfirma, meist assistiert von eigens dafür ausgesuchten Platzanweiserinnen auf die Bühne und überreichte den Damen Blumen. Die männlichen Schauspieler gingen leer aus und spielten daraufhin komische Enttäuschung – als aufheiternde Zugabe fürs Publikum. Oder die Herren der Schöpfung bekamen hübsch verpackte Sekt- oder Cognacflaschen überreicht, was sie mit übertrieben freudiger Überraschung zu quittieren hatten. Nachdem der mehr oder minder intensive Beifall verrauscht war, ging man über die dunkle Hinterbühne in Richtung Garderobe, stolperte meist über irgendein unerwartetes Hindernis, und dann wurden den Damen die Blumen, den Herren die Flaschen wieder abgenommen, damit diese nach der nächsten Vorstellung abermals ausgeteilt werden konnten. Nach der dritten, der Abendvorstellung, durfte man dann Blumen und Flaschen behalten. Das Publikum und natürlich auch die Theaterbesitzer und die Vertreter der Verleihfirma nahmen es dankbar auf, wenn ein Schauspieler bei dieser Gelegenheit ein paar witzige Sätze zum Publikum sprach.

Meinen lieben Freund und Kollegen Oskar Sima, mit dem ich auch ein paarmal auf Verbeuge-Tournee war, verdroß es schon seit geraumer Zeit, daß er das überreichte Präsent immer wieder abgeben mußte, damit es noch zweimal verwendet werden konnte. Er hätte lieber jedesmal eine neue Flasche bekommen, das hätte seinem »einnehmenden Wesen« viel mehr entsprochen. Eines Abends nun, nach der dritten Vorstellung, trat er plötzlich mit einer Aufmerksamkeit heischenden Geste ans Mikrophon. Erwartungsvolle Stille kehrte ein, alles hoffte darauf, daß der große Komiker Oskar Sima nun ein paar, seinem Rollenfach entsprechende, zwerchfellerschütternde Pointen ins Publikum schleudern würde. Aber er wies nur auf die Flasche in seiner Hand und bemerkte mit einem treuherzigen Lächeln: »Ich wollt' nur sagen, das kriegen wir heut' schon zum dritten Mal!« Verblüfftes Schweigen, aber dann lang anhaltender Applaus und Gelächter.

Die entzückende Jenny Jugo, die zu ihrer großen Zeit mit Filmen wie *Pygmalion* (mit Gustaf Gründgens), *Die Nacht mit dem Kaiser, Unser Fräulein Doktor* als Star außerordentlich beliebt war, hatte anläßlich einer Tournee mit einem ihrer Filme ein sehr komisches, unvergeßliches Erlebnis. Sie hat es mir selbst erzählt. Jenny Jugo war eine reine Filmschauspielerin, hatte nie auf einer Bühne gestanden und hatte darum eine panische Angst davor, zum Publikum sprechen zu müssen. Übrigens ist es auch bei weitem nicht allen, sei es noch so erfahrenen Bühnenschauspielern, gegeben, sich in freier Rede an ein Auditorium zu wenden. Jenny Jugo war dazu einfach zu schüchtern und widersetzte sich standhaft allen Forderungen der Theaterleiter.

Einmal nun, es war in Breslau, bat und drängte man sie so hartnäckig, daß sie sich erweichen ließ, ein paar Worte an die Kinobesucher zu richten. Nachdem sie sich mit Verbeugen,

1 Mein Vater, Emanuel Schönböck, nautische Chef der Donaustrecke zwischen Regensburg und Preßburg, in der Uniform der »Donau-Dampfschiffahrtsgesellschaft«

2 Mit meinen älteren Geschwistern

3 Bei jeder Schüleraufführung machte ich begeistert mit. Meine erste Rolle war der Fortunatus Wurzel in Raimunds »Der Bauer als Millionär«.

5 Das Tor zur Bühne steht weit offen:
1930, vorm Bühneneingang des Stadttheaters Meißen . . .

6 . . . und ebenda, auf der Bühne, in
dem Antikriegsstück »Die andere
Seite« von Robert Cedric Sheriff

7 Als Franzi mit Elisabeth
Flickenschildt (rechts) und
Mine Corinth in František
Langers »Peripherie«, Deut-
sches Theater, Hannover 1932

◁ 4 Gegenüberliegende Seite
oben: Das obligatorische Klas-
senfoto aus der »Schüttel«-
Realschule in Wien. Neben
mir, in der Mitte, Hans Holt

8 In Carl Zuckmayers Seiltänzerstück »Katharina Knie« –
Stadttheater Salzburg, Dezember 1932 – waren auch meine
Muskeln gefragt. Meine Partnerin auf der Bühne, und bald
auch im Leben, war Herta Saal.

9 27 Jahre jung – und schon graue Schläfen. Aber nur für meinen ersten Ufa-Film: »Das Mädchen Irene«, 1936. Regisseur Reinhold Schünzel gibt Sabine Peters, Geraldine Katt und mir letzte Anweisungen.

10 Meine erste Szene in diesem Film hatte ich allerdings mit der herrlichen Elsa Wagner.

11 Davon konnte ein Filmneuling nur träumen: In »Das Mädchen Irene«, 1936, spielte ich neben Lil Dagover die männliche Hauptrolle.

12 In reizender Gesellschaft 1937 am Berliner Dönhoffplatz vor dem Ufa-Gebäude mit der jungen Damenriege des Films »Daphne und der Diplomat«: Waltraud von Nagelein, Manon Chaufour, Hilde Raschke, Thea Fischer und Ruth Störmer (v. l. n. r.)

13 Im selben Jahr mit meinem ersten Auto, das ich im Krieg allerdings wieder abgeben mußte. »IA« war damals das Berliner Kennzeichen.

14 Als Flugkapitän William Crossley in dem Film »Gewitterflug zu Claudia«, 1937

15 Als Diplomat Bentley steuere ich den Wagen mit Karin Hardt direkt in die Liebe. Ein Szenenfoto aus R. A. Stemmles Ufa-Film »Daphne und der Diplomat«, 1937

16 Als Kapitän einer kanadischen Eishockey-
mannschaft in »Anna Favetti« mit Gina
Falckenberg ...

17 ... und mit Mady Rahl in dem Marika-Rökk-
Film »Eine Nacht im Mai«, beide 1938

18 In der Rolle des galanten Operettentenors Trill in der »Blaufuchs«-Verfilmung mit Zarah
Leander. Die schwedische Schauspielerin wohnte während des Krieges ganz in meiner Nähe. Im
Hintergrund: Die Bademode des Jahres 1938

19 Mit Grethe Weiser in dem Filmlustspiel »Liebe streng verboten«, 1939

20 Theater in Berlin: Mit Grethe Weiser stand ich 1939 in der englischen Komödie »Mrs. Cheneys Ende« auf der Bühne des Theaters am Kurfürstendamm, ...

21 ...mit Irene von Meyendorff spielte ich in dem Lustspiel »Der Mann mit den grauen Schläfen« von Leo Lenz, Kleines Theater Unter den Linden, 1938, ...

22 ...und in Ralph Benatzkys musikalischem Lustspiel »Bezauberndes Fräulein«, Theater am Kurfürstendamm, 1940, waren Carola Höhn und Rudolf Platte meine Partner.

23 »Casanova heiratet« hieß der von Victor de Kowa inszenierte Tobis-Film aus dem Jahre 1940 – aber wen denn, Fita Benkhoff (links) oder Lizzi Waldmüller?

24 In »Der 7. Junge«, 1941, spielte ich, neben meinem Schulfreund Hans Holt, den Leutnant Ferdinand von Wangenheim.

25 Mit Hilde Sessak in dem Lustspiel »Die Nacht in Siebenbürgen«, Theater am Kurfürstendamm, 1941

26 Luise Ullrich war meine Partnerin in »Der Fall Rainer«. Dieser Film aus dem Jahre 1942 basierte auf einem Roman von Herbert Reinecker.

27 Gustav Knuth und Maria Andergast staunen mit mir um die Wette. Der Titel dieses Films, »Das große Spiel«, ist durchaus wörtlich zu nehmen: Fußballer der deutschen Nationalmannschaft von 1942 waren mit von der Partie.

28 Mit Leny Marenbach in dem Film »Die Wirtin zum weißen Rößl«, 1943, der nach einer Idee von Willi Kollo entstand.

29 »Akrobat Schö-ö-ö-ö-n!«, 1943, war Wolfgang Staudtes erster Film. In meinen Armen: Clara Tabodi

30 Als Lord Astor durchleide ich in »Titanic«, 1943, eine Schrecksekunde. Mein Partner in dieser Szene: Ernst-Fritz Fürbringer

31 Monatelang spielten wir in der Berliner Komödie in der Fasanenstraße das musikalische Lustspiel »Wollen Sie meine Frau werden?« Meine Partnerin war Gretl Schörg, Regie führte Victor de Kowa.

32 Zwischen Grethe Weiser (links) und der temperamentvollen Ungarin Margit Symo, 1944, in der musikalischen Komödie »Die letzten Fünf«

33 In »Der Verteidiger hat das Wort!« spielte ich 1944, neben dem großen Heinrich George, den Kapellmeister Jack Gillmoore.

34 Als Detektiv Bobby Dodd habe ich in »Peter Voß, der Millionendieb« mit Polly (Else von Möllendorff) offensichtlich erhebliche Schwierigkeiten.

35 Wieder eine neue Spur ... Noch einmal als Bobby Dodd in »Peter Voß, der Millionendieb«. Der Film wurde 1943/44 begonnen und erst nach Kriegsende fertiggestellt.

36 Victor de Kowa vor seiner Tribüne am Knie, heute Ernst-Reuter-Platz. Das kleine Theater war im Krieg beschädigt worden, spielte aber bereits wieder ab Juni 1945.

37 In Günter Neumanns und R. A. Stemmles Film »Berliner Ballade«, 1948, spielte ich einen Rundfunkreporter.

39 Mit der literarischen Revue »Für Erwachsene verboten« mit Texten von Axel von Ambesser, Erich Kästner, Hellmuth Krüger und Herbert Witt eröffneten wir im Oktober 1946 das Kabarett »Die Schaubude« in München. Ich bestritt die erste Nummer des Programms.   ▷

38 Als Ignaz Scheel in Zuckmayers »Katharina Knie« im Naturtheater Rehberge, Berlin 1948. Otto Gebühr spielte den alten Knie.

40 Der Geza-von-Cziffra-Film
»Höllische Liebe« bescherte
mir 1949 meine erste Aus-
landsreise nach dem Krieg –
nach Österreich und an die
Côte d'Azur. Meine Partnerin
war Elfie Mayerhofer.

41 Melancholisch, phantasie-
voll und ein wenig irre – in der
Rolle des Narren Jaques in
Shakespeares »Wie es euch
gefällt«, Naturtheater Rehberge, Berlin 1948

42/43 Für meinen Auftritt in der Kabarett-Revue »Die kleine Freiheit« schrieb mir Erich Kästner 1951 das Chanson »Prinz Karneval« auf den Leib. – Rechts oben: Fechten hatte ich ja gelernt, und Errol Flynn war mein Idol, daher machte mir die Persiflage auf Flynns Piratenfilme in der Nummer »Verbieten Sie mir, verbieten Sie mich« von Herbert Witt großen Spaß.

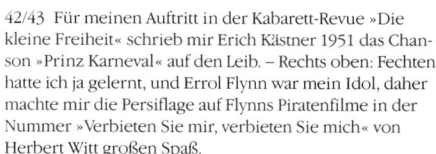

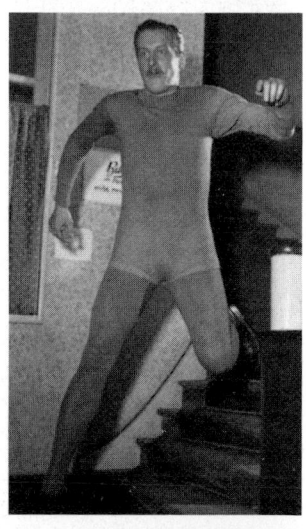

44/45 Schaff ich's noch rechtzeitig? So hetzte ich 1951 in München von der – nach dem ersten Programm benannten – Kleinkunstbühne Die kleine Freiheit zur Kleinen Komödie. Unten: Im Münchner Faschingstreiben 1951 mit Trude Kolman und Erich Kästner

46 Meine Tochter Christine beweist mir ihr Talent zum Fechten.

48 Der Bart ist ja noch dran: Als Kaiser Franz Joseph mit Johanna Matz in dem Operettenfilm »Die Försterchristl«, 1952 ▷

47 Mit sichtbarem Stolz lauschen meine erste Frau Herta Saal und ich den Tönen, die unsere Tochter dem Cello entlockt.

49 Als Dr. Robert Zogel in Arthur Maria Rabenalts Film »Die Fiakermilli«, 1953

50 Mit der »Heimkehrerin« Lilli Palmer in Kurt Hoffmanns Verfilmung der musikalischen Komödie »Feuerwerk«, 1954

51 Folgende Seite: Alles dreht sich um die Liebe in George Axelrods Komödie »Meine Frau erfährt kein Wort«, in der ich – neben Heinz Rühmann – in Berlin und München 1955 mit Hertha Feiler auf der Bühne stand. ▷▷

52 In Rudolf Noeltes Inszenierung von Schillers »Maria Stuart« spielte ich 1955 im Münchner Residenztheater den Grafen Leicester, dessen politisches Kalkül nicht aufgeht.

53 Mit den Flügeln des Götterboten: Als Merkur ging ich 1957 mit Molières »Amphitryon« auf Tournee.

54 Auch in Frank Wedekinds Szenen »Der Kammersänger« – Freie Volksbühne, Berlin 1959 – führte Rudolf Noelte Regie. Ich spielte die Titelrolle, eine meiner Partnerinnen war Gisela Mattishent.

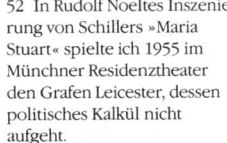

55 Eine schöne Aufgabe: Der Hauslehrer Rakitin in Iwan Turgenjews »Ein Monat auf dem Lande«,
Theater in der Josefstadt, Wien 1957

56 Ein turbulentes Trinkgelage der älteren Herren: Mit Martin Held 1962 in Rolf Thieles Filmlustspiel »Das schwarz-weiß-rote Himmelbett«

57/58 Mit Hilde Krahl in Somerset Maughams »Lady Frederick«, Kleine Komödie, München 1962 (links) und mit Klausjürgen Wussow in Julius Hays Komödie »Das Pferd«, Salzburger Festspiele 1964 (rechts)

59 Glücklich über den Erfolg der Uraufführung »Scher dich zum Teufel, mein Engel« von Claus Tinney in Berlin 1967: Neben mir der Autor, Eva-Ingeborg Scholz und Victor de Kowa.

62 Gegenüberliegende Seite oben: Mit Paula Wessely in Wolfgang Glücks Episoden-Fernsehfilm »Augenblicke« nach Franz Molnár, 1978   ▷

60/61 In Arthur Schnitzlers »Professor Bernhardi« spielte ich den Unterrichtsminister Prof. Dr. Flint am Theater in der Josefstadt, Wien 1974 (links). – Boulevard-Theater mit Niveau, wie ich es liebe: Als Weller Martin in »Gin-Rommé«, 1979 (rechts)

63–65 Unten: Mit Sonja Ziemann in Oscar Wildes
»Lady Windermeres Fächer«, Kleine Komödie,
München 1982. – Rechts: Meine Partnerinnen in
Noel Cowards »Duett im Zwielicht« waren Heli
Finkenzeller (oben) und Maria Sebaldt (unten),
Theater »Die kleine Freiheit«, München 1980

66/67 Ehrungen, auf die ich stolz bin: Das Filmband in Gold erhielt ich 1985 (links), und der Bayerische Kultusminister Hans Maier überreichte mir 1979 das Bundesverdienstkreuz Erster Klasse (oben).

68 Mit meiner zweiten Frau, Corinna Genest, spielte ich 1988 in München und in Köln die turbulente Verwechslungskomödie »Schein oder nicht Schein«. Wir haben noch viele gemeinsame Pläne.

Winken und Lächeln für den Beifall bedankt hatte, trat sie ans Mikrophon und sagte in die erwartungsvolle Stille hinein zögernd, mit leiser Stimme: »Ich freue mich so, daß ich heute bei Ihnen in Dresden sein kann!« Man hat sie dann nie mehr gedrängt, zum Publikum zu sprechen!

Der schwarze Hecht hieß ein Lustspiel von Emil Sautter, das in der Schweiz viel gespielt wurde, aber sonst wenig bekannt war, bis Erik Charell irgendwie darauf aufmerksam wurde. Er hatte schon einmal seinen untrüglichen Riecher für Erfolg bewiesen. Anfang der dreißiger Jahre bearbeitete er das alte Lustspiel *Im weißen Rößl,* ließ es von Robert Stolz und Ralph Benatzky mit Musik versehen, um es mit erstklassiger Besetzung am Großen Schauspielhaus in Berlin herauszubringen. Es wurde ein Welterfolg, nicht nur in Berlin und an sämtlichen deutschen und österreichischen Theatern, sondern auch im Ausland. Als ich 1954 drei Monate in Paris drehte, wurde am Théâtre Sarah Bernhardt *L'auberge du cheval blanc* gegeben. Als ich abfuhr, brachte das Stück immer noch die Kassen zum Klingeln. Zur gleichen Zeit lief es in London als Eisrevue und wurde auf einer Tournee durch Australien aufgeführt. Zwei Jahre zuvor hatte es Günther Stapenhorst in München verfilmt, und ich bin überzeugt, seit der Uraufführung ist kein Jahr vergangen, indem das *Rößl* nicht in irgendeinem Land der Welt gespielt wurde.

Ein solcher Knüller wurde *Der schwarze Hecht* nicht. Aber seit dieses Lustspiel mit der bezaubernden Musik von Paul Burkhard als *Feuerwerk* herauskam, brannte man dieses Feuerwerk auf vielen deutschen Bühnen ab, und seine musikalischen Bonbons, »Heut' hab ich Flügel«, »Ein Leben lang verliebt«, »Er ist mein Mann«, das Ponylied und besonders »Oh, mein Papa« wurden zu Evergreens.

Die Uraufführung fand im Mai 1950 im Staatstheater am Gärtnerplatz in München statt, mit großem Orchester und in einer richtigen Operettenaufmachung – ohne durchschlagenden Erfolg. Dann inszenierten die Münchner Kammerspiele 1952 *Feuer-werk* in einer bezaubernd duftigen, feinfühligen Inszenierung von Franz-Josef Wild, mit kleinem Orchester und lauter singenden Schauspielern, und es wurde ein Riesenerfolg. Rita Wottawa, mit der zusammen ich auf der Akademie in Wien gelernt hatte, spielte und sang die Iduna, die weibliche Hauptrolle. Die männliche Hauptrolle, den Zirkusdirektor Obolski, spielte erst Axel von Ambesser. Als Axel wegen einer Regieverpflichtung in Wien ausstieg, übernahm ich diese Rolle und spielte sie während dreier Spielzeiten. Die Kammerspiele nahmen dann das Stück wegen des großen Erfolges immer wieder in das Programm auf. Die Besetzungen wechselten dabei natürlich des öfteren. Die wichtige Rolle der Anna spielten Erni Wilhelmi und Gertrud Kückelmann, den Gärtnerburschen Gunnar Möller und der unvergeßliche Robert Graf. Aber die Iduna blieb stets Rita Wottawa vorbehalten, der Hustenonkel dem unnachahmlichen Rudolf Vogel und der Obolski mir.

1954 nahm sich die Bavaria des Stückes an und machte einen Film daraus. Kurt Hoffmann übernahm die Regie, für die Iduna wurde ein internationaler Star gewonnen, Lilli Palmer, die damit nach zwanzig Jahren zum erstenmal einen Film in ihrer Muttersprache drehte. Nach längeren Verhandlungen und nachdem eine ganze Delegation der Bavaria zusammen mit Lilli Palmer die Aufführung in den Kammerspielen besucht hatte, um mich einmal in dieser Rolle zu beobachten, engagierte man mich auch für die Filmrolle des Obolski. Eine ganze Reihe von Schauspielern unserer Kammerspiel-Aufführung wurde direkt für den Film übernommen: Rudolf Vogel, Michl Lang und Liesl Karlstadt. Für die Rolle der Anna wählte man ein junges, sechzehnjähriges Mädchen aus, die unbekannte Tochter eines berühmten Elternpaares – Magda Schneider und Wolf Albach-Retty –, die erst eine Rolle in einem Film mit ihrer Mutter gespielt hatte: *Wenn der weiße Flieder wieder blüht.* Es war Rosemarie Albach, die sich Romy Schneider nannte. Mit diesem Film wurde die Branche auf sie aufmerksam, man bot ihr eine Filmrolle nach der anderen an. Schwindelerregende Popularität erreichte sie als Sissi. Dann siedelte sie nach Frankreich um, wurde ein Weltstar und mit der Zeit eine große Charakterdarstellerin, aber kein sehr glücklicher Mensch.

Ich spielte den Obolski noch im Komödienhaus in Düsseldorf, auf einer Tournee und im Fernsehen, so daß ich mich mit dieser Rolle fast zehn Jahre hindurch befaßte, bis 1963. Als Iduna standen mir Blanche Aubry und Elsbeth von Lüdinghausen zur Seite. Aber in dieser Rolle war Rita Wottawa doch unschlagbar. Sie entwickelte gerade hier eine ganz besondere, persönliche Ausstrahlung, ein unnachahmliches Flair. Lilli Palmer spielte anfänglich sehr zurückhaltend, verständlich nach all den Jahren der Emigration und nach dem, was während dieser Jahre bei uns geschehen war. Aber bald verstanden wir uns gut und gewannen ein problemloses, kollegiales Verhältnis zueinander. Später schenkte sie mir ihr erstes Buch »Dicke Lilli, gutes Kind« mit einer reizenden Widmung.

Freitag, 29. Juli 1966
Deutsche Erstaufführung

Liebe für Liebe

Komödie in vier Akten von William Congreve
In der Bearbeitung von Robert Gillner
Inszenierung Paul Verhoeven

Bühnenbild und Kostüme Rudolf Heinrich   Musik Hermann Thieme

Sir Samson Legend, ein reicher Witwer		Wolfgang Büttner
Valentine, ein junger Lebemann	seine Söhne	Helmut Griem
Benjamin, ein Seemann		Klaus Löwitsch
Tattle, ein Beau	Valentines Freunde	Karl Schönböck
Scandal, ein Zyniker		Horst Tappert
Foresight, ein Astrologe		Hans Herrmann-Schaufuß
Mrs. Foresight, seine zweite Frau		Doris Schade
Miß Prue, seine Tochter aus erster Ehe		Claudia Lobe
Miß Angelica, seine Nichte		Gertrud Kückelmann
Mrs. Frail, Mrs. Foresights Schwester		Maria Nicklisch
Miß Prues Amme		Moje Forbach
Jeremy, Valentines Diener		Heinz Schubert
Trapland, ein Geldverleiher		E. O. Fuhrmann
Buckram, ein Advokat		Wilmut Borell
Robin, ein Diener		Klaus Titel
Jenny, eine Zofe		Kristin Jentz
Konstabler		Joachim Schneider

Die Handlung spielt in London um 1695

Aufführungsrechte Bühnenverlag Ahn & Simrock, Wiesbaden

Regieassistenz: Ulrich Heising/Paul Scholich - Inspektion: Katja Nigg - Souffleuse: Lieselotte Loderer
Arrangement des Schlußtanzes: Werner Lipowsky
Technische Leitung: Günter Härting
Bühnenmeister: Karl Gruber /Toni Lippacher - Beleuchtung: Arthur Haupt - Ton: Wolfgang Kawetzki/Georg Puppe
Requisiten: Paul Stoscheck/Franz Gattinger - Damenkostüme: Luise Pfanzelt - Herrenkostüme: Leo Günther
Masken: Rudolf Ziegler
Die Dekoration wurde in den Werkstätten der Kammerspiele unter Leitung von Alois Sippl hergestellt
Schreinerei: Johann Dorner - Schlosserei: Richard Riepold - Tapeziererei: Herbert Baumgartner - Malsaal: Alfons Ostermeier

Pause nach dem II. Akt   Premiere: 28. Juli 1966   Spieldauer zweidreiviertel Stunden

Programmzettel zu »Liebe für Liebe« von William Congreve, Münchner Kammerspiele, 29. Juli 1966

Der Schauspieler, »ein komplettes Exemplar der menschlichen Natur«

Zwischen Kino, Fernsehen und Boulevardtheater

Die fünfziger Jahre! Den Menschen von heute gelten sie schon als graue Vergangenheit. Man schilt diese Dekade rückständig, bürgerlich und muffig; man belächelt ihren Einrichtungsstil und kritisiert stirnrunzelnd die damalige politische Entwicklung. Aber für mich war diese Ära der Beginn der zweiten Lebenshälfte, der Beginn eines Lebens in einer nicht für möglich gehaltenen Freiheit, mit einer Fülle von interessanten Aufgaben. Noch im Jahr 1954, im Herbst nach dem *Feuerwerk*-Kinofilm, drehte ich meinen ersten Film in Frankreich. Günther Stapenhorst beteiligte sich an der Produktion des Films *Les fruits de l'été* (Die Früchte des Sommers) mit der großen französischen Diva Edwige Feuillière und der jungen Neuentdeckung Etchika Choureau in den Hauptrollen. Ich wurde für die deutsche Version der männlichen Hauptrolle engagiert. In der Praxis sah das so aus: Zunächst wurde eine Szene mit dem französischen Hauptdarsteller Henry Guisol gestellt, probiert und gedreht. Ich verfolgte den Ablauf aufmerksam und spielte dann die gleiche Szene vor der Kamera nach. Die französischen Kollegen sprachen ihren Text weiterhin französisch, während ich als einziger deutsch redete. Ich hatte das französische Manuskript schon Monate vorher bei Drehbeginn fast auswendig beherrscht. Man ließ mir die Freiheit, diesen Originaltext zusammen mit einem deutschen Mitarbeiter der Produktion, der schon lang in Frankreich lebte, ins Deutsche zu übersetzen und zu bearbeiten. Diese Selbständigkeit wußte ich sehr zu schätzen. Zudem waren die französischen Kollegen, vom Regisseur bis zum Beleuchter, sehr freundlich und zuvorkommend. Die in Frankreich übliche Drehzeit, von mittags 12 Uhr ohne Pause bis abends 20 Uhr, liegt für meinen Geschmack viel günstiger als die Zeiteinteilung, die man bei uns bevorzugt, nämlich von 9 Uhr früh bis abends 17 oder 18 Uhr mit einer längeren Mittagspause dazwischen. Früher verlängerte man die Drehzeit sogar bis 19 Uhr. Da man nach der Mittagspause leicht ermüdet, ist die durchgehende Arbeitszeit ohne Pause nach meiner Überzeugung viel effektiver. Und ist nicht schon der Umstand, daß die meisten weiblichen Künstler sich lieber erst mittags als schon in aller Frühe vor der Kamera präsentieren, Grund genug, die französische Drehzeit zu bevorzugen?

An drehfreien Tagen wanderte ich stundenlang zu Fuß durch Paris. Wenn ich müde war, setzte ich mich in ein Bistro oder in ein kleines Straßencafé und beobachtete die Leute, ihre Gebärden, ihre Mimik. Auf den Champs-Élysées, in den prächtigen Geschäftsstraßen und an den Ufern der Seine konnte ich endlos flanieren, bis alle Anspannung und aller Druck von mir abfielen. Später besuchte mich meine Frau für ein paar Wochen, und wir unternahmen Ausflüge in die Umgebung – es war eine wunderschöne Zeit.

Der einzige Wermutstropfen war, daß die deutsche Version des Films nie zur Aufführung kam aufgrund irgendwelcher Differenzen zwischen Stapenhorst und der deutschen Verleihfirma. Aber auch beruflich war das Zwischenspiel in Paris keine verlorene Zeit. Meine Französisch-Kenntnisse brachten mir in den nächsten Jahren eine Reihe von Angeboten ein, in französischen Kino- oder Fernsehfilmen mitzuwirken. Es waren keine großen Rollen, dafür gab es genug französische Schauspieler, aber durchweg interessante Episoden: in *Carillons sans joie* die Rolle eines deutschen Botschafters, in *Le fransiscain de Bourges*, einem Film mit Hardy Krüger in der Hauptrolle, spielte ich einen ausnahmsweise mal sympathischen deutschen Offizier, ebenso wie Jahre später in einer der Folgen der Fernsehserie *Au plaisir de dieu* nach dem bekannten Roman von Jean d'Ormesson. Mit Georg Marischka drehte ich sogar durchgehende Rollen, die Söhne von Charles Vanel in dem Film *Quartet Bestial* mit Starbesetzung: Michel Piccoli, Gérard Depardieu, Michel Auclair, Jane Birkin, Marina Vlady. Der Film erhielt in Frankreich mehrere Preise.

Ich habe mich beim französischen Film und unter den französischen Kollegen immer sehr wohl gefühlt und würde jederzeit auch die kleinste Rolle in Frankreich annehmen. Zur Überwindung der Sprachbarrieren wandte ich immer die gleiche Methode an: Sobald meine Agentur mir mitteilte, es stünde eine Rolle in einem französischen Film in Aussicht, las ich nur noch französische Literatur und hörte französische Radiosendungen. Meist fuhr ich auch ein paar Tage vor Drehbeginn nach Frankreich, um gewissermaßen schon im Training zu sein. Die Urlaube verbrachte ich ohnehin immer häufiger in Frankreich. Der »Engländer vom Dienst« zeigte Ansätze zur Gallomanie – eine erstaunliche Metamorphose, nicht wahr?

Die fünfziger Jahre waren aber auch die Zeit, in der das Fernsehen in Deutschland seinen Neubeginn feierte. Der relativ späte Start, Ergebnis alliierter Vorbehalte, konzentrierte sich auf den Nordwestdeutschen Rundfunk (NWDR) in Hamburg, der als zentraler Sender in der britischen Zone gegenüber den dezentral angelegten Sendeanstalten in der amerikanischen Zone – Bayerischer Rundfunk, Süddeutscher Rundfunk, Hessischer Rundfunk und Radio Bremen – die meisten Hörer in seinem Einzugsgebiet hatte und daher am finanzstärksten war. So konnte der NWDR seit 1950 unregelmäßig Sendungen ausstrahlen und am ersten Weihnachtstag 1952 zum regelmäßigen Programmbetrieb übergehen. Knapp zwei Jahre später wurde er vom Gemeinschaftsprogramm der in der Arbeitsgemeinschaft der Rundfunkanstalten Deutschlands (ARD) zusammengeschlossenen Landesrundfunkanstalten abgelöst. Übrigens war das kulturelle Klima in den fünfziger Jahren anfangs nicht unbedingt sehr fernsehfreundlich, viele Feuilletonisten schimpften über das neue Medium.

Meine Fernsehkarriere begann beim Südwestfunk Baden-Baden, wo ich unter der Regie von Peter Beauvais ein Stück von William Saroyan drehte, *Das Ostergeschenk*, mit Lucie Mannheim und Michael Heltau. Ich kannte Lucie Mannheim natürlich dem Namen und Renommee nach, wußte von ihren großen Erfolgen in Berlin vor der Nazizeit und von den Geschichten, die man sich von ihrer stürmischen Beziehung zu Jürgen Fehling erzählte. Sie war eine reizende Partnerin und auch privat ein sehr interessanter Mensch; im Grunde war sie immer noch eine typische Berlinerin, obwohl sie schon früh nach England emigriert war, wo sie mit ihrem Mann lebte. Während der Proben fragte sie mich in der Mittagspause regelmäßig: »Kolleje, wolln wa konditern jehn?« Sie liebte Kaffee und Kuchen über alles. Und so gingen wir immer zusammen »konditern«.

Ich arbeitete sehr viel fürs Fernsehen. Manche Kollegen hatten damals, als alles noch »live«, also ohne elektronische Aufzeichnung, gesendet wurde, große Scheu vor dem Fernsehen. Es erschien ihnen heikel, ein Stück wie auf der Bühne chronologisch durchzuspielen, aber unter Berücksichtigung genauer Kamerapositionen, ohne Souffleur und vor einem Millionenpublikum. Dadurch, daß ich jahre-, ja jahrzehntelang ständig gleichzeitig auf der Bühne und in Kinofilmen gespielt hatte, kam ich sehr schnell mit den neuen Anforderungen zurecht. Die Atmosphäre bei einer solchen Live-Sendung erinnerte mich an die erste Zeit meiner Beschäftigung bei der »Ravag«, beim Rundfunk in Wien, als auch noch alles direkt gesendet wurde. Das Bewußtsein, daß alles, was während der Aufnahmezeit gesprochen wird, aber auch jedes Geräusch, von Hunderttausenden gehört wird, daß man nichts wiederholen und nichts zurücknehmen kann, daß jeder Fehler endgültig ist, versetzte alle Beteiligten in Hochspannung. Man konnte sich nur durch Zeichen verständigen – im Fernsehen dann nur durch Zeichen hinter den drei Kameras! Der lautlose Kampf mit den kreuz und quer durch das Atelier verlaufenden Kabeln, die oft grotesken Verrenkungen, mit denen man durch das Atelier schleichen, ja manchmal kriechen mußte, im Bestreben, seine nächste Position zu erreichen, ohne von der gerade aktiven Kamera erwischt zu werden, das alles war sehr aufregend, spannend und schön. Meine letzte Live-Sendung meisterte ich 1960 in Wien. Sie galt Somerset Maughams *Finden Sie, daß Constanze sich richtig verhält?* mit Susanne von Almassy.

Erste Erfahrungen mit Fernsehaufnahmen hatte ich aber schon während des Krieges in Berlin gesammelt. In einem kleinen Studio am Reichskanzlerplatz machte der Berliner Rundfunk Versuchsaufnahmen mit diesem neuen Medium. Dorit Kreysler und ich sollten eine kleine musikalische Szene spielen. Wovon diese handelte, habe ich längst vergessen, ich erinnere mich nur noch, daß die Räume sehr eng waren und unsere Gesichter ganz weiß geschminkt wurden. Das erforderten die damaligen Aufnahmetechniken. Ich bezweifle, ob damals überhaupt schon jemand einen Apparat hatte, um solche Sendungen zu empfangen.

»Herr Noelte steht hier neben mir und erklärt, daß er die Inszenierung nicht übernimmt, wenn Sie nicht den Leicester spielen«, sagte Kurt Horwitz, damals Intendant des Residenztheaters in München, 1955 am Telefon zu mir. Ich weiß nicht, ob Noelte das wirklich gesagt hat, ich habe ihn nie danach gefragt, möchte es aber eher bezweifeln. Vielleicht wollte mich Horwitz nur etwas unter Druck setzen. Ich habe ihn auch nie mehr danach gefragt, auch nicht, als ich Jahre später – er war nicht mehr Intendant – mit ihm zusammen auf der Bühne der Münchner Kammerspiele stand. Vielleicht war es Eitelkeit, die mich daran hinderte, genauer nachzuforschen. Ich wollte wohl innerlich doch die kleine Möglichkeit erhalten, Noelte könnte es tatsächlich gesagt haben. Ich zögerte ein paar Tage mit meiner Antwort, denn für die fragliche Zeit standen mir schon zwei Filmangebote ins Haus, aber ich brauchte Geld. Ein Jahr zuvor hatte ich nämlich einen schönen Besitz in Dießen am Ammersee gekauft, für den ich immer noch Raten zahlen mußte.

Zu guter Letzt entschied ich mich doch für Rudolf Noelte und das Theater, was ich nie bereut habe. Ich hätte auch ohne das Horwitz-Noelte-Ultimatum zugesagt. Denn ich nahm dankbar jede Gelegenheit wahr, unter einem erstklassigen Regisseur zu arbeiten. Auch bei Hans Schweikart und Paul Verhoeven habe ich viel gelernt. Unter Fritz Kortners Regie spielte ich dagegen nur eine Episode in dem Film *Die Stadt ist voller Geheimnisse*. Er war wohl der erste oder einer der ersten, die sich für die Probe eines Stücks sehr, sehr viel Zeit nahmen. Inzwischen sind an den großen subventionierten Theaterhäusern Probezeiten bis zu einem halben Jahr nichts Ungewöhnliches mehr, und es fallen sogar Vorstellungen wegen Proben aus, was früher undenkbar gewesen wäre. So schlimm war es bei Kortner noch nicht, aber immerhin behauptete auch er, drei Monate Probezeit sei das Minimum für eine gute Inszenierung.

Es gibt da eine schöne Geschichte, die mir Alexander Francke, Besitzer des Tournee-Theaters »Der grüne Wagen«, erzählte. Kortner – Schauspieler, Regisseur und Schriftsteller in einer Person – hatte ein Stück geschrieben, und Francke war bereit, es auf einer längeren Tournee aufzuführen. Das war Kortner sehr angenehm, er wollte es aber unbedingt selbst inszenieren. Daraufhin erklärte ihm Francke: »Herr Kortner, ich würde mich sehr freuen, wenn Sie Ihr Stück selbst inszenieren. Aber ich bin kein subventioniertes Theater, ich bin ein Privatunternehmen. Proben können bei mir nur vier Wochen dauern, mehr kann ich mir nicht leisten.« Daraufhin entgegnete ihm Kortner, nach einem Verschwörerblick in die Runde: »Na gut! Es darf sich aber nicht herumsprechen!«

Es wurde aber auch mit vierwöchiger Probe eine glänzende Inszenierung. Ich habe Fritz Kortner in diesen Jahren öfter getroffen. Er war, was man vielleicht, wenn man ihn nur flüchtig kannte, nicht vermutet hätte, ein Mann von sehr viel Humor und schlagfertigem Witz. Er besaß jenes Maß an Selbstironie, das mir immer Sympathie einflößt. Allerdings hat Kortner mich einmal, ohne es zu ahnen, viel Geld gekostet.

Schweikart, seinerzeit Direktor der Münchner Kammerspiele, bot mir eine Rolle in dem Stück *Der Lampenschirm* von Curt Goetz an. Der Verwaltungsdirektor, der mit mir über die Gage verhandelte, fragte mich, welche Form der Bezahlung mir lieber sei, Vorstellungshonorar oder monatliche Pauschale? Ich dachte mir, an einem Repertoiretheater von der Art der Münchner Kammerspiele wird ein Lustspiel von Curt Goetz doch nicht so oft laufen wie an einem Boulevardtheater, das en suite spielt. Daher entschied ich mich für eine monatliche Pauschale. Zu meinem Unglück hatte ich dabei nicht bedacht, daß das darauffolgende Stück von Fritz Kortner inszeniert wurde! Die Proben zogen sich immer länger hin, die Premiere wurde immer weiter hinausgeschoben, so daß wir den *Lampenschirm* fast jeden Tag spielten! Und ich hatte nur meine monatliche Pauschale!

Auch mein erstes Gastspiel am Theater in der Josefstadt in Wien fiel in die fünfziger Jahre. Ich war sehr stolz und glücklich, ein Angebot von diesem berühmten, traditionsreichen Haus zu bekommen, das unter Max Reinhardt in den zwanziger und dreißiger Jahren eine Blütezeit erlebt hatte. Als Max Reinhardt 1938 in die USA emigrierte, wurde das Theater von Heinz Hilpert und Hans Thimig in seinem Sinne weitergeführt, bis mein früherer Klassenkamerad Rudolf Steinboeck die Leitung übernahm. Als ich am Theater in der Josefstadt auftrat, war wieder ein alter Bekannter von mir Direktor: Franz Stoß, den ich aus meiner Zeit an der Wiener Akademie kannte.

Ich spielte den Rakitin in *Ein Monat auf dem Lande* von Turgenjew, mit Hilde Krahl und Helmut Lohner in den Hauptrollen. Regie führte Pjotr Scharoff, ein alter russischer Regisseur, der noch unter Stanislawski am Moskauer Künstlertheater gearbeitet hatte und nun schon lange in Italien lebte. Dieses 1898 gegründete Künstlertheater war für seine geradezu fanatische Wirklichkeitstreue bekannt: Vor einer Aufführung von Shakespeares *Julius Caesar* schickte man die Dekorationsmaler nach Rom, vor einer Ibsen-Inszenierung ließ man Möbel aus Norwegen kommen. Wenn ein Darsteller einen Einsamen spielte, riegelte ihn Stanislawski wirklich von der Außenwelt ab, und historische Kostüme trugen die Schauspieler vor der Premiere wochenlang, damit sie sich auf der Bühne wie selbstverständlich in ihnen bewegten. Ganz so wirklichkeitsversessen arbeiteten wir nicht, aber wir probten auch sehr intensiv und – für die Verhältnisse unseres Theaters – auch sehr lange. Ich glaube, sieben Wochen. Und als wir einmal darüber sprachen, daß bei Stanislawski die Proben für ein einziges Stück oft ein halbes Jahr beansprucht hätten, sagte Scharoff in seinem einschmeichelnden, weichen Russisch-Deutsch: »Mussen verstähen! Sind Ruuuussen! Ruuuussen sind langsam, brauchen lange. Leute im Westen viel schneller. Mussen nicht so lange probieren.« Er war ein sehr lieber, freundlicher, anhänglicher Mensch.

Ein paar Jahre später spielte ich wieder mit Hilde Krahl an der Kleinen Komödie in München. Das hatte er wohl gehört und schrieb jedem von uns eine Karte mit der Anrede »Meine liebe Natalja«, »Meine liebe Rakitin«. Dabei mußte Scharoff viel Geduld für mich aufbringen, denn ich habe mich mit der Rolle sehr schwer getan. Turgenjews Rakitin ist ein nobler und kluger Mann, dessen Liebe von der mit einem Gutsbesitzer verheirateten Natalja nicht recht erwidert wird, und der daher vorsorglich das Weite sucht. Eine flirrende Gefühlswelt zwischen Melancholie und Ironie färbt diese aus mehrfach sich überkreuzenden Liebesbeziehungen gehäkelte Komödie, in dessen Atmosphäre hineinzufinden einige Mühe kostete.

Anton Edthofer, der bezaubernde, wunderbare Schauspieler, den ich einige Tage vor der Premiere traf, sagte mir zwar entmutigende, aber doch sehr wahre Worte: »Ich hab' gehört, Sie spielen den Rakitin. Den hab' ich auch einmal gespielt. Die erzählen Ihnen, das is a gute Rolle. Aber das is a fader Kerl!« Er wollte mir sicher nicht die Courage nehmen, denn er war ein wunderbarer Kollege, es war nur seine direkte Art. Und er hatte recht. Dieser Rakitin war im Grunde eine fade Rolle: bedeutend, sehr schwierig, aber ohne leichte Wirkungsmöglichkeiten. Ich kniete mich dennoch hinein und wurde damit belohnt, daß Helene Thimig, die Witwe Max Reinhardts, mir nach der Generalprobe sagte, daß ich gut gewesen sei. Das Urteil von Kollegen, wenn es ehrlich ist, bedeutete mir immer mehr als jede andere Kritik.

Die Proben zu *Maria Stuart* am Residenztheater in München dauerten schätzungsweise sieben Wochen, wobei wir oft bis in die Abendstunden probierten. Es war für mich eine sehr fruchtbare Zeit unter der Regie von Rudolf Noelte, und ich hatte wunderbare Kollegen: Agnes Fink als Maria, Anne Kersten als Elisabeth, Ernst-Fritz Fürbringer als Burleigh, Heinrich Schweiger als Mortimer. Aus dieser Zusammenarbeit ergab es sich dann auch, daß ich mit Ernst Ginsberg den Philinte im *Misanthrop* von Molière spielte, einige Jahre später den Cléante im *Tartuffe* bei den Salzburger Festspielen und wie schon früher erwähnt, die Titelrolle im *Kammersänger* von Wedekind unter Noelte an der Volksbühne in Berlin.

Nach einem Gastspiel in Wien, an den Kammerspielen des Theaters in der Josefstadt, in dem Stück *Das Prinzip* von Hermann Bahr, das der Sohn Arthur Schnitzlers, Heinrich Schnitzler, inszenierte, nahm ich 1958 das Angebot an, in der Kleinen Komödie in München *Intimitäten* von Noel Coward zu spielen, mit Gundel Thormann als Partnerin. Das war der Anfang einer Serie von Stücken, die ich über Jahrzehnte hinweg in München spielte, zuerst am alten, dem heute so genannten Kleinen Haus, und dann ab 1962 abwechselnd am Großen Haus der Kleinen Komödie im Hotel Bayerischer Hof und im alten Haus am Max-II-Denkmal. Oscar Wilde, Somerset Maugham, Noel Coward,

Terence Rattigan, aber auch Franzosen, Barillet/Grédy, Bricaire/Lasaygues (ich weiß nicht, warum die Franzosen so oft zu zweit schreiben) – das waren die Autoren, die ich hauptsächlich spielte und spiele. Deutsche oder deutschsprachige Autoren auf dem Gebiet der leichten Unterhaltung treten seit dem letzten Krieg ja kaum noch hervor. Curth Flatow, dessen Stück *Romeo mit grauen Schläfen* ich in Bonn, Berlin und auf Tourneen gespielt habe, und Horst Pillau sind die Ausnahmen. Ich bedaure das sehr, denn für den Schauspieler ist es nicht schön, immer nur Übersetzungen zu spielen. Ich lasse mir darum, wann immer es geht, die Originale der englischen, amerikanischen oder französischen Stücke kommen und übersetze und bearbeite mir meine Texte selbst. Die Übersetzer kennen die Sprachen sicher viel besser als ich, aber – sie mögen mir bitte verzeihen – sie haben kaum je einen modernen Dialog auf der Bühne gesprochen. (Mit Ausnahme von Charles Regnier und Christian Wölffer natürlich.) Die Übertragungen ins Deutsche wirken zwar korrekt, aber es mangelt ihnen oft an Bühnenwirksamkeit, weil viele Pointen durch eine nur korrekte Übersetzung verloren gehen. Eine große Ausnahme hätte ich fast vergessen: Hans Weigels geniale Molière-Übersetzungen. Das sind keine Übersetzungen, das sind Nachdichtungen, die zu sprechen ein reines Vergnügen ist.

Anfang der sechziger Jahre ging für mich die Zeit der großen Filmrollen zu Ende. Ich spielte noch in *Durch die Wälder, durch die Auen*, einem Film über eine Episode aus dem Leben des Komponisten Carl Maria von Weber, mit Eva Bartok und Peter Arens. Ich hatte bis dahin in achtzig bis hundert Filmen Hauptrollen gespielt, was kann man mehr verlangen! Die Zeit der industriellen Filmproduktion durch große Konzerne, die mindestens ein Jahr vorausplanen, war vorbei. Übrigens, nicht nur bei uns. (Eine Ausnahme bilden Indien und die Ostblockstaaten, wo die Filmindustrie in den Händen des Staates liegt.)
Eigentlich konnte dieser Niedergang nicht überraschend sein.

Von der Qualität vieler Filme ganz abgesehen, muß man berücksichtigen, daß der deutsche Film ja nur noch ein erheblich reduziertes Einspielgebiet hatte. Wenn man bedenkt, wo vor dem Krieg überall deutsche Filme gespielt wurden! Nicht nur im gesamten damaligen Deutschen Reich, sondern auch in Österreich, der Tschechoslowakei, Ungarn, im Baltikum, in Skandinavien und in Holland. Willy Fritsch hat mir eine Filmaufnahme gezeigt, die er selbst gemacht hat, als eine nach Tausenden zählende Menge ihn und Lilian Harvey in Stockholm begrüßte.

Ein weiterer Grund für die Krise des deutschen Kinos waren und sind die Herstellungskosten; sie sind immens gestiegen und liegen mittlerweile so hoch, daß es einfach nicht mehr möglich ist, einen Film zu produzieren, der innerhalb des eigenen Landes die Kosten einspielt, geschweige denn einen Gewinn abwirft. May Spils und Werner Enke haben mit *Zur Sache, Schätzchen* einen großen Wurf gemacht, der die Karriere von Uschi Glas begründete. Aber schon ihr nächster Film, in dem auch ich eine Episode spielte, konnte diesen Erfolg nicht mehr wiederholen. Deutsche Regisseure, besonders Regisseusen, und Produzenten, haben in den letzten Jahren erfreulicherweise wieder Erfolg im Ausland erzielt. Aber das waren durchweg Einzelleistungen begabter Individualisten mit besonderer Initiative. Die Zeit der herkömmlichen Filmindustrie ist vorbei.

Glücklicherweise war ich ja kein reiner Filmschauspieler. In einigen Filmen spielte ich noch einige kleinere Rollen und Episoden, aber Theater, Fernsehen und Tourneen wurden nun wichtiger für mich. Dem Boulevardtheater galt mein besonderes Interesse. In den beiden Häusern der Münchner Kleinen Komödie, in der Komödie im Marquardt in Stuttgart, in dem Theater am Dom in Köln, in der Komödie in Düsseldorf, den Kammerspielen in Hamburg, der Kleinen Komödie in Wien fand ich meine künstlerische Heimat. Aber daneben gastierte ich weiter am Theater in der Josefstadt in Wien, übernahm

Rollen in Stücken wie *Professor Bernhardi*, *Vier Zimmer zum Garten*, *Eine Villa in Nizza*, *Der Nerz* usw.

Mit besonderem Vergnügen trat ich einige Sommer lang bei den Gartenfestspielen im Park von Herrenhausen in Hannover auf. Ich bin eigentlich kein Anhänger des Freilichttheaters und neige eher der Ansicht von Josef Kainz zu, der einmal geäußert haben soll: »Es gehört für einen Schauspieler ein ungeheurer Mut dazu, sich neben einen lebendigen Baum zu stellen.« Aber das Gartentheater von Herrenhausen ist für mich etwas ganz Besonderes. Diese Stätte ist keine zweckentfremdete Schloß- oder Kirchentreppe, keine romantische Ruine, sondern schon in ihrer Entstehungszeit im 18. Jahrhundert als Theater im Freien gebaut worden. Die Akustik ist ausgezeichnet, die Bühne bietet viele Möglichkeiten, und durch die Parklandschaft entsteht eine unverwechselbare Atmosphäre. Schließlich erspart diese Bühne dem Schauspieler das Ärgernis, bei überraschenden Regenschauern die Rolle triefendnaß zu Ende spielen zu müssen. Da man jedesmal die Dekoration – in etwas kleinerem Maßstab – im Galeriegebäude mit aufbaut, sind Zuschauer und Akteure von den Launen der Natur unabhängig.

Hier spielte ich drei Sommer lang männliche Hauptrollen, den Junggesellen Arnolphe in *Schule der Frauen*, den Jupiter in *Amphitryon* – beides Komödien von Molière –, und schließlich den Astragalus in Ferdinand Raimunds *Alpenkönig und Menschenfeind*, der mir aus meiner Zeit an den Münchner Kammerspielen vertraut war. Ich erinnere mich noch lebhaft an zwei lustige Effekte.

Der Zuschauer kann im Gartentheater die Bühne bis zum Fond überblicken, bis zu einer dichten Hecke, die die Bühne gegen den Park abschließt. Die notwendige Verbindung zwischen den beiden Seiten der Bühne stellt jedoch ein unterirdischer Gang im hinteren Drittel her. Wenn ich nun als Alpenkönig dem Menschenfeind Rappelkopf auf der linken Seite erschienen und wieder verschwunden war, lief ich, so rasch ich konnte, durch den Gang auf die andere Seite, um ihm dort nach wenigen Sekunden abermals drohend entgegenzutreten. Für das Publikum, das von der Existenz dieses Tunnels nichts ahnte, war mein plötzliches Auftauchen auf der anderen Bühnenseite eine unerklärliche Überraschung. Die Zuschauer staunten über dieses wundersame Treiben, das mir viel Spaß machte.

In seinem *Amphitryon* legt Molière dem Jupiter eine große Schlußrede in den Mund. Für diese Szene wurde ich auf einer kleinen Plattform, wie man sie sonst für Arbeiten an Hochspannungsleitungen einsetzt, in der Dunkelheit emporgezogen. Der untere Teil des Gerätes war mit Wolkenkulissen abgedeckt, so daß es, sobald die Scheinwerfer sich auf mich richteten, tatsächlich so aussah, als schwebte ich in den Wolken! Schwierig wurde es nur, sobald die Scheinwerfer nach meiner Rede wieder abgeschaltet wurden. Wenn es auf einen Schlag finster wird, sieht man bekanntlich rein gar nichts. Ich mußte aber so schnell wie möglich wieder auf der Erde landen, denn was wäre die Schlußapotheose an der Rampe ohne den erhabenen Himmels- und Wettergott! Da meine Plattform in der Luft immer hin- und hergeschwankt hatte, gab es für mich in der Dunkelheit keinen Anhaltspunkt, ob die Plattform schon wieder hinabgelassen wurde oder nicht. Ich rief also leise und ängstlich zu dem Bühnenmeister, der unten die ganze Aktion leitete: »Günther, Günther, fahr ich schon runter?« Bis mir endlich seine Stimme aus beruhigender Nähe antwortete und ich das letzte Stück hinunterklettern konnte.

Die Stücke, mit denen ich auf Tournee ging, waren in der Hauptsache Boulevardstücke. Es ist ja seit langem eine Entwicklung eingetreten, die ich nicht begrüße, die aber, wie die meisten Entwicklungen, wohl einfach nicht aufzuhalten waren. Die großen subventionierten Bühnen geben sich nicht mehr mit Unterhaltung, mit leichten, heiteren Stücken ab, und die sogenannten

Boulevardtheater können es nicht riskieren, auch einmal ein ernstes Problemstück zu spielen, weil ihr Publikum da nicht mitmacht. Früher war der Spielplan der Theater viel bunter gemischt, aber die allgemeine Tendenz zur Spezialisierung hat auch vor unseren Bühnen nicht haltgemacht. Diese rigorose Trennung zwischen der ernsten und der leichten Muse führt leider dazu, daß ein Schauspieler, der ein paarmal an Boulevardtheatern gespielt hat, von jedem Staats- oder städtischen Theater gemieden wird und umgekehrt. Das stimmt mich sehr traurig, sollte doch für jeden Schauspieler gelten, was Schopenhauer so schön in Worte gefaßt hat:

»Die Aufgabe eines Schauspielers ist, die menschliche Natur darzustellen in tausend höchst verschiedenen Charakteren, diese alle jedoch auf der gemeinsamen Grundlage seiner ein für allemal gegebenen und nie ganz auszulöschenden Individualität. Dieserwegen nun muß er selbst ein tüchtiges und ganz komplettes Exemplar der menschlichen Natur sein, am wenigsten aber ein so defektes oder verkümmertes, daß er, nach Hamlets Ausdruck, nicht von der Natur selbst, sondern von einigen ihrer Handlanger verfertigt zu sein scheint. Zu einem guten Schauspieler gehört:

1. Daß er ein Mensch sei, der die Gabe hat, sein Inneres nach außen kehren zu können.

2. Daß er hinreichend Phantasie habe, um fingierte Umstände und Gegebenheiten so lebhaft zu imaginieren, daß sie sein Inneres erregen. Und

3. Daß er Verstand, Erfahrung und Bildung in dem Maße habe, um menschliche Charaktere und Verhältnisse gehörig verstehen zu können.

Jeder wirkliche, leidenschaftliche Schauspieler kennt, wenn er sein Metier beherrscht, was ich gerne – halten zu Gnaden – das königliche Gefühl des Schauspielers nenne: Daß er nur den Atem anzuhalten braucht, und fünfhundert oder tausend Menschen da unten halten ihn auch an, so daß man einige Sekunden lang eine Stecknadel fallen hören könnte. Er kennt das triumphale Glücksgefühl, schon mit einem leisen Laut, einem Blick, mit einem Augenzwinkern im nächsten Moment einen Lachsturm auslösen zu können. Das kann man, wenn man es kann, auf der Bühne eines Boulevardtheaters ebenso wie auf der eines Staatstheaters auskosten. Wobei man nie die Worte Hamlets an die Schauspieler vergessen sollte:

»Seid so gut und haltet die Rede, wie ich sie Euch vorsagte, leicht von der Zunge weg. Denn wenn Ihr den Mund so voll nehmt, wie viele unserer Schauspieler, so möchte ich meine Verse ebenso gern von dem Ausrufer hören. Sägt auch nicht zu viel mit den Händen durch die Luft, so, sondern behandelt alles gelinde. Denn mitten in dem Strom, Sturm und wie ich sagen mag, Wirbelwind Eurer Leidenschaft, müßt Ihr Euch eine Mäßigung zu Eigen machen, die ihr Geschmeidigkeit gibt. Oh, es ärgert mich in der Seele, wenn solch ein handfester, haarbuschiger Geselle eine Leidenschaft in Fetzen, in rechte Lumpen zerreißt, um den Gründlingen im Parterre in die Ohren zu donnern. Oh, ich möchte solch einen Kerl für sein Bramarbasieren prügeln lassen! Er übertyrannt den Tyrannen. Ich bitte Euch, vermeidet das! – Seid aber auch nicht allzu zahm, sondern laßt Euer eignes Urteil Euren Meister sein: Paßt die Gebärde dem Wort, das Wort der Gebärde an. Wobei Ihr sonderlich darauf achten müßt, niemals die Bescheidenheit der Natur zu überschreiten. Denn alles was so übertrieben wird, ist dem Vorhaben des Schauspielers entgegen, dessen Zweck von jeher war, ist und bleibt, der Natur gleichsam den Spiegel vorzuhalten. Der Tugend ihre eigenen Züge, der Schmach ihr eignes Bild und dem Jahrhundert und Körper der Zeit den Abdruck ihrer Gestalt zu zeigen. Wird dies nun übertrieben oder zu schwach vorgestellt, so kann es zwar den Unwissenden zum Lachen bringen, aber den Einsichtsvollen muß es verdrießen. Und der Tadel von einem, muß in Eurer

Schätzung ein ganzes Schauspielhaus voll von Andern überwiegen.«

Ich spielte und spiele also hauptsächlich, was man Boulevardstücke nennt. Einige Male bekam ich Texte in die Hand, die nicht nur die üblichen Themen dieses Genres behandelten, sondern mehr Tiefgang hatten. Solche Rollen spielte ich dann besonders gern. Da war das schon erwähnte *Duett im Zwielicht* von Noel Coward, die Geschichte eines weltberühmten Autors, der nach Jahrzehnten – durch eine frühere Geliebte – mit seinem menschlichen Versagen, mit dem herzlosen, feigen Verhalten in seiner Jugend konfrontiert wird. Ähnlich anspruchsvoll fand ich *Gin-Rommé*, die Geschichte von zwei alten Leuten in einem schäbigen Altersheim, beide Versager im Leben, die sich gegenseitig etwas vormachen, was fast mit Mord und Totschlag endet.
Anläßlich der Premiere des Stückes in Frankfurt passierte Anfang 1979 etwas sehr Komisches. Der Autor Donald L. Coburn war aus Amerika gekommen, um die Premiere mitzuerleben. Meine Tochter war mit ihrem italienischen Mann aus Florenz angereist. Nun spricht mein Schwiegersohn nicht Deutsch, aber fließend Englisch, weil er jahrelang in London gelebt hat. Ich gab ihm also das Originalmanuskript zu lesen, damit er sich schon einen Eindruck von dem Stück machen konnte.
In der Premiere wies man dem Autor einen Platz in der ersten Reihe an, zufälligerweise neben meinem Schwiegersohn. Aber die beiden kannten einander natürlich nicht. Nach der Pause nun war der Platz des Autors leer! Unser Regisseur bemerkte das – während ich diese Veränderung von der Bühne aus zum Glück nicht sehen konnte – und erschrak zutiefst, denn er dachte, dem Autor hätte die Vorstellung so sehr mißfallen, daß er sie nicht mehr ertragen konnte. Aber den Schriftsteller hatte etwas ganz anderes vertrieben. Als er nämlich sah, daß der Besucher neben ihm ein Manuskript in der Hand hielt und hie und da einen prüfenden Blick hineinwarf, dachte er, man hätte ihn neben den

schärfsten Kritiker von Frankfurt gesetzt. Diese Nachbarschaft machte ihn so nervös, daß er es nicht mehr auf seinem Platz aushielt und sich nach der Pause ein Plätzchen in der letzten Reihe suchte.

Als wir uns dann nach der Vorstellung alle trafen und ich Coburn mit meinem Schwiegersohn bekannt machte, lösten sich alle Mißverständnisse in ein befreiendes Gelächter auf.

Ich mischte weiterhin auch in musikalischen Produktionen mit. Am Theater an der Wien mit Marika Rökk in dem Musical *Hello, Dolly!* und in einer Verfilmung der *Csárdásfürstin* von Emmerich Kálmán im Rahmen einer ungarisch-englisch-deutschen Koproduktion. Wir drehten teils in Budapest, teils in der schönen alten Bischofsstadt Veszprém am Plattensee. Der Film war als Kinofilm für Ungarn und England gedacht und als Fernsehfilm für Deutschland und Österreich. Neben den ungarischen Kollegen spielten Anna Moffo, René Kollo, Dagmar Koller und ich. Regie führte der Ungar Miklós Szinétár. Wir drehten in deutsch und englisch, hatten auch einen deutschen und englischen Dialogregisseur. Die ungarischen Kollegen sollten ihre Texte auch auf deutsch und englisch sprechen, was ihnen recht schwerfiel. Aber wichtig war eigentlich nur, daß die Mundbewegungen annähernd stimmten, denn der ganze Film wurde in Berlin in englisch und deutsch nachsynchronisiert. Wobei ich die Genugtuung hatte, daß ich den Fürsten Leopold auch auf englisch sprechen durfte.

Als Österreicher fühlte ich mich in Ungarn fast wie zu Hause. Die ungarischen Kollegen waren besonders liebenswürdig, entgegenkommend und gastfreundlich. Das galt auch für die Techniker, die Kameraleute, Beleuchter und Bühnenarbeiter, deren gute Laune uns beflügelte. Während der Mittagspause boten sie mir zuweilen Paprikaspeck, Brot und Wein an. Ihr Deutsch, sofern sie es beherrschten, weckte in mir Erinnerungen an die ungarischen Besucher und das Dienstmädchen im Hause meines

Vaters. Wenn ich die paar Brocken Ungarisch, die ich mir vor der Fahrt nach Budapest angelernt hatte, ins Gespräch einfließen ließ, so lobten sie mich für meine gute Aussprache, was mich mit kindlichem Stolz erfüllte.

An drehfreien Tagen fuhr ich mit dem Wagen oft zum Plattensee oder in den Norden, in die Ausläufer der Karpaten, und es war interessant festzustellen, wie noch heute im Bewußtsein der Ungarn, in ihren Denkmälern und Wandgemälden, die Erinnerung an die lange Türkenbesetzung fortwirkt. In alten Städten, etwa Eger im Karpatenvorland, findet man noch Barockkirchen neben Minaretten. Auch Gödöllö östlich von Budapest wollte ich besuchen, das Lieblingsschloß der Kaiserin und Königin Elisabeth. Aber man durfte das Barockgebäude nicht betreten, es diente mittlerweile als Altersheim, und im Park lagerten russische Geschütze. Sonst spürte man in Ungarn von den Sowjets oder überhaupt von dem Regime nur sehr wenig. Nach dem gescheiterten Aufstand von 1956 haben die Ungarn es verstanden, sich in das Unabänderliche zu fügen und trotzdem ihr eigenes Leben zu leben.

In der Kunst, das Leben in vollen Zügen zu genießen, waren sie seit jeher sehr beschlagen, die Ungarn. Als wir 1937 in Berlin den *Blaufuchs* aufführten, kam Ferenc Herczeg, der Autor, aus Budapest zur Premiere. Er war ein eleganter, charmanter, humorvoller Mann, der, wie damals alle älteren gebildeten Ungarn, fließend Deutsch sprach. Wir saßen nach der Vorstellung noch lange bei Peltzer zusammen – neben Horcher in jenen Jahren das beste Berliner Restaurant. Dabei kamen wir auch auf das Phänomen zu sprechen, daß in Ungarn, besonders in Budapest, ein so »flottes« Leben herrschte, obwohl es dem Lande doch wirtschaftlich eigentlich gar nicht so gut ging. Ungarn war durch die Friedensverträge 1918/19 stark beschnitten worden und hatte wertvolle Gebiete des Reichsgebietes verloren. Große Teile der Bevölkerung lebten gezwungenermaßen unter fremden Regierungen, allein zwei Millionen Ungarn in Rumänien, Tausende in der

Tschechoslowakei. Poson/Preßburg, die frühere ungarische Krönungsstadt, hieß nun Bratislava und war die Hauptstadt der Slowakei. Ungarn erging es wie Österreich, wo ebenfalls in langen Zeiträumen gewachsene wirtschaftliche Strukturen zerfielen. Woher also das aufwendige, übermütige Leben in Budapest? Da antwortete Herczeg mit einem überlegenen, weisen Lächeln: »Schaun Sie, in Budapest hat jeden Tag irgend jemand tausend Pengö! Und die gibt er aus!«

Den Jahreswechsel 1959/60 erlebte ich in Berlin. Das Theater ließ mich nicht los! Aber auch das Fernsehen meldete sich bei mir, und 1962 spielte ich sogar noch einmal eine hübsche Rolle in dem Kinofilm *Das schwarz-weiß-rote Himmelbett* unter der Regie von Rolf Thiele, mit Martin Held, den ich sehr bewundere und mit dem mich seither eine herzliche Freundschaft verbindet. Wir hatten schon bei Käutner im *Traum des Lieschen Müller* zusammengearbeitet. Daliah Lavi und Willy Fritschs Sohn, der junge Thomas Fritsch, der mit diesem Film seine Karriere startete, waren meine Mitstreiter auf dem bunten *Himmelbett*. Thomas Fritsch hatte ich übrigens schon im Sommer 1944 kennengelernt, in Bansin an der Ostsee. Er wird sich aber wohl kaum an mich erinnern, denn er lag noch in der Wiege! Diese Begegnung ergab sich zufällig und ziemlich überraschend. Da mein Leben nun einmal oft sehr verschlungene Wege nahm, gestatte man mir, daß ich etwas weiter aushole.

Während des Krieges pflegte ich gute Beziehungen zu einer unmittelbar benachbarten Familie am »Dachsberg« im Grunewald, in deren Haus auch ein Verwandter dieser Familie wohnte. Er war General und Ritterkreuzträger, ein alter Berufssoldat, aber kein Nazi. Wir begegneten uns häufig während oder nach Fliegerangriffen, und nach Entwarnungen, wenn ich verrußt von irgendeiner Löscharbeit aus der Nachbarschaft zurückkehrte, lud er mich manchmal ein, bei ihm noch etwas zu trinken. Das nahm ich natürlich gerne an, denn er konnte sich noch manchen guten

Tropfen beschaffen, an den man als einfacher Zivilist schon lange nicht mehr herankam. Er erzählte aufschlußreiche Anekdoten aus den zwanziger Jahren, als er als junger Reichswehroffizier Lehrgänge in der Sowjetunion besuchte. Der Rapallovertrag vom April 1922 hatte auch auf dem militärischen Gebiet eine Annäherung zwischen der Sowjetunion und dem Deutschen Reich angebahnt. So hatte der General überraschende Einblicke in das feudale Leben gewonnen, das die russischen Offiziere in Sibirien führten.

Eines Tages nun, im Sommer 1944, fragte mich dieser sympathische Soldat, ob ich Lust hätte, mit ihm für drei Tage nach Bansin zu fahren, wo die Familie ein Haus hatte. Zum Glück genoß ich gerade ein paar spielfreie Tage. Victor de Kowa hatte nämlich meine Rolle in dem laufenden Stück doppelt besetzt, um noch einen Kollegen anfordern und U. K. (unabkömmlich) für den Wehrmachtsdienst stellen zu können. Der Kollege und ich »alternierten«, das heißt, eine Woche spielte er, eine Woche ich. Und ich war also in dieser Woche frei. Ich sagte natürlich überglücklich zu! Drei Tage und Nächte weg von den Fliegerangriffen, drei Nächte ruhig schlafen! Drei volle Tage entspannen und in der Ostsee schwimmen, wozu ich seit zehn Jahren, seit meinem Weggang aus Königsberg, nicht mehr gekommen war!

Die Autofahrt an die Ostsee führte uns durch die friedliche, vom Krieg noch unberührte Landschaft der Schorfheide. Schon bei der Ankunft erfuhr ich, daß Dinah Grace, die Frau von Willy Fritsch, schon längere Zeit in Bansin lebte. Willy drehte in Prag, und sie wollte sich vor den Fliegerangriffen auf Berlin in Sicherheit bringen. Ich mochte sie sehr und besuchte sie daher, zu ihrer offensichtlich großen Freude. Wir saßen eine Weile zusammen und unterhielten uns lebhaft. In einer Wiege neben uns lag der kleine Thommy. Und achtzehn Jahre später stand ich mit ihm zusammen im Filmatelier!

Aber hier in Bansin nahm auch eine haarsträubende politische Affäre ihren Anfang. Es war am zweiten – und wie uns schmerz-

haft bewußt wurde, ja auch schon vorletzten – Ausflugstag, da
nahmen wir in einem Stadtrestaurant Platz, das vor dem Krieg
»in« war, wie man es heute nennt, im Sommer 1944 aber leer und
etwas trostlos wirkte, wie eigentlich der ganze Ort. Dort gesellte
sich ein junger Major zu uns, ein Bekannter des Generals. Er hatte
den schrecklichen Rückzug von der Krim mitgemacht und er-
holte sich nun in Bansin. Er schüttete dem General sein Herz aus,
brachte seine schon lange angestaute Wut über die Regierung
und seine Verzweiflung über Hitlers Kriegsführung zum Ausdruck und nahm kein Blatt vor den Mund. Offensichtlich wußte
er, daß man sich auf den General verlassen konnte. Der hatte mir
übrigens schon früher einen Beweis seiner politischen Einstellung gegeben. Mein Freund, der Komponist Peter Igelhoff, war
eingezogen worden und wegen verschiedener unvorsichtiger
Äußerungen in Gefahr, zu einer »Bewährungskompanie«, also
einem »Himmelfahrtskommando«, an die Front geschickt zu
werden. Auf meine Bitte um Intervention hin, holte ihn der
General an seine Dienststelle und entzog ihn damit dem Griff der
Gestapo. An jenem Abend in Bansin nun schlenderte, während
wir noch auf der Terrasse des Lokals saßen, eine junge Kollegin
vorbei, die ich schon lange kannte und mit der ich erst kürzlich
zusammen vor der Kamera gestanden hatte. Einer Anregung des
Generals folgend ging ich ihr nach und lud sie ein, uns Gesellschaft zu leisten, da sie offensichtlich allein war. Das tat sie gern,
und wir plauderten noch eine Weile miteinander. Am übernäch-
sten Tag fuhren wir nach Berlin zurück. Die Kollegin und der
Major wollten noch in Bansin bleiben.
Einige Tage später rief mich der General an und bat mich um
einen kurzen Besuch. Er erzählte mir, was für eine unfaßbare
Geschichte sich inzwischen in Bansin ereignet hatte. Die Kollegin
und der junge Major waren sich nach unserer Abreise offensichtlich näher gekommen. Der Major wollte auch ihr gegenüber aus
seiner politischen Einstellung kein Geheimnis machen, sie aber
zeigte ihn an und kehrte scheinbar ungerührt nach Berlin zurück.

Er sollte nun vors Kriegsgericht kommen. Da der General wußte, daß ich diese Kollegin schon lange und recht gut kannte, bat er mich, doch mit ihr zu sprechen und herauszufinden, was denn an der ganzen Sache dran war. Ich stimmte sofort zu, denn ich konnte mir nicht vorstellen, daß sie zu einem solchen Verrat fähig sei, selbst wenn sie mit dem Regime sympathisieren sollte, was ich mir aber auch nicht vorstellen konnte. Ich hielt das Ganze für eine unglückliche Verkettung von Mißverständnissen, rief sie an und verabredete mich für den Abend mit ihr im Bardinet.

Kaum daß ich angefangen hatte ihr zu erklären, weshalb ich sie sprechen wollte, da wurde sie ganz steif und abweisend und entgegnete: »Entschuldige, ich muß dich bitten, nicht weiter zu sprechen, das wäre ein Eingriff in ein schwebendes Verfahren.« Dieser offiziöse Ton verschlug mir erst einmal die Sprache. Ich hatte mich noch kaum von meiner Verblüffung erholt und wollte gerade fragen, woher sie denn plötzlich solche juristischen Fachausdrücke kannte – um die Atmosphäre durch einen Scherz ein wenig aufzulockern –, da fügte sie hinzu: »Übrigens bin ich hier verabredet.« Da ging auch schon die Tür auf, und zwei Herren in der grauen Waffen-SS-Uniform betraten das Lokal. »Darf ich vorstellen: Herr Skorzeny – Herr Radl«, sagte die Schauspielerin. Man wird sich meine Gemütslage besser vorstellen können, wenn man weiß, daß Skorzeny damals zum »Mussolini-Befreier« hochstilisiert wurde. Er war Kommandant jener Waffen-SS-Gruppe, die auf Weisung Hitlers in einer spektakulären Aktion am 12. September 1943 den faschistischen italienischen Staatschef befreite. Mussolini war von König Viktor Emanuel III. entlassen und interniert worden, nachdem der sogenannte Faschistische Großrat dem Duce angesichts des immer mehr sich in die Länge ziehenden Krieges das Mißtrauen ausgesprochen hatte. In Deutschland baute man Skorzeny zum Volkshelden auf. Ein Abglanz seines zweifelhaften Ruhms fiel auch auf Radl, der sein Adjutant war. Mir war sofort klar, daß ich hier im Augenblick nichts ausrichten konnte, und nachdem ich einige

Anstandsminuten ausgeharrt hatte, »fiel mir plötzlich ein«, daß ich eine wichtige Verabredung fast vergessen hätte, und ich verabschiedete mich.

Aber so schnell gaben wir nicht auf! In den nächsten Wochen gelang es mit Hilfe einiger Kollegen, die mit ihr am Staatstheater gearbeitet hatten – Victor de Kowa und Gustav Knuth fallen mir ein –, die Schauspielerin als so unglaubwürdig darzustellen, daß das Verfahren sich länger und länger hinzog, der Major nicht der Geheimen Staatspolizei überstellt wurde und das rettende Ufer des Zusammenbruchs der Hitler-Diktatur lebend erreichte.

Der Mussolini-Befreier Skorzeny lief mir kurioserweise einige Jahrzehnte später ein zweites Mal über den Weg. Auf dem Rückflug von den Bahamas, bei einer Zwischenlandung in Shannon, erkannte ich ihn im Flughafenrestaurant. Aus der Presse wußte ich, daß er als Geschäftsmann in Irland lebte. Er hat mich nicht erkannt, und ich sah nicht die geringste Veranlassung, ihn anzusprechen.

Neuer Anfang, neues Leben

Meine zweite Eheschließung – Reisen –
Das technische Zeitalter

Wenn die Karriere läuft, der Postbote regelmäßig lukrative Rollenangebote aus seiner Tasche hervorholt, ist man versucht zu glauben: »Das geht jetzt immer so weiter!« In dieser Stimmung begann ich die sechziger Jahre.

Wohlbehütet war ich im Kaiserreich aufgewachsen, hatte meine Jugend in den »Golden Twenties« verbracht, die mit der Wirtschaftskrise und ihren deprimierenden materiellen Folgen endeten. Ich hatte die Entstehung der Diktaturen in Europa mit ihren schrecklichen Begleiterscheinungen und Folgen erlebt, die Kriegs- und Nachkriegsjahre mit Glück überstanden und gab mich nun der begründeten Hoffnung hin, daß die Zeit der Überraschungen vorbei sei. Vielleicht war ich einfach zu naiv oder bin es immer noch. Jedenfalls erwartete ich keine großen Veränderungen mehr.

Wir lebten in einer schönen Wohnung in München am Englischen Garten und freuten uns über den Besitz in Dießen am Ammersee. Das Ende meiner Filmkarriere hatte ich gut überstanden, war ich doch ein gefragter Schauspieler auf der Bühne, im Fernsehen und auf Tourneen. Meine Frau fand nach einer jahrelangen, durch Krieg und Evakuierung erzwungenen Pause auch wieder auf die Bühne zurück, unsere Tochter studierte in Paris – alles schien in bester Ordnung zu sein! Unsere Ehe war nicht frei von Krisen, aber welche Ehe ist das schon? Sie litt natürlich unter den langen Trennungen, unter dem ständigen Orts- und Wohnungswechsel, unter der Bitternis der Kriegs- und Nachkriegsjahre. Aber diese Stürme waren vorbeigezogen, und wir erwarteten, miteinander alt zu werden.

Wenn man mit einem Menschen Tag für Tag zusammenlebt, bemerkt man Veränderungen am anderen meist sehr spät. So ging es mir mit Herta. Im Spätsommer 1963 aber, ich drehte gerade in Berlin für das ZDF das Musical *Der Weiberheld*, war nicht mehr zu übersehen, daß meine Frau, die mich begleitet hatte, krank war. Auf den dringenden Rat eines Berliner Arztes und nach Rücksprache mit unserer Hausärztin brachte ich sie nach der Rückkehr nach München sofort ins Krankenhaus. Dort machte mir dann der Chefarzt nach wenigen Tagen den Ernst der Lage klar. Ich nahm jetzt keine Engagements mehr an, sondern blieb ständig an ihrer Seite.

Es dauerte dann noch ein halbes Jahr.

Über die folgende Zeit kann und möchte ich nur wenig erzählen. Es waren zunächst so viele nüchterne, praktische Dinge zu erledigen, daß ich kaum zur Besinnung kam. August Everding half mir spontan, was ich niemals vergessen werde. Ich war auf einen solchen Schicksalsschlag überhaupt nicht vorbereitet. Er traf mich völlig unvorbereitet und hilflos. Als nach turbulenten Tagen plötzlich Ruhe einkehrte, dämmerte mir erst, was geschehen war und was sich alles ändern würde. All die mit einem solchen Verlust verbundenen Gefühle stürmten auf mich ein. Ich wußte weder aus noch ein. Ich war fünfundfünfzig Jahre alt und innerlich darauf eingestellt, mit meiner Frau gemeinsam das Alter zu bewältigen. Das hätte bestimmt auch seine Probleme gebracht, wie alles im Leben, aber wir hätten Not und Freude miteinander geteilt. Aber nun war alles anders und ungewiß. Ich hatte keine Ahnung, wie es weitergehen würde.

Aber mir blieb nach einer Weile nichts übrig, als meinen beruflichen Verpflichtungen nachzugehen. Ich mußte nach Hamburg, für Fernsehaufnahmen, und kurz darauf zum Rundfunk nach Frankfurt. Da fuhr mich noch meine Tochter mit meinem Wagen, bevor sie wieder nach Paris zurückging. Der nächste Termin führte mich nach Baden-Baden, wo ich beim Südwestfunk in zwei musikalischen Fernsehspielen mitwirkte. Das erste mit meiner alten Freundin Fita Benkhoff und mit Violetta Ferrari. Mit Fita hatte ich schon oft zusammen gefilmt und Theater gespielt. Als ich sie erstmals auf der Bühne sah, absolvierte ich noch meine Lehrjahre in der Provinz und fuhr in den Ferien zurück nach Wien. Es handelte sich damals um eine Vorstellung des musikalischen Lustspiels *Essig und Öl* in den Kammerspielen, mit Hans Moser, Hugo Schrader und zwei mir bis dahin gänzlich unbekannten Schauspielerinnen, Käthe Gold und eben Fita Benkhoff.

Sie kamen beide aus Breslau. Käthe Gold entwickelte sich später am Staatstheater Berlin zu einer der größten deutschen Schauspielerinnen. Fita Benkhoff spielte in *Essig und Öl* zum erstenmal eine komische Rolle. Die Resonanz war so überwältigend, daß sie in diesem Genre eine Jahrzehnte währende Filmkarriere machte. Violetta Ferrari, meine andere Partnerin im Südwestfunk, hatte ich im Jahr 1956 in Wien im Haus von Ernst Haeusserman, damals Direktor des Theaters in der Josefstadt, und seiner Frau Susi Nicoletti kennengelernt. Diese luden mich zu einem Abendessen ein. Unter den Gästen fielen mir auch Violetta Ferrari und ihr Mann auf. Die beiden waren noch am selben Tag, während des schon erwähnten Aufstands von 1956, aus Ungarn geflüchtet. Wien war damals voll von ungarischen Flüchtlingen, die sich glücklich schätzten, nun in Freiheit zu leben, stolz darauf, daß sie, wie sie dachten, ihre Unterdrücker abgeschüttelt hatten, und voll naiver Hoffnung waren auf die endgültige Befreiung ihres Vaterlandes und auf eine glückliche Heimkehr. Sie ahnten noch nichts vom blutigen Ende des Aufstands.

Während der zweiten Teilaufnahmen in Baden-Baden erkrankte ich über Nacht am Blinddarm. Ich wurde gerade noch rechtzeitig ins Krankenhaus eingeliefert. Zum Glück hatten alle beteiligten Kollegen nicht direkt nach diesem Film »Anschluß«, wie man in unserem Geschäft sagt, so daß wir nach einer Zwangspause von zwölf Tagen weiterdrehen konnten. Ich trug noch einen Verband und mußte abends zum Übernachten und zu einer Kontroll-untersuchung immer ins Krankenhaus zurückkehren, stand aber die Aufnahmen durch. Die Regie führte übrigens jener »Zigarren-Müller«, den ich schon im zweiten Kapitel erwähnte.

Im Juli 1964 ging es nach Salzburg zu den Festspielen. Ich hatte mich verpflichtet, in zwei Stücken im Rahmen des Europa-Studios zu spielen: *Das Pferd* von Julius Hay, dem ungarischen Dichter, der nach der Revolution inhaftiert worden war, bis er das Land verlassen und dann in der Schweiz leben konnte. Regie hatte Boy Gobert. Und *Mitternachtsmarkt* von dem belgischen Autor Paul Willems unter der Regie von Werner Düggelin.

Und da traf ich eine Kollegin wieder, die ich schon ein Jahr vorher in München flüchtig kennengelernt hatte, als wir im *Tumult in Chioggia* von Goldoni im Rahmen des Sommerpro-gramms des Deutschen Theaters spielten. Sie war die Tochter von Gudrun Genest vom Schiller-Theater in Berlin und die Nichte meines Freundes und Kollegen Hubert von Meyerinck – Corinna Genest. »Hupsi«, wie Hubert von Meyerinck bei seinen vielen Freunden und Verehrern hieß, war auch eine jener unver-wechselbaren originellen Berliner Schauspieler-Persönlichkei-ten, wie sie leider so nicht mehr nachwachsen.

Corinna spielte auch in Salzburg mit mir in beiden Stücken. Wir sahen uns öfter und öfter; nach Beendigung der Festspiele verreisten wir zusammen, und durch sie wurde mir klar, daß das Leben auch in meinem Alter noch weiterging. Kurz vor Weih-nachten heirateten wir in aller Stille, und im Frühjahr ließen wir uns auch kirchlich trauen. Und so begann, was man mein drittes Leben nennen könnte.

Der Besitz in Dießen wurde verkauft. Wir hatten ihn damals auf den Namen meiner Frau eingetragen, da wir wohl davon ausgin-gen, ich würde auf alle Fälle früher sterben. Warum, weiß ich nicht, man denkt in diesen Dingen wohl sehr schematisch. Da kein Testament vorhanden war, auch dies ein Zeichen, wie unvermittelt Hertas Tod kam, gehörten Dreiviertel des Erlöses meiner Tochter, ein Viertel mir. Die Münchner Wohnung wurde aufgelöst, die Möbel geteilt, ich bezog mit Corinna eine große Altbauwohnung in Schwabing. Meine Tochter ging nach New York, um in einer Kunstgalerie zu arbeiten, später lebte sie eine Zeitlang auf den Bahamas.

Corinna und ich aber begaben uns auf eine Autoreise durch Frankreich: von Köln aus über Aachen und die Champagne an die Loire und zu den Loire-Schlössern, dann am Atlantik entlang in den Süden, von dort an den Pyrenäen vorbei in den Osten und über das Elsaß nach Hause. Es war eine schöne, interessante Reise. Wir haben nicht nur viel von Frankreich gesehen, sondern auch genossen. Denn Corinna ist eine große Feinschmeckerin, und neben der Gartenarbeit ist die exquisite Küche ihr liebstes Hobby. Da sie selbst raffinierte Menus zubereitet, weiß sie auch genau, was wozu getrunken werden muß und wie ein wirklich erstklassiges Essen beginnen und wie es enden sollte.

Für die Reise nach Frankreich, dem klassischen Land der Fein-schmecker und Kochkünstler, hatte meine Frau vorab eine Route ausgewählt, die uns von einem Hotel mit berühmter Küche zum nächsten führte.

Ich ließ mich mit Genuß von ihr zu den Zentren der französi-schen Eßkultur – allen voran Vienne, nicht nur weil meine Heimatstadt Wien von den Franzosen auch so genannt wird – und den Perlen der französischen Küche geleiten. Aber nach einigen Wochen der Raffinesse machte sich erst leise, dann immer stärker eine Bereitschaft zu derberer, heimatlicher Küche in mir be-merkbar, die fast zur Sehnsucht wurde.

Der Zufall wollte es, daß wir die letzte Station unserer Reise, Colmar im Elsaß, gerade zu dem Zeitpunkt erreichten, als dort »La semaine de la chouckroute«, die Sauerkrautwoche, ausgeru-fen wurde. Das elsässische Sauerkraut ist weltberühmt, und mit Recht! Nachdem wir also die obligaten Sehenswürdigkeiten be-sichtigt hatten, bestellten wir für den Abend zwei richtige, schöne elsässische Sauerkrautplatten auf unser Zimmer. Als der Zimmerkellner mit den beiden Gedecken erschien, erklärte Corinna, sie fühle sich nicht recht wohl, könne gar nichts essen und würde lieber im Bett bleiben. Ich setzte mich an den Tisch, vor die beiden Platten mit der Absicht, mir nun von beiden Schüsseln nur das Feinste zu nehmen. Meine Frau wünschte mir noch »Guten Appetit«. Dann trat eine längere Stille ein. Als es nach geraumer Zeit Corinna seltsam vorkam, daß sie so gar nichts von mir hörte, setzte sie sich im Bett auf und sah zu mir herüber. Und da war von beiden Platten nichts mehr übrig! So sehr hatten sechs Wochen französischer Küche meinen Appetit auf Heimisches geschärft.

Wir lieben beide Frankreich, wo wir auch in den folgenden Jahren noch viele schöne Urlaubswochen im Süden des Landes verbrachten. Die schönsten vielleicht auf dem Besitz von Curd Jürgens, der »Domaine de la Trappe«! Ich hatte Curd auf einer Einladung in Hamburg wieder getroffen, wo ich fürs Fernsehen drehte. Er feierte damals als Hauptdarsteller in den Zuckmayer-Verfilmungen *Des Teufels General* und *Schinderhannes* außergewöhnliche Erfolge. Als ich ihm gestand, daß meine Frau und ich noch kein richtiges Urlaubsziel für die nächsten Wochen gefunden hätten, weil die Saison schon begonnen hatte, bot mir Curd in seiner spontanen Art an: »Fahrt doch zu mir runter! Ich habe noch ein paar Wochen in Hamburg zu tun, unten ist kein Mensch, nur der Marc und die Hunde.«

Er rief auch gleich Marc an, seinen Verwalter und »Mädchen für alles«, und so fuhren wir ein paar Tage später, als ich mit meinen Aufnahmen in Hamburg fertig war, über die Schweiz und die Route Napoleon in den Süden. Die Auffahrt zur Domaine de la Trappe war halsbrecherisch, steil und schwierig. Aber die Mühe lohnte. Oben erwartete uns ein Paradies. Wir wohnten in einem entzückenden Gästehaus, das durch einen großen Swimmingpool, eine riesige, mehrstufige Terrasse, eine Bar und einen Kamin im Freien vom Haupthaus getrennt war. Dieses Domizil lag vierundzwanzig Kilometer landeinwärts von Nizza in den

Bergen, und der Blick von der Terrasse umfaßte den ganzen Küstenbogen. Nachts war der Blick auf das unter uns liegende Lichtermeer fast noch schöner als am Tag. Wir lebten völlig entspannt in den Tag hinein. Marc besorgte die nötigen Vorräte unten im Dorf, gegen Abend kochte Corinna eine Mahlzeit. Wir frönten dem Müßiggang.

Corinna und ich mögen beide Hunde. Man könnte uns fast Hundenarren nennen. Aber wir selbst hielten uns damals noch keinen. Auf der Domaine de la Trappe gab es drei respekteinflößende Hunde: Rasputin, ein riesiger sibirischer Hirtenhund, ferner Radio und Gurke, ein Dobermann-Pärchen. Der starkknochige Rasputin schien Marcs Favorit zu sein, er lief frei herum und freundete sich rasch mit uns an. Aber Radio und Gurke waren Tag und Nacht in einem Zwinger mit Betonboden eingesperrt. Marc fütterte und tränkte sie zwar, ließ sie aber nie heraus. Nach ein paar Tagen konnten wir das nicht mehr mit ansehen. Ich rief bei Simone, Curds damaliger Frau, in Hamburg an und fragte sie: »Sag mal, müssen denn die zwei Dobermänner immer im Zwinger sein? Habt ihr das so angeordnet?« Worauf sie mir entgegnete, daß dieser Freiheitsentzug keineswegs in ihrem Sinne sei.

Nun war es für uns beschlossene Sache: Die Hunde mußten raus! Das war aber leichter gesagt als getan, denn wie die meisten ständig eingesperrten Hunde gebärdeten auch Radio und Gurke sich furchterregend, sobald man dem Zwinger näherkam; sie bellten wie rasend, fletschten die Zähne und sprangen gegen den Zaun. Wie würden sie sich erst aufführen, wenn wir ihnen die Tür öffneten! Würden sie sich auf uns stürzen und uns angreifen? Ungeachtet dieser Sorgen schritten wir noch am Abend desselben Tages zur Tat! Mit ziemlich bangem Herzen öffneten wir schnell die Tür des Zwingers und traten hinter sie zurück. Aber die Hunde kümmerten sich überhaupt nicht um uns. Sie stürzten mit einem Freudengeheul aus dem Zwinger, sprangen mit einem Satz über eine fast drei Meter hohe Mauer und schon waren sie im dunklen Wald verschwunden. Wir standen recht verblüfft da.

Mit allem hatten wir gerechnet, nur damit nicht! Was nun? Was, wenn die Tiere nicht wiederkamen? Wenn sie irgendein Unheil anrichteten? Wir saßen noch lange an der Bar im Freien und warteten, aber nichts rührte sich. Kleinlaut und schuldbewußt schlichen wir in unser Gästehäuschen. Wir schliefen schon, da flog mitten in der Nacht krachend die Tür auf – wir fuhren entsetzt hoch, machten Licht und staunten nicht schlecht, als wir Radio und Gurke mit offenem Maul und heraushängender Zunge vor uns sahen. Sie warfen sich, fast hätte ich gesagt wortlos, auf den Boden und schliefen sofort ein.

Da wir die Dobermänner so heldenhaft aus ihrer Gefangenschaft befreit hatten, war es nur natürlich, daß sie fortan unsere Nähe suchten und nur noch bei uns im Gästehaus zu nächtigen wünschten. Wir lebten gleichsam in kommuneartigen Zuständen. Tagsüber verschwanden Radio und Gurke, gingen oft stundenlang ihren Abenteuern nach, abends aber flog unsere Tür regelmäßig mit einem Krachen auf, die Hunde begrüßten uns freudig und machten es sich für die Nachtruhe bequem.

Als der Tag des Abschiednehmens nahte, wichen sie uns nicht mehr von der Seite. Gurke legte sich abends an Corinnas Bettseite auf den Boden, Radio sprang aufs Bett, was er noch nie gemacht hatte und zwängte sich zwischen uns beide. In dieser Haltung blieben sie bis zum Morgen bei uns.

Wir verließen dieses Sommerparadies, ohne uns auch nur einmal umzusehen. Wir mochten unseren vierbeinigen Freunden gar nicht in ihre klugen, wissenden und tieftraurigen Augen schauen.

Ungefähr in diese Zeit, die ersten Jahre unserer Ehe, fiel auch ein Ereignis, das damals die ganze Welt bewegte: die Mondlandung der Amerikaner. Inzwischen spricht niemand mehr davon, so schnellebig ist unsere Zeit. Aber damals hetzten wir aus einem Urlaub, den wir am Ortasee im Haus von Carl-Heinz Schroth verbracht hatten, nach München zurück und setzten uns, ohne auszupacken, vor den Fernsehapparat, um dieses historische

Spektakel mitzuerleben. Es war schon ein aufregender Moment, als der erste Astronaut aus dem Raumschiff stieg und seinen Fuß auf den Boden des Mondes setzte. Alles mögliche hätte ja passieren können, man war auf alles gefaßt. Aber es geschah nichts von dem, was die Phantasie sich vorher ausgemalt hatte, und man war teils erleichtert, teils auch ein klein wenig enttäuscht, daß in dieser Kraterlandschaft eigentlich so gar nichts los war, kein Mann im Mond, nichts.

Mir fiel dabei auch auf, wie sehr Filme der Realität vorgreifen können. Der alte, nach einem Roman von Jules Verne gedrehte Ufa-Stummfilm *Frau im Mond* zeigte Abläufe, die denen beim Start der ersten wirklichen Mondrakete sehr ähnelten. Die »Mondrakete« dieses Films wurde übrigens von dem Physiker Hermann Oberth konstruiert, der später den entscheidenden Anteil an der Entwicklung der V2-Rakete hatte. Der entscheidende Unterschied zwischen der Realität und der Phantasie war nur, daß der Film unterstellte, der Mond habe eine Atmosphäre wie die Erde. Aber die Ufa mußte mit dieser Vorbedingung arbeiten, sonst hätte man die Schauspieler nur mit hermetisch geschlossenen Helmen auf dem Mond präsentieren können. Das Publikum wäre wohl kaum so zahlreich ins Kino geströmt, wenn es statt Gerda Maurus und Willy Fritsch nur einige gleichförmige weiße Kugelköpfe zu sehen bekommen hätte.

Apropos Jules Verne, der nicht nur diesen Zukunftsfilm inspirierte! Dieser geniale französische Autor und Prophet künftiger technischer Entwicklungen war neben Karl May der wichtigste Lesestoff meiner Jugend. Er hat 1870 in dem Roman »Zwanzigtausend Meilen unter dem Meer« vorausgeahnt und beschrieben, daß man eines Tages einen Treibstoff, ein Antriebsmittel erfinden würde, das es einem Unterseeboot erlaubt, unter Wasser zum Nordpol zu fahren. Heute haben wir Atomstrom, und ein amerikanisches U-Boot hat mit einer Unterwasserfahrt den Nordpol erreicht! Jules Verne hat in »Robour, der Sieger« das senkrecht startende Flugzeug mit horizontal laufenden Luftschrauben vorausgesehen. Heute ist uns der Hubschrauber längst eine Selbstverständlichkeit.

Bei anderen seiner Visionen wollen wir lieber hoffen, daß sie sich nicht erfüllen: wie zum Beispiel die Halbierung der Erde durch den Zusammenstoß mit einem Kometen. Ein solches Ereignis würde unsere Sorgen vermutlich auch nicht entscheidend verringern. Durch diese utopischen Abenteuerromane lernte ich mehr über die Geographie und die großen Entdeckungen, als in vielen Schulstunden.

Mich faszinierte 1969 die Mondlandung auch deshalb so lebhaft, weil dieses Ereignis mir deutlich machte, welch ungeheure technische Entwicklung sich in der Zeitspanne meines Lebens vollzogen hatte. 1915 sah ich erstmals die Landung eines Flugzeugs. Da durfte ich noch einmal in den Schulferien von Österreich nach Deutschland fahren, was in den folgenden Kriegsjahren nicht mehr erlaubt wurde, obwohl beide Länder doch Verbündete waren. Auf einem riesigen freien Feld hinter dem Landhaus meines Onkels sah ich eines Tages ein Flugzeug landen. Die ganze Nachbarschaft lief zusammen, wir Kinder natürlich voran, um dieses Wunderding mit Flügeln in Augenschein zu nehmen. Es war ein zerbrechliches Gerät, das da auf uns zugewackelt kam. Es sah aus, als hätte man es notdürftig aus Sperrholz und Leinwand zusammengepappt – und vielleicht bestand es auch wirklich nur aus diesen Materialien. Später überquerte ich den Atlantik in etwas robusteren Maschinen – als Passagier, versteht sich.

Den ersten Flug meines Lebens verschlief ich übrigens. Es war das Jahr 1936, ich drehte in Berlin meinen ersten Film, *Das Mädchen Irene*, und in Wien stand schon alles für den zweiten bereit: *Blumen aus Nizza*. Die Aufnahmen in Berlin nahmen mehr Zeit als vorgesehen in Anspruch, so daß man in Wien ins Stocken geriet, weil der werte Graf Ulrich von Traunstein, so hieß meine Rolle, sich verspätete. Also drehten wir in Berlin die letzten Tage immer »mit zweiter Schicht«, soll heißen, von 9 Uhr früh bis 11 Uhr abends, und am allerletzten Tag sogar bis weit über Mitternacht hinaus. Durch diese Überstunden konnte ich mir nur die Andeutung eines Erholungsschlafes verschaffen, denn um 7 Uhr startete mein Flugzeug nach Wien. Es handelte sich um eine kleine Maschine mit sechs Sitzen – wie ich mich zu erinnern glaube –, die für die Vogelfluglinie über die Tschechoslowakei nur zwei Stunden von Berlin nach Wien brauchte. Heute läßt man sich für diese Passage mehr Zeit, wie sich denn auf manchen Gebieten der technische Fortschritt nur zögerlich auswirkt. Zum Beispiel auch bei der Briefbeförderung. Wenn man vor dem Krieg in Wien am Morgen per Luftpost-Eilboten einen Brief aufgab, so wurde er am Nachmittag in Berlin ausgetragen. Davon können wir heute doch nur noch träumen.

Im vollen Bewußtsein der Bedeutung dieses Augenblicks nahm ich im Flugzeug Platz. Kaum daß ich mir so recht die Sensation bewußt gemacht hatte, die dieses Debut in der Luft für mich darstellen würde, übermannte mich auch schon die Müdigkeit, und ich nickte ein. Als ich aufwachte, hatte ich ganz entschieden den Eindruck, haarscharf an einem gewaltigen Berg entlangzufliegen, bis ich merkte, daß es die Mutter Erde war, die ich da aus meinem Kabinenfenster betrachtete. Flugzeuge mußten damals in Wien noch auf dem alten Militärflugplatz in Aspern landen. Den großen Flugplatz in Schwechat gab es noch nicht. Dieser kleine Landeplatz zwang die Maschine beim Anflug zu einer scharfen Kurve, die die Passagiere als forcierte Schräglage wahrnahmen, für die die ungewohnte Perspektive halbwegs entschädigte.

Großen Eindruck machte auf mich der Anblick des ersten Zeppelins noch während des Ersten Weltkriegs. Viele Jahre später bewunderte ich auch den ZR III und die unglückliche »Hindenburg«, von deren Brand und Absturz in Amerika mir ein Journalist in Bonn erzählte. Er selbst hatte sich nur mit Mühe retten können. Dieses Unglück besiegelte dann das Ende der Zeppelinfliegerei. Ich wäre zu gern einmal mit einem Zeppelin über den

Atlantik nach Amerika geflogen. An Bord des ZR III wäre ich schwerlich eingeschlafen. Ich stellte es mir herrlich vor, wie auf einem Schiff mit eigener Kabine, Speisesaal und Promenadendeck durch die Luft zu fliegen, statt eingequetscht zu sitzen und nicht zu wissen, wo man seine Beine verstauen soll. Max Schmeling, der einmal auf diese Weise zu einem seiner Kämpfe in die USA gereist war, bestätigte mir, wie beeindruckend ein Flug in einem solchen Luftschiff sei. Unwiderruflich vorbei, wie so vieles Schöne!

Mein Rückblick auf den Zeppelin fällt um so nostalgischer aus, je mehr ich mir die Folgen vieler technischer Neuerungen vor Augen halte. Es erschreckt mich, daß Errungenschaften, die wir seinerzeit als ein nicht mehr erhofftes Glück begrüßt haben – z. B. wieder Autos fahren und Auslandsreisen machen zu können –, anfangen zu Landplagen zu werden, zu einem Zwang, der alle erfaßt. Der Ausflug ins Grüne verkehrt sich zum Kriechgang durch Stau und Abgase, der erholsame Urlaub am Strand droht zu einer Einübung in Platzangstgefühle umzuschlagen. Verkommt Erholung nicht schon zu einer Pflicht, die man erfüllen muß, um nicht an Prestige zu verlieren? Die Frage, wo wir mit all unserem Wohlstand noch enden werden, stellt sich heute wohl jedem Zeitgenossen.

In unserem zu Ende gehenden Jahrhundert hat die technische Entwicklung ein so rasantes Tempo angenommen, daß ich mich frage, ob sich das Verantwortungsgefühl und die Selbstbesinnung der Menschen mit der gleichen Geschwindigkeit weiterentwickeln. Diese Frage stelle ich mir besonders im Hinblick auf die erschreckende Diskrepanz zwischen den Industriestaaten und den Lebensbedingungen in der sogenannten Dritten Welt, die zudem unter einem beängstigenden Bevölkerungszuwachs leidet.

Von der Schwierigkeit,
ehrlich zu sein

Gedanken über Theater und Autobiographie

Die Frau Wessely wünscht sich Sie als Partner in einem Molnár-Einakter«, meldete sich am Telefon ein Herr aus Wien. Die Wien-Film drehte ein sogenanntes Paula-Wessely-Special, eine Reihe von Einaktern, in denen man diese große Schauspielerin in verschiedenen Rollen erleben konnte.

Ich verbinde mit Paula Wessely ein für mich unvergeßliches Erlebnis. Unvergeßlich für mich, nicht für sie, die meine Aufregung kaum registriert haben wird. Das Erlebnis geht in die frühen dreißiger Jahre zurück, als ich mir bei der »Ravag«, dem Österreichischen Rundfunk, ein Zubrot verdiente, wenn ich von meinen ersten Provinzengagements nach Wien zurückkehrte. Manchmal machte ich nur akustische Komparserie, übernahm kleine Rollen, hie und da auch größere. Damit überbrückte ich die Durststrecke bis zum nächsten Engagement.

Eines Tages bot mir die »Ravag« eine veritable Hauptrolle in einem Stück von Carlo Goldoni an, mit Paula Wessely und Attila Hörbiger in den weiteren großen Rollen. Die beiden waren damals noch nicht verheiratet. Ich war überglücklich, aber auch sehr aufgeregt, mit so prominenten Kollegen spielen zu dürfen. Paula Wessely war damals noch nicht »die Wessely«, ihr Sensationserfolg als Rose Bernd am Deutschen Theater in Berlin und ihr Welterfolg in dem Willi-Forst-Film *Maskerade* standen noch bevor. Aber sie war schon eine bedeutende Wiener Künstlerin. Ich verehrte sie im stillen, seit ich sie Ende der zwanziger Jahre am Deutschen Volkstheater in Wien in dem Lustspiel *Dover-*

Calais gesehen hatte. Ihr erster Auftritt in diesem Stück beeindruckte mich sehr. »Auftritt« ist eigentlich das falsche Wort – sie trug einen Badeanzug und wurde in einem großen Fischernetz an Bord einer Jacht gehievt.

Und nun durfte ich unbeschriebenes Blatt neben ihr vor dem Mikrophon stehen! Ich erstarrte in Ehrfurcht, so daß ich weder während der Proben noch in der Sendung auch nur ein einziges persönliches Wort an sie zu richten wagte. Als die Sendung zu Ende gebracht war, ging man zur Kasse, um die Gage abzuholen – so einfach war das damals noch, heute wird sie nach gehöriger Wartezeit von einem Computer überwiesen, der nicht immer angibt, ob man nun etwas bekommt oder noch zuzahlen muß! Danach verabschiedete man sich, ich natürlich immer noch verkrampft und stumm. Ich ging auf die dunkle Johannesgasse hinaus, dem Ring zu. Da bemerkte ich, daß Paula Wessely nur einen Schritt vor mir die gleiche Richtung einschlug. Ich erschrak zutiefst, denn ich wußte nicht, was ich machen sollte. Für einen jungen Kavalier wäre es angezeigt gewesen, einen Schritt zuzulegen, um die Verehrte in eine Konversation zu verstricken. Leider schied diese naheliegende Möglichkeit aus, denn ich spürte deutlich, daß ich kein Wort herausbringen würde. Sie überholen und mit einem höflichen Gruß weitereilen? Auch das schien nicht geraten, denn sie ging ziemlich flott, und ich hätte, um sie zu überholen, in den Laufschritt übergehen müssen. Das hätte sicher ihr Befremden erregt, Jogging war damals noch nicht in Mode. In meinem Straßenanzug mit Hut und Handschuhen hätte man mich für einen als Gentleman getarnten Einbrecher auf der Flucht gehalten. Die Idee, einfach zurückzubleiben, kam mir in meiner Aufgeregtheit nicht. Ich hielt, wie unter einem Zwang, mein Schrittempo durch und tat das Unmöglichste: Ich ging stumm immer einen halben Schritt hinter ihr, bis sich endlich der Ring vor uns auftat und ich ebenso stumm abbog und der peinlichen Situation entfloh.

Als ich Paula Wessely später näher kennenlernte, brachte ich diese erste Begegnung nicht zur Sprache. Und nun wünschte sie sich mich als Partner! Diese Chance durfte ich mir nicht entgehen lassen, aber da meldete sich wieder ein vertrautes Problem: Es war wieder ein Fall von Auf-zwei-Hochzeiten-Tanzen! Die Szene für das Wessely-Special wurde im Park von Schloß Ebreichsdorf, im Süden von Wien, gedreht. Und ich stand jeden Abend auf der Bühne der Komödie im Bayerischen Hof in München! Alle Möglichkeiten wurden gründlich überdacht. Es war Oktober. Fliegen war wegen des häufigen Nebels in München oder Wien nicht ratsam. Ein Zug von München nach Wien, den ich noch nach dem Auftritt in der Kleinen Komödie erreichen konnte, gab es nicht. Es blieb also nur das Automobil. Zu guter Letzt fanden wir eine Lösung, die allerdings mit einigen Strapazen verbunden war: Nach Schluß der Vorstellung wartete am Bühneneingang ein Wagen der Wien-Film mit einem Fahrer. Ich stieg mit einer Flasche Bier und zwei belegten Broten ein, und wir donnerten auf der Autobahn in Richtung Salzburg. Wenn wir die Grenze passiert hatten, legte ich mich auf die Hintersitze, soweit das meine Statur zuließ, und schlief. Beim Erwachen fragte ich: »Wo sind wir?« Der Fahrer antwortete: »Bei St. Pölten, wir fahren jetzt auf die Südautobahn.« Im Morgengrauen kamen wir in Baden bei Wien an. Ich legte mich noch zwei Stunden hin, dann brachte mich der Wagen zum Drehort. Dort wurde ich geschminkt, und wir drehten bis 14 Uhr. Exakt zu diesem Zeitpunkt stand der Wagen bereit, und ich stieg wieder mit einer Flasche Bier und zwei belegten Broten ein. Ungefähr bei St. Pölten legte ich mich auf die Hintersitze und schlief. Beim Erwachen fragte ich: »Herr Filler«, so hieß der Fahrer, »wo sind wir?« Er sagte: »Gleich an der Grenze.« Und um 19 Uhr trat Herr Filler machtvoll auf die Bremse, und ich stürmte den Bühneneingang der Kleinen Komödie im Bayerischen Hof. Nun war auch der Chauffeur reif für einen kurzen Erholungsschlaf. Er nahm im Gästezimmer meiner Wohnung Quartier, wo ich ihn schon zuvor eingewiesen hatte. Sobald ich zu meinem letzten Auftritt auf der Bühne erschien, rief der Inspizient der Kleinen Komödie Herrn Filler an, und nach der

Szene stand der Wagen wieder vor dem Bühneneingang. Und wieder stieg ich ein – mit einer Flasche Bier und zwei Broten...

»Fliegender Wechsel« tauften Herr Filler und ich dieses Programm, das wir ohne Murren einige Tage durchstanden. Glückliche Umstände halfen mir durch diese Roßkur: Wir drehten nur im Freien, im Park des Schlosses, bei Sonne und mildem Herbstwetter. Hätten die Aufnahmen im Atelier stattgefunden, so wäre das nur schwer durchzuhalten gewesen. In den Zeiten solcher Terminhetze kommt mir aber auch meine Fähigkeit zugute, in jeder Lebenslage und wie auf Kommando sofort einschlafen zu können. Auf diese Art hatte ich mir schon in den letzten Kriegsjahren in Berlin mein Schlafpensum gesichert. Die Anfahrt vom Grunewald – erst in der Straßenbahn, dann in der S-Bahn und wieder in der Straßenbahn – zum Atelier der Tobis in Johannisthal, wo ich damals zumeist drehte, verschlang Stunden. Ähnlich viel Zeit beanspruchte die Fahrt nach Neu-Babelsberg zur Ufa. Von dort fuhr ich oft noch zum Theater und vom Theater so schnell wie möglich nach Hause, um noch vor einem möglichen Fliegeralarm daheim zu sein. Wenn die Sirenen aufheulten, stürzte ich mit meinem Gepäck in den Keller. Hatte ich den Angriff glücklich überstanden, so machte ich noch die Runde bei den in der Nähe wohnenden Freunden, um eventuell beim Löschen oder Reparieren von Fliegerschäden zu helfen. Mit der Zeit schrumpfte der noch bewohnbare Teil meines Quartiers in Grunewald auf das Mädchenzimmer und die Küche zusammen. Morgens stand ich früh auf und hetzte wieder ins Atelier. Es war fast täglich der gleiche ermüdende Kreislauf. Dazwischen, an freien Tagen, galt es zu »organisieren«, also möglichst viel von dem bei Schwarzhändlern zu erstehen, was es auf der Karte oder per Zuteilung nicht mehr gab. So kam ich in den Kriegsjahren eigentlich nie zur Ruhe und nutzte jede kleine Umbauphase im Atelier, jede Neueinstellung des Lichts, um in irgendeinem Winkel ein Auge voll Schlaf zu nehmen. Auch der größte Lärm um mich herum konnte mich nicht am Einschlafen hindern.

Meine Begabung für den kurzfristig einberaumten Erholungsschlaf zeigte sich früher als das schauspielerische Talent. Das geht aus einer Geschichte hervor, die sich in meiner Kindheit zutrug und über die man im Kreis meiner Verwandten und Freunde oft geschmunzelt hat.

Ich fuhr mit meinem Vater zusammen mit dem Eilschiff von Wien nach Linz. Mein Vater hatte die Angewohnheit, an Bord nachts immer noch ein paar Stunden mit dem Kapitän auf der Kommandobrücke zu sitzen und über die neuesten Entwicklungen der Schiffahrt zu plaudern. Dieses Vergnügen ließ er sich auch in dieser Nacht nicht nehmen und schärfte mir nach dem Abendessen ein, ja die Kabinentür nicht zu verriegeln. Da ich zu dieser Zeit nur meine Abenteuerbücher im Kopf hatte, verriegelte ich gedankenverloren doch die Tür, las noch etwas Karl May im Bett und schlummerte selig ein. Als ich morgens erwachte, das Schiff lag schon ruhig an der Lände in Linz, saß mein Vater auf dem Bett gegenüber und schüttelte lachend den Kopf. Er erzählte mir, was sich in der Nacht ereignet hatte.

Als er, kurz nach Mitternacht, herunterkam, fand er die Kabinentür verschlossen. Er klopfte. Keine Reaktion. Er klopfte stärker. Nichts. Schließlich klopfte er mit jener Phonstärke an die Tür, die man im österreichischen Sprachraum unter der Bezeichnung »Pumpern« kennt. Totenstille. Da begann mein Vater sich ernsthaft Sorgen um mich zu machen, denn das große Fenster unserer Kabine ging direkt aufs Wasser! Ein Matrose wurde, mit einer Taschenlampe ausgerüstet, von dem darüberliegenden Deck an einem Tau heruntergelassen und leuchtete durch das Fenster ins Innere der Kabine. Da sah er mich friedlich schlafend liegen. Nachdem er diese erstaunliche Tatsache gemeldet hatte, wurde nach abermaligem vergeblichen Pumpern die Tür aufgebrochen. Auch dieser Gewaltakt konnte meinem Schlaf nichts anhaben. Nicht nur mein Vater, auch der Kapitän und andere neugierig gewordene Mitglieder der Besatzung waren nun Zeugen dieses Phänomens. Ich aber schlief und schlief und schlief...

Danach wird es nicht verwundern, daß ich sogar einmal einen Fliegeralarm verschlief und erst bei der Entwarnung erwachte.

Als ich in Berlin Ende der fünfziger Jahre zusammen mit der Kollegin Friedel Schuster einen Fernsehfilm drehte – wir kannten uns schon lange, hatten auch schon am Theater zusammen gearbeitet –, ärgerte sie sich offensichtlich darüber, daß ich mich in jeder freien Minute in eine Ecke zurückzog und schlief, anstatt mich mit ihr zu unterhalten. Aber ich spielte jeden Abend eine anstrengende Rolle auf der Bühne des Berliner Theaters in der Nürnberger Straße, probierte am Vormittag den *Kammersänger* bei Noelte und verbrachte die Nachmittage im Fernsehstudio. Auch die Texte wollten schließlich noch gelernt sein. Ich brauchte also diese kurzen Erholungspausen dringend. Als Friedel Schuster dann einige Jahre später erfuhr, daß Corinna und ich zu heiraten gedachten, sagte sie ihr in ihrer drastischen Art: »Was willste denn mit deeeem? Der schläft doch immer.« Nun, ich habe meistens nur geschlafen, wenn's nötig war. Und wenn es geboten schien, hielt ich es auch wach ganz gut aus. Auch jetzt, wo ich auf meine Erlebnisse zurückblicke, habe ich nicht den Eindruck, mein Leben verschlafen zu haben. Ich sehe das Ganze vielmehr so: Ohne meine Fähigkeit, an jedem Ort und zu jeder Zeit einzuschlafen, hätte ich beispielsweise nie mit der verehrten Paula Wessely gemeinsam auftreten können.

Man erinnert sich gewiß, daß Reisen mein großer Kindheits- und Jugendtraum war, den ich mir nur ansatzweise erfüllen konnte. Aber immerhin: Wenn mir auch die große Seereise nicht vergönnt war – ich fuhr nur einmal mit dem Schiff von Ostpreußen nach Swinemünde und ein anderes Mal von Genua nach Neapel –, einen großen Teil Europas habe ich zu Schiff durchquert. Und das kam so.

Vor Jahren sah ich einmal einen französischen Film, in dem Jean Gabin auf einer Motorjacht Frankreich auf einem Kanal durchquerte. Dieser Anblick belebte offensichtlich das Flußschiffererbe in mir, denn seither spürte ich den stillen Wunsch, auch einmal auf Flüssen und Kanälen zu reisen, durch welches Land auch immer. Eine jener glücklichen Fügungen, die mir so oft halfen, brachte mir eines Tages die Erfüllung auch dieses Wunsches.

Es war Ende der siebziger Jahre in München, ich stand unmittelbar vor einer Reise nach Berlin zu Fernsehaufnahmen, als ich mir in der Kleinen Komödie im Bayerischen Hof eine Vorstellung anschaute und meinen alten Freund Christian Wölffer wiedertraf. Christian war von klein auf ein Boots- und Schiffsnarr. Zufällig erwähnte er, daß er sein neues Schiff in etwa vier Wochen von Hamburg über die europäischen Binnenwasserstraßen nach Port Grimaud an die Côte d'Azur bringen wollte, wo er ein Ferienhaus besaß. Er muß sofort gespürt haben, wie ich innerlich die Ohren spitzte, denn er sagte: »Willst du mitfahren? Ich könnte noch einen Mann brauchen.« Ich wollte und ich konnte, denn einen Tag vor dem geplanten Start in Hamburg sollten die Fernsehaufnahmen in Berlin abgeschlossen sein. Noch in der gleichen Woche kaufte ich mir Bootsschuhe, Ölzeug und Gummistiefel. Vier Wochen später flog ich nach Hamburg und ging dort an Bord. Wir waren eine muntere Crew: Christian, seine Frau Chariklia Baxevanos, ein junges Berliner Ehepaar, Adolf, ein Schiffer und Freund von Christian, und ich. Auf dem Elbe-Seitenkanal ging es zum Mittellandkanal weiter bis zum Rhein. Rheinaufwärts wurde die Landschaft immer schöner und interessanter. Wir passierten Düsseldorf, Köln und Bonn – wobei ich an die Zeit dachte, die ich als junger Schauspieler hier vor mehr als vierzig Jahren verbracht hatte. Die Fahrt führte unmittelbar an jener Uferpromenade entlang, auf der ich einst ausgedehnte Spaziergänge von Bonn bis Bad Godesberg unternommen hatte. Ich sah die schmale, steile Straße vom Rheinufer zur Koblenzer Straße hinauf, auf der ich damals als Fahrschüler »Anfahren am Berg unter Benutzung der Handbremse« üben mußte. Ich erkannte das Rheinhotel Dreesen, in dem ich durch Zufall Hitler aus nächster Nähe zu sehen bekam.

Je länger wir dahintuckerten, desto mehr faszinierte mich die burgenreiche Flußlandschaft. Das Rheintal zwischen Bonn und Bingen ist ja trotz dichter Bebauung der Ufer, trotz Autostraßen und dichtem Verkehr zu Wasser und zu Lande immer noch ein Erlebnis. Nur eins hat sich ganz entscheidend zu seinem Nachteil verändert: das Wasser! Damals konnten wir noch bedenkenlos im Rhein schwimmen. Dieses Vergnügen würde ich heute niemandem anraten!

Als wir die Mosel erreichten, entdeckten wir am Ufer auf einer Wiese zu unserem nicht geringen Erstaunen eine ganze Horde von Elefanten. Wir dachten schon, auf den falschen Kontinent geraten zu sein, bis wir in der Nähe ein Zirkuszelt erspähten und beobachteten, daß die Zirkusleute ihre Elefanten einfach wie Kühe weiden ließen. Ein höchst erfreulicher Anblick, wenn man bedenkt, welch trostloses Leben diese armen Tiere sonst zwischen Käfig und Manege oder auf den Beton- oder Kiesböden der zoologischen Gärten führen. Aber ein wenig überrascht waren wir schon.

Und dann wurde mein Traum wahr, wie einst im Film Jean Gabin, Frankreich auf den Kanälen zu durchmessen. Wir fuhren auf dem alten Canal de l'est! Dieser östlichste der zahlreichen französischen Kanäle wurde schon im 19. Jahrhundert gebaut. Das jüngste der zahlreichen Schleusenwärter-Häuschen trägt das Datum 1894. Das älteste stammt aus der Mitte des vorigen Jahrhunderts. Wir steuerten die Jacht durch eine Landschaft, die noch gänzlich unberührt von der modernen Zivilisation zu sein schien. Weit weg vom Verkehrslärm hörten wir tagelang nichts als das ruhige, gleichmäßige Tuckern des Motors. Das Boot glitt an einsamen Bauernhöfen vorbei, an grünen Wiesen mit weidendem Vieh, durch ausgedehnte Wälder, an mit Blumen dicht bewachsenen Ufern, bis wir wieder rings um uns undurchdringliche Wälder sahen – kurz: wir waren wie in einer anderen Welt. Die Schleusenwärterinnen – es waren wirklich meist Frauen – verkauften, während das Schiff durch die Schleuse gebracht wurde, Salat,

Gemüse, Obst und frische Eier. Wir lebten in einer Idylle. Beim Öffnen und Schließen der Schleuse halfen wir selbst mit, da wir dadurch die Passierzeit stark abkürzen konnten.

Auf dem Canal de l'est hatten wir zahlreiche Schleusen zu durchfahren, vor allem in der Französischen Jura. Die Schleusenwärterinnen bewiesen eine unerbittliche Pünktlichkeit. Auf die Minute genau um halb acht abends wurden die Tore geschlossen, auch wenn man nur noch hundert Meter entfernt war. Auf Rufe und Winken reagierten diese gewissenhaften Menschen mit einem fröhlichen Zurückwinken – und entfernten sich. Wir konnten jeweils nur resignierend den Kopf schütteln, das Boot an einem Baum festmachen oder Anker werfen. Am nächsten Morgen, pünktlich um 7 Uhr, konnte man dann weiterfahren.

An Bord hatte jeder den ganzen Tag über irgend etwas zu tun. Aber nicht hektisch, nein, gelassen, wohlgelaunt und heiter. Die Tageseinteilung blieb fast immer die gleiche. In aller Frühe standen wir auf und fuhren nach einem kräftigen Frühstück gegen 7 Uhr ab. Wir kochten zwei große »Urnen« mit Kaffee und Tee, so daß man sich jederzeit bedienen konnte. Abends, wenn wir angelegt oder Anker geworfen hatten, kochte Christian ein richtiges Diner. Gelegentlich gingen wir aber auch an Land zum Essen, vor allem wenn wir in Städten angelegt hatten. Zuletzt war das in Marseille der Fall.

An den Liegeplätzen vor den Schleusentoren lagen abends manchmal französische Lastkähne. Mit den Schiffern kamen wir oft ins Gespräch, man lud sich gegenseitig zum Weintrinken ein. Einige dieser Schiffer waren während des Zweiten Weltkriegs als Kriegsgefangene in Deutschland gewesen. Übereinstimmend erklärten sie, von der Bevölkerung gut behandelt worden zu sein. Wenn sie das Glück hatten, bei Bauern auf dem Lande und nicht in der Rüstungsproduktion zu arbeiten, war es ihnen recht gut ergangen. Einer dieser Schiffer besuchte sogar noch regelmäßig den Hof, auf dem er einst gearbeitet hatte. Mir selbst fielen natürlich meine Erlebnisse mit französischen Kriegsgefangenen beim Film ein. Aber auch das Bild von den Franzosen, die wir in Morrn zurücklassen mußten, als ich Herta vom Gutshof zurückholte, wurde wieder in mir lebendig.

Vom Canal de l'est ging es auf die Saône, die in den Monts Faucilles entspringt und bei Lyon in die Rhône mündet. Unterwegs fischten wir einen Jungen aus dem Wasser, der mit seinem Paddelboot gekentert war, sahen den Papstpalast von Avignon im Abendrot und legten schließlich im Jachthafen von Marseille an. Am nächsten Morgen fuhren wir an Port St. Louis vorbei hinaus aufs Mittelmeer nach Port Grimaud, einer im Stile einer Lagunenstadt angelegten Feriensiedlung. Es war eine der schönsten Reisen, die ich je gemacht habe, vielleicht sogar die schönste.

Ich glaube, schon lange vor Goethes Lebenserinnerungen war jede Selbstbiographie »Dichtung und Wahrheit«. Ich kann mir nicht vorstellen, daß es eine Autobiographie gibt, die nicht diese beiden Elemente enthält. Als ich noch mit dem Plan für dieses Buch beschäftigt war, saß ich in einem Lokal in München mit einem Autor und seiner literarischen Agentin zusammen. Das Gespräch kam auf mein Vorhaben, und plötzlich fragte mich die Agentin: »Werden Sie ehrlich sein?« Worauf ich nur antworten konnte: »Soweit ich kann, ja.«

Aber es gibt zwei Faktoren, die der absoluten, hundertprozentigen Aufrichtigkeit entgegenarbeiten: die Rücksichtnahme und das Gedächtnis. Ich kann und will nicht über Dinge berichten, die andere Menschen vielleicht kränken, beleidigen oder gar bloßstellen könnten. Jeder Mensch hat seine Schwächen und macht Fehler. Aber ich halte es nicht für meine Aufgabe, darüber zu schreiben. Ich kann meine eigenen Schwächen anführen, soweit sie mir bewußt werden. Die Menschen, die mir nahestehen und ständig mit mir zu tun haben, haben sicher noch einige Unzulänglichkeiten mehr an meiner Person entdeckt: Meine Neigung, Entscheidungen hinauszuschieben und, wenn ich sie einmal getroffen habe, allzu stur an ihnen festzuhalten; meine Ungeduld in manchen Situationen, mein Jähzorn, den allerdings die »Last der Jahre« wesentlich gedämpft hat; meine Tendenz, unangenehmen Auseinandersetzungen möglichst aus dem Weg zu gehen, und so weiter und so weiter.

Aber, so banal das auch klingen mag, der Versuch vollkommen aufrichtig zu sein, scheitert auch an den natürlichen Schranken des Gedächtnisses. Ich konnte das an einem Beispiel ganz genau feststellen.

In den Tagen des Endkampfes um Berlin und in der ersten Zeit nach der Kapitulation führten Günther Lüders und ich eine Art Tagebuch in Stichworten. Das heißt, wir setzten uns jeden Abend zusammen, um unsere Erlebnisse zu rekapitulieren. Das Ergebnis hielt Günther im Telegrammstil fest. Als wir uns einige Jahre nach Kriegsende zufällig wieder in Berlin begegneten, fragte ich ihn, was aus unserem gemeinsam geführten Tagebuch geworden sei. Er hatte es sorgsam aufbewahrt und führte es sogar mit sich. Nun vervollständigten wir unser Experiment. Wir versuchten die letzten Kriegstage aus dem Kopf zu rekonstruieren und das Resultat mit den alten Aufzeichnungen zu vergleichen. Z. B.: Wann genau fuhren wir mit dem Fahrrad in die japanische Botschaft in der Tiergartenstraße, um den Schutzbrief des Botschafters und die japanischen Fähnchen zu holen? An welchem Tag versuchten wir zum letzten Mal, zu meiner Wohnung im Grunewald durchzukommen, um noch ein paar Sachen zu holen – ein Versuch, den wir auf dem Vorplatz des Olympiastadions abbrechen mußten, weil die Artillerieeinschläge immer näher kamen. (Wir schlugen uns dann samt unseren unentbehrlichen Fahrrädern »seitwärts in die Büsche«!) Wann kam uns die Idee – die wir dann auch in die Tat umsetzten –, das Kellerabteil, in dem wir unsere Alkoholvorräte verbargen, mit Brettern zu vernageln und als Schrank zu tarnen? Wann schlichen wir uns aus dem Garten, um eine Pistole weiter draußen zu vergraben, da wir durch einen Anruf aus Weißensee, wo schon die Russen waren – einige Telefonleitungen funktionierten erstaunlicherweise noch –, erfahren hatten, daß alle Bewohner eines Hauses erschossen würden, sobald die Sowjets in diesem eine Waffe fanden? Wann tauchte der verstörte, bayerisch sprechende Soldat auf, der von den schrecklichen Ereignissen in Fort Hahneberg erzählte, von wo er geflüchtet war? (Er fragte mit rührender Naivität, in welcher Richtung Bayern liege. Wir gaben ihm Zivilkleidung, baten ihn aber dringend, seine Uniformstücke nicht auf unserem Gelände liegen zu lassen.) Und viele andere Fragen mehr.

Man wird es schon ahnen und in der Tat: In unserer Erinnerung stimmte nichts mehr ganz genau. Oft verwechselten wir die Tage, vieles hatte stattgefunden, was wir vergaßen, und an manches glaubten wir uns zu erinnern, was sich gar nicht oder zu einem anderen Zeitpunkt zugetragen hatte. Das Langzeitgedächtnis scheint viel besser zu funktionieren als das Kurzzeitgedächtnis, wir erinnern uns an die Dinge unserer Kindheit und Jugend genauer als an die Ereignisse der späteren Jahre.

Meine späten Jahre, die nun schon eine ganze Weile dauern, verliefen und verlaufen immer noch recht gleichmäßig zwischen Engagements an verschiedenen Bühnen, Tourneen, und Fernsehspielen. Die Rollen sind mit mir älter geworden, aber sie machen immer noch Spaß. Ja, je mehr sie sich in den letzten Jahren vom »Liebhaber und Bonvivant«, um einmal diese überholten Fachbezeichnungen zu verwenden, zum Charakterfach und besonders zum charakterkomischen hin bewegt haben, um so mehr interessieren sie mich. So ist es mir wieder vergönnt, meine Vielseitigkeit auszuspielen, was ich früher nur im Kabarett konnte. *Gin-Rommé* ist da ein Beispiel, die schon erwähnte Tragikomödie von zwei Versagern in einem billigen Altersheim. Meine Molière-Rollen, besonders in *Die Schule der Frauen*, der eigenwillige Geheimrat in *Drei Männer im Schnee* von Erich Kästner, aber auch der alternde Filmstar in *Romeo mit grauen Schläfen* von Curth Flatow.

Jetzt, da ich dies schreibe, gehe ich auf Tournee mit *Sonny Boys* von Neil Simon, der tragikomischen Geschichte eines alten, skurrilen Komiker-Paares, das sich nach jahrzehntelanger Zusammenarbeit nicht mehr ausstehen kann, aber fürs Fernsehen noch einmal seine alten Sketche aktivieren soll.

Nach über vierzig Jahren, seit der Schaubuden-Zeit, werde ich wieder mit Siegfried Lowitz zusammen auf der Bühne stehen. Ich freue mich sehr darauf. Die alten Kollegen und Freunde, mit denen man zusammengearbeitet hat, werden ja naturgemäß immer weniger, Carl Merz, Ferdinand Marian, Victor de Kowa, Günther Lüders, Curd Jürgens, Walter Janssen, Karl Günther, Willy Birgel, Karl John, die Kolleginnen Grethe Weiser, Fita Benkhoff, Ursula Herking, Lizzi Waldmüller, Luise Ullrich, Olga Tschechowa, Zarah Leander, die Regisseure Reinhold Schünzel, Paul Verhoeven, Hans Schweikart, Erik Ode, Helmut Käutner, Wolfgang Staudte, die Komponisten, deren Schlager und Chansons ich gesungen habe und die mich zum Teil auch begleitet haben: Edmund Nick, Heino Gaze, Werner Bochmann, Peter Igelhoff, Olaf Bienert… Besonders erschreckend empfand ich es, wie sich die Reihen gelichtet haben, während ich diese Erinnerungen niederschreibe. Es fing mit dem tödlichen Unfall von Oliver Hassencamp an. Dann Erik Frey in Wien. Dann Brigitte Horney, mit der ich nach langer Zeit wieder einmal zusammen spielen sollte, worauf ich mich besonders gefreut hatte. Dann Gert Fröbe, ein alter Kumpan, und schließlich auch noch Axel von Ambesser!

Als ich vor einiger Zeit auf dem Rückflug von Berlin nach München durch Zufall neben Conrad von Molo saß, sagte er: »Ich bin richtig froh, daß wir uns einmal nicht auf einer Beerdigung treffen.«

Neben so vielen Kollegen und Freunden vermisse ich natürlich auch Berlin. Berlin, wo unsereiner selbst im Dritten Reich noch relativ frei leben konnte, wo die Künstler sich in Jonnys kleinem Künstlerrestaurant trafen, wo bei Henry Bender in der Bleibtreu-Straße die Schauspieler und die Trabrennfahrer am gleichen Tisch saßen, wo die Roxy-Bar Komödianten und Boxer zusammenführte und wo das Kassel in der Kantstraße den Schauspielern vom Staatstheater ihr Bier bereitstellte. Wo man in den großen Filmateliers bei den Maskenbildnern oder in der Kantine sämtliche Berliner Kollegen treffen konnte, wo das Wort wahr wurde: Ganz Berlin ist eigentlich ein einziges großes Ensemble!

Ich will nicht undankbar gegen München sein, die Stadt, die sich nach dem Krieg so fabelhaft entwickelt hat, in der ich nun so lange wie an keinem anderen Ort lebe, wo ich mich alten Freunden wieder angeschlossen und neue gewonnen habe. Aber Berlin war eben etwas Besonderes, das nicht wiederkommt. Ich habe den Ausdruck ähnlicher Gefühle in den Erinnerungen einiger Hollywood-Schauspieler lesen können. David Niven, Lauren Bacall, Laurence Olivier usw., sie alle beklagen das Fehlen dessen, was sie Kameraderie nennen. Mit dem alten Hollywood ist es untergegangen: Das Zusammengehörigkeitsgefühl, das trotz Konkurrenzkampf und persönlichem Karrierestreben, trotz Neid und Mißgunst alle verband, die dort lebten und arbeiteten. Ähnlich verhielt es sich auch mit dem alten Berlin, das sich diese Besonderheit, diese Atmosphäre im Dritten Reich und im Krieg erhalten hatte. Es war eine Stadt, die jeden mit offenen Armen aufnahm.

Nahezu alle meine Bekannten, Freunde und Kollegen in Berlin waren keine geborenen Berliner. Sie waren Schlesier, Sachsen, Bayern, Österreicher, Ungarn, Armenier, Rumänen, Perser, Russen – und fühlten sich doch alle als Berliner! Aber für dieses Berlin gilt, was Erich Kästner sagte, als er nach dem Krieg von seiner ersten Berlin-Reise wieder nach München zurückkehrte: »Unser Berlin, das Berlin, das wir gekannt und geliebt haben, das gibt es nicht mehr und wird es nie mehr geben.«

Berlin ist heute wieder eine interessante, pulsierende moderne Stadt, die viele Menschen fasziniert. Aber es ist ein anderes Berlin. Ich gehe immer noch gern für ein Gastspiel oder für

Fernsehaufnahmen nach Berlin. Aber Heimatgefühle, wie ich sie in den ersten Jahren nach dem Krieg noch hatte, verspüre ich dort nicht mehr. Ich mache immer noch meine Runden um den Grunewaldsee, aber nach Glienicke, zu Olga Tschechowas früherem Haus fahre ich nicht mehr, denn mitten durch den See führt die Grenze zur DDR. Ich kann auch keinen Ausflug nach Ferch am Schwielowsee unternehmen, denn der liegt vollends in der DDR, und das gilt auch für den Scharmützelsee und all die anderen Gewässer, die einst die Schönheit der Berliner Umgebung ausmachten.

Ähnlich wie mit Berlin ergeht es mir auch mit meiner Heimatstadt Wien. Ich freue mich auf jedes Gastspiel, auf jeden Drehtermin in Wien. Ich liebe es, zu Fuß durch die Straßen der Innenstadt zu flanieren, genieße den Blick in die Arkadenhöfe und in die schönen alten Treppenhäuser. Die Pracht der Nationalbibliothek, der Anblick des Fensterrahmens in einem Durchgang der Hofburg, der einmal der Bühneneingang des alten Burgtheaters war und den man beim Erbauen des Michaeler-Traktes der Hofburg aus Pietät dort einbaute, die Kostbarkeiten der Schatzkammer und der einmaligen Sammlung alter Musikinstrumente, und all die vielen anderen Schönheiten dieser imperialen Stadt beglücken mich noch immer. Einmal ganz abgesehen davon, daß ich hier meinen Bruder und meine Schwägerin, auch alte Freunde und Schulkameraden wiedersehen und auf der Hin- und Rückfahrt meine Schwester in Linz besuchen kann. Ich genieße die wenigen noch vorhandenen alten Kaffeehäuser, die Eßlokale, besonders die kleinen, unbekannten, in denen man noch einfache Speisen in vollendeter Zubereitung bekommt, Krautfleckerln und Eiernockerln oder ein echtes Wiener Schnitzel, so trocken paniert, daß man es auf einer Papierserviette servieren könnte, ohne daß man Fettflecken sieht, oder einen hauchdünnen ausgezogenen Apfelstrudel. Aber ich sehe und genieße das alles wie ein Tourist aus einem anderen Land, der ich ja auch bin. Zu Hause fühle ich mich heute in München – und in

Bayern, das mir durch meine Mutter schon von Kindheit an vertraut war.

Nach vielen Umzügen wohne ich nun in Schwabing, in der großen Wohnung eines Jugendstilhauses, und hier hoffe ich zu bleiben. Meine Frau Corinna verbringt die meiste Zeit des Jahres in einem Haus mit großem Garten in der Nähe von Bad Godesberg. Viele Zeitschriften haben es schon bekannt gemacht, daß wir seit einigen Jahren getrennt wohnen. Ich verrate also nichts Neues. Es gefällt uns eben so, und das ist das einzige, worauf es ankommt. Wenn ich in Köln, Bonn oder Düsseldorf spiele, wohne ich bei ihr, und wenn sie in München spielt, wohnt sie bei mir. Sie hegt und pflegt ihren Garten und möchte nur noch auf dem Lande leben. Und ich will München, wo ich jetzt schon über vierzig Jahre lebe, nicht verlassen.

Wir verreisen oft gemeinsam und spielen auch zusammen Theater, wann immer sich die Möglichkeit ergibt. So haben wir eine Form gefunden, die uns beiden »paßt«. Und wir fahren recht gut damit.

Ich bin nicht zum Theater gegangen, um die Welt zu verbessern; auch nicht, weil ich mir eingebildet habe, eine Mission zu erfüllen. Das überlasse ich denjenigen, die sich wirklich dazu berufen fühlen, sie haben meine Bewunderung. Ich bin Schauspieler geworden aus purer Freude am Spielen, an der Verwandlung und aus der Lust heraus, den Menschen etwas vorzuspielen, ihnen zu gefallen, sie zu unterhalten, ihren Beifall zu gewinnen. Mich reizte es ganz einfach, die von Theaterschriftstellern geschriebenen Dialoge und Szenen lebendig werden zu lassen und mit meiner Phantasie Menschen zu formen, die zwar nicht aus der Realität gerissen sind, aber doch in ihr vorkommen könnten. Das ist mir, weiß Gott, nicht immer gelungen. So glatt, wie es sich vielleicht in meinen Aufzeichnungen lesen mag, lief es nicht immer. Ich habe zähneknirschend und mit Magenschmerzen manche mir vollkommen wesensfremde Rolle spielen müssen, entweder weil ich sie beim Lesen nicht richtig erkannte oder weil ich einfach das Geld brauchte und kein besseres Angebot hatte. Einige Filme, von denen ich mir viel versprach, brachten mir nicht den erwarteten Erfolg, und ich mußte die Enttäuschung lächelnd hinunterschlucken. Ich geniere mich fast, das alte Sprichwort zu zitieren: »Was mich nicht umwirft, macht mich stärker.« Aber im Grunde war es so! Jede Niederlage hat meinen Ehrgeiz angestachelt, meine Sinne geschärft, mich zum Nachdenken gebracht und mir so letztlich geholfen, mich weiterzuentwikkeln.

So ist es mir in den bald sechzig Jahren, die ich nun diesen Beruf ausübe, immer wieder gelungen, die Menschen zu interessieren, ihnen etwas zu geben, sie zu unterhalten. Wobei unterhalten ja nicht nur bedeutet, sie zum Lachen zu bringen. Obwohl das auch schon sehr viel wert ist, wie ich finde. Aber die Rührung, das Mitleid-Erwecken und die Erschütterung gehören auch zur Unterhaltung, sofern man nämlich Unterhaltung als das Gegenteil von Langeweile begreift. Das ist das Schlimmste am Theater: Eine Inszenierung kann schlecht sein, sie kann ganz daneben gehen, sie kann die Menschen ärgern und empören – nur langweilig darf sie nicht sein.

Ich habe mich darum immer bemüht – ob es mir gelungen ist, weiß ich nicht, ich möchte es eher bezweifeln –, auch eine nichtssagende Rolle, ein überflüssiges Stück oder einen albernen Film mit allem Einsatz und aller Intensität zu spielen. Ich halte nichts davon, eine schlechte Rolle durch eine schlampige Interpretation noch uninteressanter und schlechter auf die Bühne zu bringen. Das werde ich auch weiterhin so halten, so lange man mich will und so lange ich die nötige Kraft aufbringe. Ich habe in meinem Beruf nie große Pausen eingelegt, das blieb mir, Gott sei's gedankt, erspart. Lieber habe ich ein schwaches, nicht sonderlich erfolgversprechendes Stück gespielt, als wochenlang zu faulenzen. Früher, als ich noch große Filme drehte, blieb ich oft längere Zeit der Bühne fern. Wenn ich dann wieder zur ersten

Probe auf die Bühne trat, beschlich mich regelmäßig das Gefühl: »Jetzt hast du es verlernt!« Das ist keine allgemeine Regel, die ich da aufstelle, jeder muß selbst wissen, was für ihn das Beste ist. Aber ich lerne immer noch mit jedem Auftritt Neues dazu. Nach wie vor entdecke ich an den Kollegen und an mir selbst Unzulänglichkeiten, die man korrigieren, und Vorzüge, denen man nacheifern sollte. Ich versuche, meine Kunst auch durch die Beobachtung des Publikums zu vervollkommnen. Denn jede Theatervorstellung ist etwas Einmaliges. Was sie an einem Abend ist, wird sie so nie wieder sein und ist sie nie zuvor gewesen. Das ist das Lebendige und Spannende am Theater, das, was uns elastisch hält – wenn wir es richtig machen! Wobei ich immer wieder feststelle, wie wichtig es doch ist, ehrlich zu spielen. Ich muß bei einer Überraschung, auch im Schwank, wirklich innerlich zusammenfahren, damit mein Erschrecken komisch wirkt und die Leute zum Lachen bringt. Ich kann das Erschrecken mit viel Übertreibung spielen, aber diese Übertreibung muß von innen heraus kommen und darf nicht bloß äußerlich aufgesetzt sein. Ehrlich gespielt und gestaltet, aber wiederum nicht restlos ehrlich, denn das könnte kein Mensch hundert oder hundertfünfzig Vorstellungen durchhalten. So kompliziert ist unser Beruf! Daß keine Vorstellung wie die andere ist, macht das Einmalige aber auch das Vergängliche jeder Inszenierung aus. Das ist der Unterschied zum Film. Er hält Leistungen fest, aber er kann das Publikum niemals so unmittelbar anrühren wie das lebendige Schauspiel. Und wenn man den Geschmackswandel in den letzten zwanzig, dreißig oder vierzig Jahren bedenkt, dann begreift man, daß auch der Film zeitgebunden und nicht für die Ewigkeit gemacht ist.

Unsere Kunst kann herrlich sein, sie vermag die Menschen zu begeistern und glücklich zu stimmen, aber sie ist vergänglich. Niemand hat das treffender ausgedrückt als Schiller in seinem Prolog zum *Wallenstein*:

»Denn schnell und spurlos geht des Mimen Kunst,
die wunderbare, an dem Sinn vorüber.
Wenn das Gebild des Meißels, der Gesang des Dichters
nach Jahrtausenden noch leben.
Hier stirbt der Zauber mit dem Dichter ab.
Und wie der Klang verhallet in dem Ohr,
verrauscht des Augenblicks geschwinde Schöpfung,
und ihren Ruhm bewahrt kein dauernd Werk.
Schwer ist die Kunst, vergänglich ist ihr Preis.
Dem Mimen flicht die Nachwelt keine Kränze.
Drum muß er geizen mit der Gegenwart,
den Augenblick, der sein ist, ganz erfüllen.
Und im Gefühl der Würdigsten und Besten
ein lebend Denkmal sich erbau'n.
Denn wer den Besten seiner Zeit genug getan,
der hat gelebt für alle Zeiten!«

Anhang

Rollenverzeichnis Theater

Zusammengestellt von Lothar Schirmer

Die Titel- und Gattungsbezeichnungen erfolgen nach der jeweiligen Ankündigung des Theaters (Theaterzettel, Programmheft); wenn dieses Material nicht vorgelegen hat, richten sich die Angaben nach den Buchveröffentlichungen. Genannt ist jeweils die Premierenbesetzung; Änderungen sind nur berücksichtigt, sofern sie Karl Schönböck betreffen. Unterschiedliche Schreibweisen von Namen sind vereinheitlicht, offensichtliche Druckfehler korrigiert. Die Darsteller sind in alphabetischer Reihenfolge genannt.

Verwendete Abkürzungen: KS = Karl Schönböck; R = Regisseur; B = Bühnenbildner; M = Komponist; ML = Musikalischer Leiter; Ü = Übersetzer; U = Uraufführung; DE = Deutsche Erstaufführung

1930

11. 10.	**Ein Spiel von Tod und Liebe**
Stadttheater	Von Romain Rolland; Ü: Erwin Rieger
Meißen	R: Gustav Pichler
	KS (Claude Vallée, geächteter girondistischer Abgeordneter), Maria Kutschera, Betty Loewen, Grete Schirmer, Bobby Fischer, Wilhelm Haardt, Fritz Herrmann, Erich Markens, Wilhelm Michaelis, Gustav Pichler, Maximilian Weigang

1931

11. 2.	**Lumpazivagabundus oder**
Stadttheater	**Das liederliche Kleeblatt**
Meißen	Posse mit Gesang von Johann N. Nestroy; M: Adolf Müller
	R: Erwin Groß; ML: Heinrich Brunmüller
	KS (Leim, ein vagierender Tischlergesell), Henny Ander, Maria Barhon, Renata Dargo, Jose-

phine Freißler, Maria Kutschera, Betty Loewen, Hilde Paglia, Grete Schirmer, Flita von Uhl, Franz Fidler, Bobby Fischer, Fritz Herrmann, Rolf Lambert, Karl Theodor Langen, Georg Liebe, Martin Luther, Erich Markens, Wilhelm Michaelis, Erik Sylvester

19. 4. Stadttheater Meißen	**Der Orlow** Operette von Ernst Marischka und Bruno Granichstaedten; M: Bruno Granichstaedten R: Bruno Seuberth; ML: Heinrich Brunmüller KS (Fred, ein Freund von Walsh/Ein Abbé), Henny Ander, Hilde Paglia, Grete Pohl, Franz Fidler, Fritz Herrmann, Rolf Lambert, Karl Theodor Langen, Georg Liebe, Erich Markens, Wilhelm Michaelis, Josef Probst, Bruno Seuberth, Erik Sylvester
1. 10. Deutsches Theater Hannover	**Sturm** Märchenlustspiel von William Shakespeare; Ü: August Wilhelm von Schlegel; M: Ernst Křenek R: Johannes Tralow; B: Heinz Hoffmann; ML: Max Krohn KS (Ferdinand, Sohn des Königs von Neapel), Edith Andree, Mine Corinth, Elisabeth Flickenschildt, Ursula van Gaarden, Annemarie Jürgens, Ilse Kallenbach, Carl Czell, Franz Goebels, Hans W. Harloff, Gustav Landauer, Theo Paul Münch, Hajo Pollems, Ewald Schindler, Max Walter Sieg
8. 10. Deutsches Theater Hannover	**Freie Bahn dem Tüchtigen** Heiteres Bühnenstück von August Hinrichs R: Franz Goebels KS (Axel Butenkamp, Primaner), Elisabeth Flickenschildt, Erna Hoch, Annemarie Jürgens, Franz Goebels, Hans W. Harloff, Gustav Landauer, Theo Paul Münch, Ewald Schindler, Max Walter Sieg
21. 10. Deutsches Theater Hannover	**Der Struwwelpeter** Märchenspiel frei nach Heinrich Hoffmann R: Ewald Schindler KS, Edith Andree, Elisabeth Flickenschildt, Ursula van Gaarden, Maria Gstettenbauer, Meta

216

Hohnheit, Adele Hübsch, Ilse Weintraub, Rainer Eggemann, Ewald Schindler, Max Walter Sieg

31. 10. Deutsches Theater Hannover (Spielort: Kuppelsaal der Stadthalle)	**Medea** Tragödie des Euripides in der Nachdichtung von Johannes Tralow R: Johannes Tralow KS, Mine Corinth, Elisabeth Flickenschildt, Ursula van Gaarden, Erna Hoch, Adele Hübsch, Annemarie Jürgens, Ilse Kallenbach, Anna Meyer-Glenk, Carl Czell, Kurt Egger-Kestner, Franz Goebels, Gustav Landauer, Theo Paul Münch
9. 11. Deutsches Theater Hannover	**Onkel Bräsig** Lebensbild von Siegfried Philippi R: William Schirmer KS, Lydia Barth, Elisabeth Flickenschildt, Erna Hoch, Adele Hübsch, Willy Clodius, Franz Goebels, William Schirmer, Max Walter Sieg, Johannes Tralow
26. 11. Deutsches Theater Hannover	**Die Waterloo-Brücke** Schauspiel von Robert Emmet Sherwood; deutsche Bearbeitung: Heinrich B. Kranz R: Carl Czell KS, Mine Corinth, Elisabeth Flickenschildt, Ilse Kallenbach, Franz Goebels
8. 12. Deutsches Theater Hannover	**Die Dame Kobold** Lustspiel von Pedro Calderón de la Barca; freie Übersetzung für die neuere Bühne von Hugo von Hofmannsthal R: Johannes Tralow; B: Heinz Hoffmann KS (Don Manuel), Edith Andree, Elisabeth Flickenschildt, Annemarie Jürgens, Carl Czell, Gustav Landauer, Ewald Schindler, Max Walter Sieg
23. 12. Deutsches Theater Hannover	**Die Sache, die sich Liebe nennt** Lustspiel von Edwin Burke; deutsche Bearbeitung: Karl Lerbs R: Theo Paul Münch; B: Heinz Hoffmann

217

KS (Harry Bertrand), Edith Andree, Annemarie Jürgens, Herta Ulrici, Maria Zeni, Carl Czell, Franz Goebels, Theo Paul Münch, Hajo Pollems

31. 12.
Deutsches Theater
Hannover

Bummelstudenten

Musikalische Posse mit Gesang und Tanz nach Emil Pohl und Heinrich Wilken von Rudolf Bernauer und Rudolf Schanzer; M: Willy Bredschneider und Bogumil Zepler nach August Conradi

R: Kurt Hellmer; ML: Wilhelm Bantelmann

KS, Edith Andree, Mine Corinth, Annemarie Jürgens, Herta Ulrici, Carl Czell, Franz Goebels, Gustav Landauer, Theo Paul Münch, Ewald Schindler, Max Walter Sieg, Adalbert Steffter

1932

15. 1.
Deutsches Theater
Hannover

Das verfl ... Geld

Lustspiel von Carl Rößler

R: Johannes Tralow

KS (Prof. Tolander), Edith Andree, Cläre Arnstein, Mine Corinth, Elisabeth Flickenschildt, Ursula van Gaarden, Annemarie Jürgens, Edith Steffter, Carl Czell, Franz Goebels, Gustav Landauer, Theo Paul Münch, Max Walter Sieg

27. 1.
Deutsches Theater
Hannover

Unter den Dächern der Vorstadt (Peripherie)

Schauspiel von František Langer

R: Carl Czell; B: Heinz Hoffmann

KS (Franzi), Mine Corinth, Elisabeth Flickenschildt, Herta Ulrici, Carl Czell, Rainer Eggemann, Franz Goebels, Gustav Landauer, Hajo Pollems, Ewald Schindler, Max Walter Sieg, Adalbert Steffter, Johannes Tralow

6. 2.
Deutsches Theater
Hannover

Das rote Tuch

Schwank von Julius Horst und Wolfgang Pollaczek

R: Ewald Schindler

KS (Wellenbrecher, Vertreter), Edith Andree, Mine Corinth, Elisabeth Flickenschildt, Herta Ulrici, Carl Czell, Rainer Eggemann, Franz Goe-

bels, Hans W. Harloff, Gustav Landauer, Theo
Paul Münch, Hajo Pollems, Ewald Schindler, Max
Walter Sieg, Adalbert Steffter, Johannes Tralow

16. 2. Deutsches Theater Hannover	**Muß die Kuh Milch geben?** **(Der Brotverdiener)** Komödie von William Somerset Maugham; Ü: Mimi Zoff R: Albert Bassermann KS (Patrick Battle), Edith Andree, Mine Corinth, Elisabeth Flickenschildt, Herta Ulrici, Albert Bassermann, Theo Paul Münch
21. 2. Deutsches Theater Hannover	**Kolberg** Vaterländisches Schauspiel von Paul Heyse R: Johannes Tralow KS (Brünnow, Leutnant vom Schillschen Freikorps), Adele Hübsch, Herta Ulrici, Carl Czell, Franz Goebels, Gustav Landauer, Theo Paul Münch, Hajo Pollems, Ewald Schindler, Max Walter Sieg, Adalbert Steffter, Johannes Tralow
25. 2. Deutsches Theater Hannover	**Iphigenie** Schauspiel von Johann Wolfgang von Goethe R: Johannes Tralow; B: Heinz Hoffmann KS (Pylades), Anna Meyer-Glenk, Karl Ebhardt, Franz Goebels, Gustav Landauer
19. 3. Deutsches Theater Hannover	**Spinne im Netz** Kriminalstück von Fulton Oursler und Lowell Brentano; Ü: Felix Salten R: Johannes Tralow KS, Mine Corinth, Elisabeth Flickenschildt, Lotti Holm, Herta Ulrici, Eric Caro, Carl Czell, Gustav Landauer, Theo Paul Münch, Ewald Schindler, Max Walter Sieg, Johannes Tralow, Hans von Zedlitz
12. 4. Deutsches Theater Hannover	**Spiel im Schloß** Anekdote von Franz Molnár R: Theo Paul Münch KS (Adam), Herta Ulrici, Carl Czell, Rainer Eggemann, Gustav Landauer, Theo Paul Münch, Max Walter Sieg

11.10. Stadttheater Salzburg	**Vor Sonnenuntergang** Schauspiel von Gerhart Hauptmann R: Richard Feist; B: Loe Dahl KS, Jua Beschorner, Poldi Czernik, Franziska Jacobi, Gertrud Ramlo, Liselotte Wimmer, Richard Feist, Josef Geßler, Josef Hauschulz, Norbert Kammil, Arnold Putz, Richard Tomaselli, Franz Wettig
27.10. Stadttheater Salzburg	**Die Flucht in die Ehe** Operette aus dem Ungarischen des Andor Kardos, für die deutsche Bühne bearbeitet von Ludwig Hirschfeld und Fritz Rotter; M: Nikolaus Brodszky R: Heinrich Froschhauser; B: Loe Dahl; ML: Anton Dewanger KS, Poldi Czernitz, Beatrice Haager, Irene Jeßner, Heinrich Froschhauser, Rudolf Hille, Anton Ott
11.11. Stadttheater Salzburg	**Ein Volksfeind** Schauspiel von Henrik Ibsen R: Richard Feist KS (Horster, Schiffskapitän), Jua Beschorner, Franziska Jacobi, Richard Feist, Josef Hauschulz, Norbert Kammil, Anton Ott, Arnold Putz, Franz Wettig
12.11. Stadttheater Salzburg	**Die Fledermaus** Operette von Carl Haffner und Richard Genée nach Henri Meilhac und Ludovic Halévy; M: Johann Strauß R: Anton Ott; ML: Leo Körner KS, Beatrice Haager, Irene Jeßner, Herta Saal, Manci Waska, Josef Berzé, Heinrich Froschhauser, Rudolf Hille, Anton Ott
14.11. Stadttheater Salzburg	**Alle Wege führen zur Liebe** Lustspiel von Wilhelm Sterk R: Arnold Putz; B: Loe Dahl KS, Poldi Czernitz, Herta Saal, Liselotte Wimmer, Richard Feist, Heinrich Froschhauser, Norbert Kammil, Arnold Putz, Franz Wettig

19. 11. Stadttheater Salzburg	**Spielzeug Ihrer Majestät** Operette von Oskar Felix und Fritz Holders; M: Josef Königsberger R: Heinrich Froschhauser; B: Loe Dahl; ML: Anton Dewanger KS, Poldi Czernitz, Lola Herdmenger, Irene Jeßner, Mary Wawra, Richard Feist, Heinrich Froschhauser, Josef Hauschulz, Rudolf Hille, Norbert Kammil, Karl Mark-Felsen, Anton Ott, Arnold Putz, Richard Tomaselli, Franz Wettig
1. 12. Stadttheater Salzburg	**Katharina Knie** Seiltänzerstück von Carl Zuckmayer R: Hermann Wlach; B: Loe Dahl KS (Ignaz Scheel), Poldi Czernitz, Franziska Jacobi, Gertrud Ramlo, Herta Saal, Richard Feist, Josef Hauschulz, Norbert Kammil, Karl Mark-Felsen, Arnold Putz, Richard Tomaselli sowie die Artistenfamilie Eichel
14. 12. Stadttheater Salzburg	**II. Stock, Tür 19** Stück von Ludwig Zilahy R: Arnold Putz; B. Loe Dahl KS, Poldi Czernitz, Franziska Jacobi, Gertrud Ramlo, Herta Saal, Richard Feist, Josef Hauschulz, Norbert Kammil, Arnold Putz, Richard Tomaselli, Franz Wettig
25. 12. Stadttheater Salzburg	**Die Dubarry** Operette von Paul Knepler und Ignatz Michael Welleminsky; M: Theo Mackeben nach Karl Millöcker R: Hermann Wlach; B: Loe Dahl; ML: Anton Dewanger KS, Poldi Czernitz, Beatrice Haager, Franziska Jacobi, Liselotte Wimmer, Josef Berzé, Josef Geßler, Josef Hauschulz, Rudolf Hille, Norbert Kammil, Arnold Putz, Franz Wettig
<u>1933</u> 6. 1. Stadttheater Salzburg	**Im weißen Rößl** Singspiel frei nach Oskar Blumenthal und Gustav Kadelburg von Hans Müller und Erik

Charell; Liedertexte: Robert Gilbert; M: Ralph
Benatzky
R: Heinrich Froschhauser; ML: Leo Körner
KS (Dr. Erich Siedler, Rechtsanwalt), Beatrice
Haager, Irene Jeßner, Mary Wawra, Josef Hau-
schulz, Anton Ott, Arnold Putz, Franz Wettig

7. 1.
Stadttheater
Salzburg

Frauen haben das gern
Schwank-Operette von Franz Arnold und Ernst
Bach mit Gesangstexten von Fritz Oliven; M:
Walter Kollo
R: Heinrich Froschhauser; B. Loe Dahl; ML: An-
ton Dewanger
KS, Poldi Czernitz, Beatrice Haager, Liselotte
Wimmer, Heinrich Froschhauser, Rudolf Hille,
Arnold Putz

16. 1.
Stadttheater
Salzburg

Wie fessle ich meinen Mann?
Fröhliches, eheliches Kampfspiel von Hans
Sturm
R: Franz Wettig
KS, Franziska Jacobi, Lia Kaiser, Gertrud Ramlo,
Manci Waska, Liselotte Wimmer, Josef Hau-
schulz, Norbert Kammil, Arnold Putz, Richard
Tomaselli

17. 1.
Stadttheater
Salzburg

Der blaue Heinrich
Schwank von Otto Schwarz und Georg Leng-
bach
R: Franz Wettig
KS, Jua Beschorner, Poldi Czernitz, Liselotte
Wimmer, Josef Hauschulz, Karl Mark-Felsen, Ar-
nold Putz, Franz Wettig

21. 1.
Stadttheater
Salzburg

Freut Euch des Lebens
Operette von Julius Wilhelm und Peter Herz; M:
Johann und Josef Strauß, bearbeitet von Bernard
Grün
R: Heinrich Froschhauser; B: Loe Dahl; ML: Leo
Körner
KS, Poldi Czernitz, Beatrice Haager, Irene Jeß-
ner, Liselotte Wimmer, Heinrich Froschhauser,
Josef Hauschulz, Rudolf Hille, Karl Mark-Felsen,
Anton Ott, Franz Wettig

26. 1. Stadttheater Salzburg	**Wilhelm Tell** Schauspiel von Friedrich Schiller R: Richard Feist; B: Loe Dahl KS, Jua Beschorner, Poldi Czernitz, Franziska Jacobi, Liselotte Wimmer, Richard Feist, Josef Hauschulz, Norbert Kammil, Karl Mark-Felsen, Arnold Putz, Richard Tomaselli, Franz Wettig, Hermann Wlach
28. 1. Stadttheater Salzburg	**Familie Schimek** Schwank von Gustav Kadelburg R: Max Pallenberg KS, Poldi Czernitz, Franziska Jacobi, Gertrud Ramlo, Liselotte Wimmer, Anton Ott, Max Pallenberg, Richard Tomaselli, Franz Wettig
2. 2. Stadttheater Salzburg	**Das verfl … Geld** Lustspiel von Carl Rößler R: Franz Wettig KS, Poldi Czernitz, Franziska Jacobi, Gertrud Ramlo, Herta Saal, Liselotte Wimmer, Heinrich Froschhauser, Josef Hauschulz, Arnold Putz, Richard Tomaselli, Franz Wettig
5. 2. Stadttheater Salzburg	**Doppelselbstmord** Bauernposse von Ludwig Anzengruber R: Franz Wettig KS, Poldi Czernitz, Franziska Jacobi, Gertrud Ramlo, Liselotte Wimmer, Heinrich Froschhauser, Josef Hauschulz, Karl Mark-Felsen, Anton Ott
8. 2. Stadttheater Salzburg	**Die schöne Helena** Operette von Henri Meilhac und Ludovic Halévy; M: Jacques Offenbach R: Anton Ott; B: Loe Dahl; ML: Leo Körner KS, Poldi Czernitz, Mila Dolly, Irene Jeßner, Josef Berzé, Heinrich Froschhauser, Josef Geßler, Norbert Kammil, Karl Mark-Felsen, Anton Ott, Geza Rech
11. 2. Stadttheater Salzburg	**Franz Josef I., Kaiser von Österreich** Drama von Richard Duschinsky R: Hermann Wlach; B: Loe Dahl

KS, Jua Beschorner, Poldi Czernitz, Franziska
Jacobi, Gertrud Ramlo, Herta Saal, Liselotte
Wimmer, Richard Feist, Josef Geßler, Norbert
Kammil, Karl Mark-Felsen, Anton Ott, Arnold
Putz, Geza Rech, Richard Tomaselli, Franz Wettig

23. 2.
Stadttheater
Salzburg

Der Patriot
Schauspiel von Robert Neumann
R: Richard Feist; B: Loe Dahl
KS, Franziska Jacobi, Richard Feist, Josef Geßler,
Josef Hauschulz, Norbert Kammil, Arnold Putz,
Richard Tomaselli

28. 2.
Stadttheater
Salzburg

Rose Bernd
Schauspiel von Gerhart Hauptmann
R: Franz Wettig
KS (Arthur Streckmann), Poldi Czernitz, Käthe
Dorsch, Gertrud Ramlo, Liselotte Wimmer, Nor-
bert Kammil, Arnold Putz, Franz Wettig

4. 3.
Stadttheater
Salzburg

Der Vogelhändler
Operette von Moritz West und Ludwig Held; M:
Karl Zeller
R: Anton Ott; ML: Leo Körner
KS, Poldi Czernitz, Mila Dolly, Irene Jeßner, Josef
Geßler, Rudolf Hille, Karl Mark-Felsen, Anton
Ott

13. 3.
Stadttheater
Salzburg

In jeder Ehe
Komödie von Cecil Chesterton und Ralph Neale
R: Arnold Putz
KS, Poldi Czernitz, Franziska Jacobi, Herta Saal,
Liselotte Wimmer, Arnold Putz, Richard Toma-
selli

15. 3.
Stadttheater
Salzburg

Alt-Wien
Operette von Gustav Kadelburg und Julius Wil-
helm; M: Nach Josef Lanner, bearbeitet von Emil
Stern
R: Anton Ott; ML: Leo Körner
KS, Poldi Czernitz, Mila Dolly, Emma Ott, Hein-
rich Froschhauser, Josef Geßler, Rudolf Hille,
Karl Mark-Felsen, Anton Ott, Toni Ott, Franz
Wettig

28. 3. Stadttheater Salzburg	**Die Nibelungen** Deutsches Heldengedicht von Friedrich Hebbel R: Hermann Wlach; B. Loe Dahl KS, Poldi Czernitz, Franziska Jacobi, Liselotte Wimmer, Norbert Kammil, Arnold Putz, Geza Rech, Richard Tomaselli, Josef Wagner, Franz Wettig
6. 4. Stadttheater Salzburg	**Der Mann mit den grauen Schläfen** Lustspiel von Leo Lenz R: Arnold Putz; B: Loe Dahl KS, Franziska Jacobi, Gertrud Ramlo, Herta Saal, Norbert Kammil
8. 4. Stadttheater Salzburg	**Der Herzog von Reichstadt** Operette von Viktor Léon und Heinz Reichert; M. Peter Stojanovits R: Heinrich Froschhauser; B: Loe Dahl; ML: Leo Körner KS, Mila Dolly, Johanna Thönny, Manci Waska, Liselotte Wimmer, Heinrich Froschhauser, Josef Hauschulz, Rudolf Hille, Norbert Kammil, Karl Mark-Felsen, Franz Wettig
22. 4. Stadttheater Salzburg	**Der Mustergatte** Schwank von Avery Hopwood; für die deutsche Bühne bearbeitet von Bertha Pogson R: Arnold Putz; B: Loe Dahl KS, Herta Saal, Johanna Thönny, Liselotte Wimmer, Norbert Kammil, Richard Tomaselli
28. 4. Stadttheater Salzburg	**Die keusche Susanne** Operette nach dem Französischen von Georg Okonkowski; M: Jean Gilbert R: Josef Hauschulz; B: Loe Dahl; ML: Leo Körner KS, Poldi Czernitz, Mila Dolly, Lia Kaiser, Manci Waska, Heinrich Froschhauser, Josef Fux, Josef Hauschulz, Rudolf Hille, Norbert Kammil, Karl Mark-Felsen
13. 5. Stadttheater Salzburg	**Das Hollandweibchen** Operette von Leo Stein und Bela Jenbach; M: Emmerich Kálmán

225

R: Josef Hauschulz; ML: Anton Dewanger
KS, Poldi Czernitz, Mila Dolly, Irene Jeßner, Josef
Hauschulz, Rudolf Hille, Norbert Kammil, Egyd
Toriff

24. 5.
Stadttheater
Salzburg

Moral
Komödie von Ludwig Thoma
R: Richard Feist; B: Loe Dahl
KS, Poldi Czernitz, Franziska Jacobi, Else Mann,
Gertrud Ramlo, Richard Feist, Heinrich Frosch-
hauser, Josef Geßler, Josef Hauschulz, Norbert
Kammil, Arnold Putz, Franz Wettig

26. 5.
Stadttheater
Salzburg

Ein feiner Herr
Lustspiel von Hans Jaray
R: Arnold Putz
KS, Franziska Jacobi, Gertrud Ramlo, Herta Saal,
Manci Waska, Josef Geßler, Norbert Kammil,
Arnold Putz

2. 6.
Stadttheater
Salzburg

Fuhrmann Henschel
Schauspiel von Gerhart Hauptmann
R: Richard Feist; B: Loe Dahl
KS, Franziska Jacobi, Else Mann, Gertrud Ramlo,
Liselotte Wimmer, Richard Feist, Heinrich
Froschhauser, Josef Geßler, Norbert Kammil,
Arnold Putz, Geza Rech, Franz Wettig

1. 10.
Neues Schauspielhaus
Königsberg

Die Hermannsschlacht
Drama von Heinrich von Kleist
R: Walter Pittschau; B: Albrecht Pfannschmidt
KS (Fust, Fürst der Zimbern, Verbündeter der
Römer), Gertrud Gerlach-Jacobi, Erna Groß-
mann, Barbara Lienau, Lilia Skalla, Pascal du Bois
Raymond, Herbert Dirmoser, Fritz Eder, Carl-
heinz Emmerich, Hans Emons, Willi Gallwitz,
Werner Hessenland, Heinz Hinze, Gustav
Keune, Friedrich Wilhelm Kleinke, Fritz
Kleinke, Wulf Leisner, Michael Pichon, Walter
Pittschau, Wolfgang Preiss, Karl Samwald, Viktor
Schmidt, Günther Schulz, Heinrich Troxböm-
ker, Max Weber, Peter Widmann

22. 10. Neues Schauspielhaus Königsberg	**Die Junggesellensteuer** Schwank von Franz Cornelius und Martin Klinger R: Gustav Keune; B: Carl Wilhelm Vogel KS (Regierungsassessor Wittern), Marianne Brandt, Vera Comployer, Dorothea Kämmerer, Marga Legal, Barbara Lienau, Else Sprenger, Franz Pfaudler, Wolfgang Preiss, Heinz Schacht, Viktor Schmidt, Heinrich Troxbömker, Max Weber
4. 11 Neues Schauspielhaus Königsberg	**Maß für Maß** Schauspiel von William Shakespeare R: Kurt Hoffmann; B: Albrecht Pfannschmidt KS (Bernardin, ein Verbrecher), Lola Chlud, Vera Comployer, Erna Großmann, Marga Legal, Barbara Lienau, Herbert Dirmoser, Carlheinz Emmerich, Hans Emons, Willi Gallwitz, Werner Hessenland, Johannes Klemm, Wulf Leisner, Walter Pittschau, Wolfgang Preiss, Heinz Schacht, Viktor Schmidt, Heinrich Troxbömker, Max Weber, Peter Widmann
19. 11. U Neues Schauspielhaus Königsberg	**Martin Luther oder Die höllische Reise** Schauspiel von Eberhard Wolfgang Möller R: Kurt Hoffmann; B: Carl Wilhelm Vogel KS (Der Bauer), Erna Großmann, Lilia Skalla, Stephanie Wiesand, Herbert Dirmoser, Fritz Eder, Carlheinz Emmerich, Hans Emons, Willi Gallwitz, Werner Hessenland, Heinz Hinze, Kurt Hoffmann, Gustav Keune, Johannes Klemm, Wulf Leisner, Franz Pfaudler, Wolfgang Preiss, Heinz Schacht, Viktor Schmidt, Heinrich Troxbömker, Peter Widmann
2. 12. Neues Schauspielhaus Königsberg	**Das tapfere Schneiderlein** Weihnachtsmärchenlustspiel von Robert Bürkner R: Wulf Leisner; B: Albrecht Pfannschmidt; ML: Arno Hufeld KS (Der Riese, der alles hört), Marianne Brandt, Vera Comployer, Else Sprenger, Carlheinz Emmerich, Willi Gallwitz, Heinz Hinze, Heinz Schacht, Heinrich Troxbömker

31. 12. Neues Schauspielhaus Königsberg	**Hau-ruck** Gesellschaftskomödie von Paul Vulpius und Ralph Arthur Roberts R: Kurt Hoffmann KS (von Klepperbein) Lola Chlud, Marga Legal, Carlheinz Emmerich, Willi Gallwitz, Kurt Hoffmann, Gustav Keune, Franz Pfaudler, Walter Pittschau, Wolfgang Preiss, Viktor Schmidt, Max Weber

<u>1934</u>

13. 1. Neues Schauspielhaus Königsberg	**Struensee oder Der Engel aus Engelland** Drama von Otto Erler R: Walter Pittschau; B. Carl Wilhelm Vogel KS (Oberst Eichstedt, Kommandant von Kopenhagen), Lola Chlud, Erna Großmann, Magda Hennings, Barbara Lienau, Elfriede Nee, Ellen Tietz, Stephanie Wiesand, Herbert Dirmoser, Fritz Eder, Carlheinz Emmerich, Heinz Hinze, Gerhard Hoffmann, Gustav Keune, Friedrich Wilhelm Kleinke, Johannes Nürnberger, Otto Possekel, Wolfgang Preiss, Viktor Schmidt, Günther Schulz, Peter Widmann
3. 2. U Neues Schauspielhaus Königsberg	**Die Galoschen des Glücks** Musikalische Komödie von Claus Richter; M: Otto Urack R und B: Claus Richter; ML: Otto Urack KS (Der Fremde), Vera Comployer, Gertrud Gerlach-Jacobi, Dorothea Kämmerer, Karin Vielmetter, Curt Behrns, Carlheinz Emmerich, Hans Emons, Willi Gallwitz, Heinz Hinze, Gerhard Hoffmann, Kurt Hoffmann, Johannes Klemm, Franz Pfaudler, Otto Possekel, Wolfgang Preiss, Heinz Schacht, Viktor Schmidt, Heinrich Troxbömker, Max Weber, Peter Widmann
29. 4. Neues Schauspielhaus Königsberg	**Agnes Bernauer** Deutsches Trauerspiel von Friedrich Hebbel R: Walter Pittschau; B: Carl Wilhelm Vogel KS (Hans von Läubelfing, ein Ritter von Ingolstadt), Marianne Brandt, Magda Hennings, Barbara Lienau, Fritz Eder, Carlheinz Emmerich,

Hans Emons, Willi Gallwitz, Werner Hessenland, Heinz Hinze, Gustav Keune, Friedrich Wilhelm Kleinke, Walter Köwius, Wulf Leisner, Otto Possekel, Wolfgang Preiss, Karl Samwald, Horst Schroeder, Heinrich Troxbömker, Max Weber, Peter Widmann

16. 9. U Stadttheater Bonn	**Kolonos** Weihespiel von Eberhard König R und B: Curt Herwig KS (Adrastos, athenischer Jüngling), Eva Bubat, Ulla von Henning, Hans Cossy, Wilhelm Diefenthal, Max Gundermann, Johannes Schmidt, Ludwig Schwiers, Dietrich Teluren
18. 9. Stadttheater Bonn	**Der Schauspieldirektor** Komödie mit Musik von Wolfgang Amadeus Mozart; textliche Neubearbeitung von Hans Kracht und Ida Maria Ditgens R: Ove Gonne Rieve; B: Curt Herwig; ML: Hans Kracht KS (Franzl Buff, Schauspieler), Helene Bleyert, Erna Fahrig, Mathilde Prüm, Hilma Schlüter, Hans Blessing, Curt Herwig, Friedrich Steig
28. 9. Stadttheater Bonn	**Christa, ich erwarte Dich!** Lustspiel von Alfred Möller und Hans Lorenz R: Dietrich Teluren; B: Curt Herwig KS (Klaus Tettenborn), Helene Bleyert, Otty Chlumsky, Ulla von Henning, Friedel Knaack, Hans Cossy, Karl Noack, Heinz Rech, Kurt Schmidt-Schindler, Dietrich Teluren
3. 10. Stadttheater Bonn	**Bezauberndes Fräulein** Musikalisches Lustspiel nach einem alten Lustspiel, erzählt von Ralph Benatzky; M: Ralph Benatzky R und B: Curt Herwig; ML: Hans Kracht KS (Felix), Helene Bleyert, Otty Chlumsky, Erna Fahrig, Hannele Graebener, Mathilde Prüm, Wilhelm Diefenthal, Kurt Haars, Heinz Haberlandt, Karl Noack, Fritz Sell, Friedrich Steig

12. 10. Stadttheater Bonn	**Wie es euch gefällt** Komödie von William Shakespeare; Ü: Hans Rothe, für die Bühne eingerichtet von Curt Herwig; M: Hermann Zilcher R und B: Curt Herwig; ML: Hans Kracht KS (Oliver, Sohn des Freiherrn Roland de Bois), Helene Bleyert, Eva Bubat, Erna Fahrig, Hannele Graebener, Ulla von Henning, Hans Blessin, Hans Cossy, Wilhelm Diefenthal, Max Gundermann, Kurt Haars, Heinz Haberlandt, Hans Knaack, Erich Schmid, Johannes Schmidt, Kurt Schmidt-Schindler, Ludwig Schwiers, Fritz Sell, Friedrich Steig, Dietrich Teluren
2. 11. Stadttheater Bonn	**Wallenstein** Dramatisches Gedicht von Friedrich Schiller; Bühnenbearbeitung: Curt Herwig R und B: Curt Herwig KS (Graf Terzky), Marlies Anders, Eva Bubat, Hannele Graebener, Ulla von Henning, Friedel Knaack, Hans Cossy, Wilhelm Diefenthal, Max Gundermann, Kurt Haars, Curt Herwig, Hans Knaack, Karl Noack, Heinz Oehm, Heinz Rech, Johannes Schmidt, Kurt Schmidt-Schindler, Ludwig Schwiers, Fritz Sell, Hans Sommer, Friedrich Steig
16. 11. Stadttheater Bonn	**Die Lügenwette** Schelmengeschichte von Hans Friedrich Blunck R und B: Curt Herwig KS (Herzog Hendrik von Braunschweig), Helene Bleyert, Eva Bubat, Otty Chlumsky, Friedel Knaack, Margarethe Winterberg, Wilhelm Diefenthal, Max Gundermann, Kurt Haars, Heinz Haberlandt, Hans Knaack, Karl Noack, Ove Gonne Rieve, Johannes Schmidt, Kurt Schmidt-Schindler, Fritz Sell, Friedrich Steig
28. 11. Stadttheater Bonn	**Die Puppenfee** Pantomimisches Ballett von Josef Haßreiter und Franz Gaul; M: Josef Bayer R: Mia Sema; B: Curt Herwig; ML: Hermann Risch KS (Sir James Plumpstershire), Irene Blommer, Otty Chlumsky, Hannele Graebener, Else Löb-

mann, Margit Niederstein, Helene Obladen, Mathilde Prüm, Olga Scheddin, Mia Sema, Adele Steenebrügge, Edith Stoll, Liselotte Ullrich, Heinz Rech, Kurt Schmidt-Schindler, Friedrich Steig, Otto Walther

7. 12. Stadttheater Bonn	**Frischer Wind aus Kanada** Heiteres Spiel von Hans Müller-Nürnberg mit Gesangstexten von Fritz Beckmann; M: Herbert Walter R: Max Gundermann KS (Hannes Flink), Helene Bleyert, Hannele Graebener, Ulla von Henning, Mathilde Prüm, Hans Cossy, Wilhelm Diefenthal, Kurt Haars, Karl Noack, Kurt Schmidt-Schindler, Friedrich Steig, Heinz Weckauf
31. 12. Stadttheater Bonn	**Der goldene Pierrot** Operette von Oskar Felix und Otto Kleinert; M: Walter W. Goetze R und B: Curt Herwig; ML: Hans Kracht KS (Horst Brenkendorf), Helene Bleyert, Erna Fahrig, Hannele Graebener, Mia Sema, Hans Blessin, Wilhelm Diefenthal, Max Gundermann, Kurt Haars, Karl Noack, Kurt Schmidt-Schindler, Fritz Sell, Otto Sommer, Friedrich Steig

1935

11. 1. Stadttheater Bonn	**Agnes Bernauer** Deutsches Trauerspiel von Friedrich Hebbel R und B: Curt Herwig KS (Graf Törring), Helene Bleyert, Eva Bubat, Mathilde Prüm, Hans Cossy, Wilhelm Diefenthal, Max Gundermann, Kurt Haars, Hans Knaack, Karl Noack, Johannes Schmidt, Kurt Schmidt-Schindler, Ludwig Schwiers, Fritz Sell, Friedrich Steig
28. 1. Stadttheater Bonn	**Schwarzmann und die Magd** Schauspiel von Walter Erich Schäfer R und B: Max Gundermann KS (Sepp, einer der Dienstknechte), Helene Bleyert, Eva Bubat, Hannele Graebener, Ulla von

Henning, Friedel Knaack, Mathilde Prüm, Eva Wiebach, Hans Cossy, Wilhelm Diefenthal, Kurt Haars, Hans Knaack, Karl Noack, Johannes Schmidt, Kurt Schmidt-Schindler, Friedrich Steig

11. 2. Stadttheater Bonn	**Cromwell** Schauspiel von Mirko Jelusich R: Max Gundermann; B: Curt Herwig KS (Lord Luce Falkland/Staatssekretär John Thurloe), Helene Bleyert, Eva Bubat, Ulla von Henning, Hilma Schlüter, Eva Wiebach, Hans Cossy, Wilhelm Diefenthal, Max Gundermann, Kurt Haars, Hans Knaack, Herbert Köchling, Karl Noack, Heinz Rech, Johannes Schmidt, Kurt Schmidt-Schindler, Bruno Schröder, Ludwig Schwiers, Fritz Sell, Otto Sommer, Friedrich Steig, Dietrich Teluren
19. 3. Stadttheater Bonn	**König Richard III.** Tragödie von William Shakespeare; Ü: Walter Josten R und B: Curt Herwig KS (Georg, Herzog von Clarence, Bruder König Eduards IV.), Elisabeth Blacha, Eva Bubat, Ulla von Henning, Hilma Schlüter, Eva Wiebach, Hans Cossy, Wilhelm Diefenthal, Willy Dreesen, Max Gundermann, Kurt Haars, Curt Herwig, Hans Knaack, Karl Noack, Johannes Schmidt, Kurt Schmidt-Schindler, Ludwig Schwiers, Fritz Sell, Friedrich Steig, Dietrich Teluren
9. 4. U Stadttheater Bonn	**Der Drachenfels** Lustspiel von Arnim Mark Krüger; M: Hans Kracht R: Max Gundermann; B: Curt Herwig; ML: Hermann Risch KS (Junker Henning), Helene Bleyert, Eva Bubat, Friedel Knaack, Mathilde Prüm, Margarethe Winterberg, Wilhelm Diefenthal, Kurt Haars, Hans Knaack, Karl Noack, Heinz Rech, Johannes Schmidt, Kurt Schmidt-Schindler, Fritz Sell, Friedrich Steig

17. 4. Stadttheater Bonn	**Fuhrmann Henschel** Schauspiel von Gerhart Hauptmann R: Karl Noack KS (George), Elisabeth Blacha, Helene Bleyert, Friedel Knaack, Hilma Schlüter, Wilhelm Diefenthal, Hans Knaack, Karl Noack, Johannes Schmidt, Kurt Schmidt-Schindler, Fritz Sell, Friedrich Steig, Dietrich Teluren
4. 5. Stadttheater Bonn	**Am Himmel Europas** Segelflieger-Komödie von Per Schwenzen und Josef Bonifazius Malina R: Dietrich Teluren; B: Curt Herwig KS (Lucien Vidal, ein junger Franzose), Eva Bubat, Hilma Schlüter, Hans Cossy, Wilhelm Diefenthal, Hans Knaack, Ludwig Schwiers, Fritz Sell, Friedrich Steig, Dietrich Teluren
10. 5. Stadttheater Bonn	**Holde Aida** Musikalisches Lustspiel von Hans Müller-Nürnberg; M: Hans Kracht und Hermann Risch R: Wilhelm Diefenthal; B: Curt Herwig KS (Peter Keller, Angestellter), Hannele Graebener, Friedel Knaack, Karl Noack, Friedrich Steig
26. 5. Stadttheater Bonn	**Spiel an Bord** Lustspiel von Axel Ivers R: Dietrich Teluren; B: Michael Dammers KS (Ein Mister Schulze), Elisabeth Blacha, Helene Bleyert, Hilma Schlüter, Hans Cossy, Wilhelm Diefenthal, Hans Knaack, Ludwig Schwiers, Fritz Sell, Friedrich Steig, Dietrich Teluren
15. 9. Stadttheater Bonn	**Peer Gynt** Dramatisches Gedicht von Henrik Ibsen; in freier Übertragung für die deutsche Bühne eingerichtet von Dietrich Eckart; M: Edvard Grieg R und B: Curt Herwig; ML: Gustav Classens KS (Ballon, französischer Weltreisender/Ein Schiffskapitän), Caecilie Abels, Helene Bleyert, Eva Bubat, Erna Fahrig, Lydia Gröber, Wilma Köster, Else Loock, Dorle Petri, Ellen Plutowsky,

233

Elly Schulz-Keffel, Ellinor Unbehau, Eva Wie-
bach, Hans Cossy, Wilhelm Diefenthal, Max
Gundermann, Kurt Haars, Hans Knaack, Max
Lamberg, Karl Noack, Johannes Schmidt,
Kurt Schmidt-Schindler, Ludwig Schwiers, Fritz
Sell, Hans Stadler, Friedrich Steig, Dietrich Telu-
ren

17. 9. Stadttheater Bonn	**Krach im Hinterhaus** Komödie von Maximilian Böttcher R: Wilhelm Diefenthal; B: Curt Herwig KS (Assessor Dr. Erich Horn, Rechtsanwaltssub- stitut), Helene Bleyert, Eva Bubat, Friedel Knaack, Ellen Plutowsky, Hilma Schlüter, Eva Wiebach, Hans Cossy, Wilhelm Diefenthal, Kurt Haars, Karl Noack
14. 10. Stadttheater Bonn	**Christine von Schweden** Drama von Roland Schacht R: Friedrich Steig; B: Curt Herwig KS (Graf de la Gardie), Helene Bleyert, Eva Bubat, Hilma Schlüter, Kurt Haars, Hans Knaack, Kurt Schmidt-Schindler, Ludwig Schwiers, Diet- rich Teluren
5. 11. Stadttheater Bonn	**Der Revisor** Komödie von Nikolaj Gogol; Ü: Theodor Com- michau R: Max Gundermann; B: Curt Herwig KS (Iwan Kusmitsch Schpekin, Postmeister), Caecilie Abels, Helene Bleyert, Friedel Knaack, Dorle Petri, Ellen Plutowsky, Hilma Schlüter, Elly Schulz-Keffel, Margarethe Winterberg, Hans Cossy, Wilhelm Diefenthal, Anton Graubner, Max Gundermann, Kurt Haars, Hans Knaack, Max Lamberg, Heinz Oehm, Heinz Rech, Carl Schmidt, Johannes Schmidt, Kurt Schmidt- Schindler, Fritz Sell, Hans Sommer, Hans Stad- ler, Friedrich Steig, Dietrich Teluren
29. 11. Stadttheater Bonn	**Seiner Gnaden Testament** Komödie von Hjalmar Bergman; Ü: Heinrich Goebel R: Friedrich Steig; B: Curt Herwig

KS (Referendar Roger Hyltenius, Sohn der Dompropstin), Helene Bleyert, Friedel Knaack, Hilma Schlüter, Wilhelm Diefenthal, Kurt Haars, Hans Knaack, Karl Noack, Heinz Rech, Johannes Schmidt, Kurt Schmidt-Schindler, Ludwig Schwiers, Fritz Sell

15. 12. Stadttheater Bonn	**Die Schneekönigin** Weihnachtsmärchen nach Hans Christian Andersen von Paul Hermann Hartwig, bearbeitet von Otto Werther; M: Friedrich Bermann R: Wilhelm Diefenthal; B: Curt Herwig; ML: Hermann Risch KS, Helene Bleyert, Friedel Knaack, Dorle Petri, Hilma Schlüter, Elly Schulz-Keffel, Eva Wiebach, Hans Cossy, Kurt Haars, Kurt Schmidt-Schindler, Ludwig Schwiers, Friedrich Steig
18. 12. Stadttheater Bonn	**Hilde und 4 PS** Lustspiel von Kurt Sellnick R: Friedrich Steig; B: Michael Dammers KS (Hans), Helene Bleyert, Friedel Knaack, Elly Schulz-Keffel, Hans Cossy, Kurt Haars
31. 12. Stadttheater Bonn	**Die Fledermaus** Operette nach Henri Meilhac und Ludovic Halévy von Carl Haffner und Richard Genée; M: Johann Strauß R und B: Curt Herwig; ML: Hans Kracht KS (Dr. Falke, Notar), Caecilie Abels, Erna Fahrig, Hannele Graebener, Lydia Gröber, Wilma Köster, Else Loock, Dorle Petri, Aenne Pfirschinger, Ellen Plutowsky, Else Torger, Ellinor Unbehau, Hans Blessin, Hans Cossy, Wilhelm Diefenthal, Emil von Ehlers, Kurt Haars, Hans Knaack, Heinz Levas, Heinz Rech, Johannes Schmidt, Kurt Schmidt-Schindler, Ludwig Schwiers, Fritz Sell, Friedrich Steig
1936 7. 1. Stadttheater Bonn	**Fahnen in Gottes Wind** Volksstück aus der Zeit des deutschen Bauernkrieges von Gert von Klass R: Max Gundermann; B: Curt Herwig

235

KS (Graf Georg von Hohenlohe-Öhringen), Helene Bleyert, Friedel Knaack, Hilma Schlüter, Elly Schulz-Keffel, Eva Wiebach, Hans Cossy, Wilhelm Diefenthal, Max Gundermann, Kurt Haars, Will Hallmann, Hans Knaack, Karl Noack, Heinz Oehm, Heinz Rech, Johannes Schmidt, Kurt Schmidt-Schindler, Ludwig Schwiers, Fritz Sell, Friedrich Steig, Dietrich Teluren

23. 1. Stadttheater Bonn	**König Lear** Tragödie von William Shakespeare; Ü: Walter Josten R und B: Curt Herwig KS, Helene Bleyert, Eva Bubat, Elly Schulz-Keffel, Hans Cossy, Wilhelm Diefenthal, Max Gundermann, Kurt Haars, Karl Noack, Johannes Schmidt, Friedrich Steig
27. 2. Stadttheater Bonn	**Richelieu, Kardinalherzog von Frankreich** Schauspiel von Paul Joseph Cremers R: Max Gundermann; B: Curt Herwig KS (Fontrailles, Kronrat), Eva Bubat, Elly Schulz-Keffel, Wilhelm Diefenthal, Max Gundermann, Hans Knaack, Johannes Schmidt, Kurt Schmidt-Schindler, Fritz Sell, Friedrich Steig, Dietrich Teluren
11. 3. Stadttheater Bonn	**Der Vogelhändler** Operette von Moritz West und Ludwig Held; M: Karl Zeller R: Emil von Ehlers; B: Curt Herwig; ML: Hermann Risch KS (Würmchen, Professor), Erna Fahrig, Hannele Graebener, Gertrud Kemp, Wilma Köster, Else Loock, Hans Blessin, Emil von Ehlers, Will Hallmann, Heinz Rech, Theo Salten, Kurt Schmidt-Schindler
20. 3. Stadttheater Bonn	**Wilhelm Tell** Schauspiel von Friedrich Schiller R und B: Curt Herwig KS (Ulrich von Rudenz), Helene Bleyert, Hilma Schlüter, Elly Schulz-Keffel, Hans Cossy, Wilhelm Diefenthal, Albert Fischer, Max Gunder-

mann, Kurt Haars, Curt Herwig, Hans Knaack, Herbert Oertel, Johannes Schmidt, Kurt Schmidt-Schindler, Ludwig Schwiers, Fritz Sell, Friedrich Steig, Dietrich Teluren

26. 3. Stadttheater Bonn	**Spatzen in Gottes Hand** Volkskomödie von Edgar Kahn und Ludwig Bender R: Wilhelm Diefenthal; B: Michael Dammers KS (Peter Kreuder, Sparkassenhilfsangestellter), Helene Bleyert, Friedel Knaack, Kurt Haars, Hans Knaack, Johannes Schmidt, Kurt Schmidt-Schindler, Fritz Sell, Friedrich Steig
21. 4. Stadttheater Bonn	**Das schöne Abenteuer oder Die Fahrt ins Blaue** Lustspiel von Edmond de Caillavet, Robert de Flers und Etienne Rey; Ü: Alf Teichs R: Wilhelm Diefenthal; B: Michael Dammers KS (André d'Eugzon), Caecilie Abels, Helene Bleyert, Eva Bubat, Hannele Graebener, Hilma Schlüter, Elly Schulz-Keffel, Else Torger, Eva Wiebach, Margarethe Winterberg, Wilhelm Diefenthal, Kurt Haars, Will Hallmann, Hans Knaack, Johannes Schmidt, Kurt Schmidt-Schindler, Fritz Sell, Friedrich Steig
28. 10. Stadttheater Bonn	**Ingeborg** Komödie von Curt Goetz R: Dietrich Teluren; B: Curt Herwig KS (Peter Peter), Hilma Schlüter, Anneliese Schulze, Hans Fitze, Dietrich Teluren
12. 11. Stadttheater Bonn	**Seine Majestät der Kindskopf** Komödie frei nach Axel Delmar von Ewald von Demandowsky R und B: Curt Herwig KS (Thomas Fitzgerald Graf Kildare, Statthalter von Irland), Edith Heerdegen, Anneliese Schulze, Eva Wiebach, Wilhelm Diefenthal, Hans Fitze, Kurt Haars, Will Hallmann, Curt Herwig, Hans Knaack, Rolf Meerfeld, Fritz Sell, Friedrich Steig, Dietrich Teluren

3. 12. Stadttheater Bonn	**Kabale und Liebe** Trauerspiel von Friedrich Schiller R: Max Gundermann; B: Curt Herwig KS (Hofmarschall von Kalb), Edith Heerdegen, Editha Horn, Hilma Schlüter, Anneliese Schulze, Hans Fitze, Rolf Meerfeld, Johannes Schmidt, Kurt Schmidt-Schindler, Ludwig Schwiers, Friedrich Steig, Dietrich Teluren
12. 12. Stadttheater Bonn	**Für Liebe gesperrt** Lustspiel von Leo Lenz R: Friedrich Steig; B: Curt Herwig KS (Herbert Rainer), Anneliese Schulze, Hans Fitze, Kurt Haars, Fritz Sell, Dietrich Teluren

1937

8. 1. Stadttheater Bonn	**Ein idealer Gatte** Schauspiel von Oscar Wilde, neu bearbeitet von Karl Lerbs R: Friedrich Steig; B: Curt Herwig KS (Viscount Goring), Elke Alfs, Edith Heerdegen, Editha Horn, Anneliese Kleier, Hilma Schlüter, Anneliese Schulze, Hans Fitze, Kurt Haars, Hans Knaack, Kurt Schmidt-Schindler, Fritz Sell, Dietrich Teluren
20. 1. Stadttheater Bonn	**Hamlet** Trauerspiel von William Shakespeare; Ü: August Wilhelm von Schlegel R und B: Curt Herwig KS (Horatio, Hamlets Freund), Edith Heerdegen, Hilma Schlüter, Anneliese Schulze, Hans Cossy, Wilhelm Diefenthal, Hans Fitze, Max Gundermann, Kurt Haars, Will Hallmann, Curt Herwig, Hans Knaack, Rolf Meerfeld, Heinz Rech, Kurt Schmidt-Schindler, Ludwig Schwiers, Fritz Sell, Friedrich Steig, Dietrich Teluren, Peter Welter
26. 2. Stadttheater Bonn	**Vertrag um Karakat** Schauspiel von Fritz Peter Buch nach einem Stoff von Wilhelm Biermann R: Friedrich Steig; B: Curt Herwig

238

KS (Kessler, ein Ingenieur), Editha Horn, Anne-
liese Schulze, Hans Cossy, Wilhelm Diefenthal,
Hans Fitze, Kurt Haars, Hans Knaack, Kurt
Schmidt-Schindler, Ludwig Schwiers, Fritz Sell,
Dietrich Teluren

8. 3. Stadttheater Bonn	**Der Etappenhase** Lustspiel aus der Kriegszeit von Karl Bunje R und B: Wilhelm Diefenthal KS (Dierk Hansen, Leutnant und Kompaniefüh- rer), Editha Horn, Kurt Haars, Hans Knaack, Kurt Schmidt-Schindler, Ludwig Schwiers
9. 4. Stadttheater Bonn	**Zwei Möglichkeiten oder Ein Auto geht in See** Lustspiel von Helmut Käutner R: Dietrich Teluren; B: Curt Herwig KS (Dennis Dane), Editha Horn, Anneliese Schulze, Max Gundermann, Kurt Haars, Kurt Schmidt-Schindler, Ludwig Schwiers, Fritz Sell, Friedrich Steig
7. 5. Stadttheater Bonn	**Ich liebe Dich!** Lustspiel von Roman Niewiarowicz; Ü: Julius Horst R: Friedrich Steig; B: Michael Dammers KS (Perty), Anneliese Schulze
22. 5. Stadttheater Bonn	**Thomas Paine** Schauspiel von Hanns Johst; M: Mark Lothar R und B: Max Gundermann; ML: Hermann Risch KS (Tornay, General der englischen Kolo- nialarmee), Hans Cossy, Hans Fitze, Anton Graubner, Kurt Haars, Hans Knaack, Rolf Meer- feld, Heinz Rech, Kurt Schmidt-Schindler, Lud- wig Schwiers, Fritz Sell, Hans Stadler, Friedrich Steig, Dietrich Teluren, Emil Weiss, Wilhelm Welter
22. 10. Komödienhaus Berlin (ab 1. 9. 1938: Komische Oper Berlin)	**Blaufuchs** Komödie von Franz Herczeg R: Hans Carl Müller; B: Bernhard Klein KS (Baron von Trill), Elvira Erdmann, Olga Tschechowa, Karl Günther, Walter Janssen

1938
22. 11.
Kleines Theater
Unter den Linden
Berlin

Der Mann mit den grauen Schläfen
Lustspiel von Leo Lenz
R: Kurt Richards; B: Wolfgang Ulrici
KS (Baron Tibor), Olga Limburg, Irene von Meyendorff, Hannelore Schroth, Hansi Stadler

1939
13. 3.
Theater am
Kurfürstendamm
Berlin

Mrs. Cheneys Ende
Komödie von Frederick Lonsdale
R: Kurt Richards; B: Heinz Daniel
KS (Lord Arthur), Hansi Arnstaedt, Else Boy, Lore Dworsky, Hela Gerber, Olga Limburg, Grethe Weiser, Walter Bechmann, Hugo Flink, Wilm Schäfer, Walter Steinbeck, Otto Stoeckel, Ernst Weiser

15. 5. DE
Komödie
Berlin
(Premiere: 14. 4. 1939)

Der Triumph des Tobias
Lustspiel von Svend Rindom
R: Fritz Eckert; B: Heinz Daniel
KS (Hugo Schäfer, Schauspieler – 2. Besetzung), Else Boy, Elisabeth Dischinger, Irene Fischer, Jola Jobst, Maria Meißner, Walter Bechmann, Fritz Eckert, Rudolf Platte

1940
24. 4. U
Theater in
der Behrenstraße
Berlin

Drei blaue Augen
Lustspiel von Geza von Cziffra
R: Kurt Richards; B: Heinz Daniel
KS (Fábry, Prokurist), Ellen Hille, Sabine Peters, Edelgard Trautmann, Agnes Windeck, Erwin Biegel, Rudolf Carl, Viktor Stefan Görtz, Walter Janssen

5. 7.
Theater am
Kurfürstendamm
Berlin

Bezauberndes Fräulein
Musikalisches Lustspiel von Ralph Benatzky nach Paul Gavaults Schwank »La petite chocolatière«; M: Ralph Benatzky
R: Hans Wölffer; B: Heinz Daniel; ML: Erwin Steinbacher

KS (Felix), Lilo Bergen, Tina Eilers, Carola Höhn, Astrid Seiderer, Walter Bechmann, Rudolf Platte, Karl Heinz Reichel, Walter Steinbeck, Helmuth Weiß

1941

17. 2.
Theater am
Kurfürstendamm
Berlin
(Premiere: 12. 3. 1940
Komödie Berlin)

Männer sind nicht undankbar
Lustspiel von Alessandro de Stefani; Ü: Kurt Sauer
R: Bernd Hofmann; B: Heinz Daniel
KS (Ferencz Korvath – 2. Besetzung), Hella Graf, Ingeborg von Kusserow, Ida Wüst, Walter Bechmann, Fritz Eckert, Otz Tollen

1. 4.
Theater am
Kurfürstendamm
Berlin
(ab 15. 12. 1941:
Komödie Berlin)

Die Nacht in Siebenbürgen
Lustspiel von Nikolaus Asztalos; für die deutsche Bühne gestaltet von Friedrich Schreyvogel
R: Jürgen von Alten; B: Heinz Daniel
KS (Josef, Sohn der Kaiserin Maria Theresia), Agnes von Esterházy, Hilde Sessak, Ida Wüst, Erwid Astor, Rudolf Klix, Jaspar von Oertzen

13. 6. U
Theater am
Kurfürstendamm
Berlin

Treu, fleißig, reinlich
Lustspiel von Bobby E. Lüthge nach einer Idee von Hans Adler; M: Hans Carste
R: Hans Stiebner; B: Wolfgang Ulrici
KS (Herbert Gaspari), Thekla Ahrens, Charlotte Schultz, Grethe Weiser, Franz Fiedler, Karl Heidmann, Martin Hofer, Rudolf Klein-Rogge

1942

9. 4.
Komödie
Berlin
(Premiere: 31. 1. 1941)

Alles oder nichts
Lustspiel von Paul Sarauw; Ü: Hans Wölffer
R: Hans Wölffer; B: Heinz Daniel
KS (Peter Engel – 2. Besetzung), Elisabeth Boltz, Else Boy, Julia Serda, Petra Unkel, Günther Ballier, Max Kaufmann, Hanns Korngiebel, Günther Lüders, Theodor Mühlen, Otto Stoeckel, Otz Tollen

3. 7.
Theater am
Kurfürstendamm
Berlin
(Premiere: 13. 5. 1942)

Ich liebe 4 Frauen
Lustspiel von Johann von Bokay; Ü: Rudolf Köl-
ler
R: Hans Stiebner; B: Heinz Daniel
KS (Gabor – 2. Besetzung), Katja Görna, Irma
Gunten, Jola Jobst, Grethe Weiser, Hellmut Hel-
sig, Martin Hofer, Hans Stiebner

21. 10.
Theater am
Kurfürstendamm
Berlin

Der Egoist
Schauspiel von Hanns Korngiebel
R: Hans Stiebner; B: Heinz Daniel
KS (Fred Niethart, Maler), Hilde von Geldern,
Maria Loja, Else Petersen, Ernst Dernburg, Fritz
Kampers, Otto Stoeckel

1943
27. 1.
Komödie
Berlin
(ab 22. 3. 1943:
Die Tribüne Berlin)

Die Sonntagsfrau
Komödie von Curt Johannes Braun
R: Franz Reichert; B: Heinz Daniel
KS (Alexander Severin), Else Boy, Inge Keller,
Maria Schanda, Charlotte Schultz, Hellmut Hel-
sig, Hans Zesch-Ballot

9. 9.
Komödie in der
Fasanenstraße
Berlin

Wollen Sie meine Frau werden?
Musikalische Komödie von Max Wallner und
Kurt Feltz; M: Werner Bochmann
R: Victor de Kowa; B: Goetz Roethe; ML: Hans
Rehmstedt
KS (Nicolaus, Maler), Gretl Schörg, Max Kauf-
mann, Hadrian Maria Netto, Friedrich Wilhelm
Schröder-Schrom, Emil Surmann

1944
8. 4. U
Komödie in der
Fasanenstraße
Berlin

Die letzten Fünf
Musikalische Komödie von Wulf Rittscher mit
Texten von Heino Gaze und Sigrid Kara; M:
Heino Gaze
R: Victor de Kowa; B: Roman Weyl
KS (Alfredo Casparez, Schlager- und Revuedich-
ter), Tina Eilers, Margit Symo, Grethe Weiser,
Erich Arens, Gustav Bertram

1.6.	**Heute abend um 6**
Tribüne	Kleinkunstprogramm
Berlin	R: Victor de Kowa; ML: Georg Haentzschel

KS, Ann Höling, Martina Holl, Nina Konsta, Violetta Rensing, Michi Tanaka, Else Werdermann, Ilse Werner, Gustav Bertram, Wolf Dohnberg, Anton Herbert, Victor de Kowa, Günther Lüders, Benno Meyer-Wehlack, Emil Surmann

17.7.	**So oder so**
Tribüne	Revue von Victor de Kowa
Berlin	R: Victor de Kowa; ML: Georg Haentzschel

KS, Gisy Gymnich, Ann Höling, Nina Konsta, Ursula Peters, Violetta Rensing, Michi Tanaka, Else Werdermann, Gustav Bertram, Wolf Dohnberg, Anton Herbert, Helmut Kollek, Günther Lüders, Benno Meyer-Wehlack, Emil Surmann

20.8.	**Improvisationen im Juni**
Tribüne	Komödie von Max Mohr
Berlin	R: Victor de Kowa; B: Friedrich Waschow

KS (Tomkinow, Tierwärter auf Schloß Orloff), Myriam Fay, Käthe Haack, Gustav Bertram, Wolf Dohnberg, Anton Herbert, Victor de Kowa, Emil Surmann

19.10. U	**Flaschenpost**
Tribüne	Lustspiel von Peter Bern
Berlin	R und B: Helmut Kollek

KS (Sebastian, Schriftsteller), Katja Bergmann, Katharina Beyer, Ann Höling, Harald Holberg, Günther Lüders

8.12.	**Der, der die Ohrfeigen kriegt**
Tribüne	Spiel von Leonid Andrejew
Berlin	R: Victor de Kowa; B: Friedrich Waschow

KS (Ein Herr), Hanna Ralph, Violetta Rensing, Wolf Dohnberg, Harry Frank, Anton Herbert, Harald Holberg, Victor de Kowa, Willy Prager, Friedrich Wilhelm Schröder-Schrom

18. 12. Tribüne Berlin	**Spiel im Schloß** Anekdote von Franz Molnár R: Carl-Heinz Schroth; B: Friedrich Waschow KS (Korth), Gretl Schörg, Wolf Dohnberg, Anton Herbert, Harald Holberg, Günther Lüders, Carl-Heinz Schroth
31. 12. Renaissance-Theater Berlin	**Musik im Blut** Musikalische Show von Bernhard Etté KS, Gysi Gymnich, Gretl Schörg, Günther Lüders
1946 16. 3. Münchener Gastspielbühne Spielort: Stadttheater Straubing	**Geliebter Michael** Kammerspiel von Curd Jürgens R: Curd Jürgens KS, Edeltraut Eidam, Dorothea Gmelin, Judith Holzmeister, Friedrich Wilhelm von Bülow, Heinz Piper, Kurt Wernick
10. 4. Münchener Gastspielbühne Spielort: Neuburg an der Donau	**Ich liebe Dich!** Lustspiel von Roman Niewiarowicz; Ü: Julius Horst R: Arthur Maria Rabenalt KS (Perty), Herta Saal
28. 10. Die Schaubude München	**Für Erwachsene verboten** Literarische Revue von Axel von Ambesser, Erich Kästner, Hellmuth Krüger, Herbert Witt; M: Edmund Nick, Kurt von Feilitzsch R: Rudolf Schündler KS, Inge Bartsch, Monika Greving, Ursula Herking, Hanna Seyferth, Petra Unkel, Walther Kiaulehn, Siegfried Lowitz, Sepp Nigg
1947 27. 2. Die Schaubude München	**Vorwiegend heiter – leichte Niederschläge** Revue von Erich Kästner, Axel von Ambesser, Hellmuth Krüger, Herbert Witt; M: Karl von Feilitzsch R: Rudolf Schündler KS, Monika Greving, Ursula Herking, Hanna Seyferth, Hellmuth Krüger

31. 12.
Kammerspiele
München –
Schauspielhaus

Der Alpenkönig und der Menschenfeind
Romantisch-komisches Zauberspiel von Ferdi-
nand Raimund; M: Ludwig Zenk
R: Bruno Hübner; B: Wolfgang Znamenacek; ML:
Theo Roßmann
KS (Astragalus, der Alpenkönig), Luise Cleve,
Barbara Gallauner, Margarethe Haagen, Elisa-
beth Pfann, Marianne Probst, Inge Wachendorff,
Bruno Hübner, Hans Reinhard Müller, Hans
Pössenbacher, Alfred Pongratz

1948
25. 7.
Naturtheater
Rehberge – Berlin

Wie es euch gefällt
Lustspiel von William Shakespeare
R: Werner Kelch; B: Gert Richter; ML: Hermann
Diener
KS (Jaques), Hildegard Clausnitzer, Ursula Her-
mann, Ingrid Rentsch, Bettina Schön, Eva-Inge-
borg Scholz, Eckart Dux, Wolf Dieter Frauboes,
Max Grothusen, Rolf Gunold, Anton Herbert,
Josef Karma, Lothar Körner, Karl Meixner, Dieter
Ranspach, Joachim Teege, Wolf Dietrich Tiessen,
Claus von Wahl, Walter Weinacht, Helmuth Zieg-
ner

17. 8.
Naturtheater
Rehberge – Berlin

Katharina Knie
Seiltänzerstück von Carl Zuckmayer
R: Otto Graf; B: Horst Dantz
KS (Ignaz Scheel, Trampolin, Sprungseil, Luft-
akrobat), Margot Eickhoff, Maria Hofen, Herta
Saal, Erna Sellmer, Gerhard Bienert, Karl Brenk,
Otto Gebühr, Gerhard Gollarz, Rolf Gunold,
Kurt Jacob, Josef Karma, Fritz Kube, Bernhard
Wessolowski, Helmuth Ziegner sowie als Arti-
sten die Bellan-Kinder, Rondat, Horst und Erwin
Klein

31. 10.
Titania-Palast
Berlin

Da werden Tiere zu Hyänen
Getanztes Hörspiel von Günter Neumann nach
George Orwell's Buch »Animal Farm«; M: Gün-
ter Neumann
R: Erik Ode; ML: Olaf Bienert; Choreographie:
Jockel Stahl

KS (Jones, ein Farmer), Sigrid Lagemann, Tatjana Sais, Günter Barto, Hans Bauer, Erwin Biegel, Pelz von Felinau, Erich Fiedler, Bruno Fritz, Joe Furtner, Cornelius Kornfeld, Arthur Kühn, Otto Matthies, Wolfgang Müller, Werner Oehlschläger, Kurt Strelow, Josef Studer, Herbert Weissbach und das Sunshine Quartett

17. 12. Die Schaubude München (Auch Tournee)	**Das Ministerium ist beleidigt** Musikalisches Lustspiel von Fred Heller und Bruno Engler mit Gesangstexten von Hans Lengsfelder und Siegfried Tisch; M: Leonhard K. Märker R: Rudolf Schündler; B: Wolfgang Znamenacek; ML: Kurt Radeke, Matthias Perl, Hannes Klagemann KS (Robert Vernon), Uschi Auerbach, Gaby Gardner, Isabella Schieferdecker, Magda Schneider, Otto Berger, Walter Janssen, Paul Mahr, Sepp Nigg, Leo Siedler

1950

19. 1. DE Kleine Komödie am Max-II-Denkmal München	**Meine Frau Jacqueline** Burleske Komödie von Jean de Létraz; Ü: Charles Regnier R: Ulrich Beiger; B: Janni Loghi KS (Pierre Larrieu), Hannelore Bollmann, Trude Hesterberg, Eva L'Arronge, Ulrich Beiger, Erhard Siedel, Leo Siedler
31. 3. DE Bayerische Staatsoperette München – Theater am Gärtnerplatz	**Ihr erster Walzer** Operette von Paul Knepler und Armin L. Robinson; M: Oscar Straus R: Adolf Rott; B: Fritz Judtmann; ML: Heinrich Ludwig Neudhart KS (Fürst Albert), Elisabeth Biebl, Hedy Chilla, Georgette Dorée, Ruth Frahn, Emilie Guggemos, Martha Kunig-Rinach, Berta Landovsky, Herta Mayen, Erica Nein, Marga Rues, Emil Bauer-Dorn, Rudolf Drexler, Hans Fetscherin, Herbert Freund, Artur Horn, Waldemar Horst, Rudolf Loserth, Otto Storr, Heinrich Thoms, Georg Walgenbach, Kurt Walldorf

1951
24. 1.   **Die kleine Freiheit**
Atelier-Theater   Kabarett-Revue von Erich Kästner, Robert Gil-
München   bert, Per Schwenzen, Oliver Hassencamp; M:
                           Edmund Nick, Robert Gilbert, Karl von Fei-
                           litzsch
                           R: Trude Kolman; ML: Jochen Breuer
                           KS, Ursula Herking, Christiane Maybach, Hanne-
                           lore Schützler, Oliver Hassencamp, Bum Krü-
                           ger, Herbert Weicker

24. 3.   **Der erste Frühlingstag**
Kleine Komödie am   Lustspiel von Dodie Smith
Max-II-Denkmal   R: Paul Verhoeven; B: Janni Loghi
München   KS (Paul Francis, Maler), Elfie Beyer, Lies van
                           Essen, Ursula Grabley, Käthe Haack, Lisa Helwig,
                           Liesl Karlstadt, Bruni Löbel, Henriette Neuen-
                           dorff, Ruth von Riedel, Herta Saal, Isebil Sturm,
                           Paul Dahlke, Gunnar Möller, Dieter van der
                           Recke, Leo Siedler

10. 4.   **Ente gut – alles gut**
Die kleine Freiheit   Eine Verkohlportage von Erich Kästner, Robert
München   Gilbert, Oliver Hassencamp; M: Kurt Eichhorn,
                           Karl von Feilitzsch, Jochen Breuer
                           R: Trude Kolman
                           KS, Gisela Fackeldey, Ursula Herking, Herta Saal,
                           Ulrich Beiger, Oliver Hassencamp

20. 6   **Das faule Ei des Columbus oder Columbus**
Die kleine Freiheit   **entdeckt Europa**
München   Kabarett-Revue von Erich Kästner, Robert Gil-
(Auch Tournee)   bert, Martin Morlock; M: Edmund Nick, Karl von
                           Feilitzsch, Jochen Breuer
                           R: Trude Kolman; B: Jo von Kalckreuth; ML:
                           Jochen Breuer
                           KS, Eva Andres, Herta Saal, Hannelore Schützler,
                           Ulrich Beiger, Oliver Hassencamp, Rainer Pen-
                           kert

1952
21. 3.   **Ihre Sorgen . . .**
Die kleine Freiheit   Revue von Erich Kästner, Robert Gilbert, Per
München   Schwenzen

247

R: Trude Kolman
KS, Bruni Löbel, Inge Scheck, Helen Vita, Oliver Hassencamp, Rainer Penkert, Bobby Todd

1953
4. 4.
Kammerspiele
München –
Schauspielhaus
(Premiere: 8. 12. 1952 –
Übernahme vom
Theater am
Gärtnerplatz
München
Premiere: 16. 5. 1950 U)

Feuerwerk
Musikalisches Lustspiel von Erik Charell und Jürg Amstein nach dem Lustspiel »Der schwarze Hecht« von Emil Sautter; Gesangstexte von Robert Gilbert und Jürg Amstein; M: Paul Burkhard
R: Franz-Josef Wild; B: Wolfang Znamenacek; ML: Kurt Strom
KS (Alexander Oberholzer, genannt Obolski, Zirkusdirektor – 3. Besetzung), Charlotte von Bomhard, Veronika Fitz, Elisabeth Goebel, Karin Jacobsen, Liesl Karlstadt, Else Quecke, Erni Wilhelmi, Rita Wottawa, Heinz Kargus, Michl Lang, Hans Magel, Gunnar Möller, Hans Reiser, Rudolf Vogel

1955
25. 3.
Renaissance-Theater
Berlin

Meine Frau erfährt kein Wort
Komödie von George Axelrod; Ü: H. H. Carwin
R: Axel von Ambesser; B: Janni Loghi
KS (Tom Mackenzie, ein Schriftsteller für Lieschen Müller), Helen Arcon, Hertha Feiler, Chiqui Jonas, Eva Kerbler, Erika Knab, Bum Krüger, Heinz Rühmann

15. 5.
Bayerisches
Staatsschauspiel
München –
Residenztheater

Maria Stuart
Trauerspiel von Friedrich Schiller
R: Rudolf Noelte; B: Kurt Hallegger
KS (Robert Dudley, Graf von Leicester), Claudia Bethge, Lina Carstens, Elisabeth Dotzler, Agnes Fink, Ingeborg Gambert, Anne Kersten, Dagmar Pohle, Inge Schwitz, Ernst Barthels, Rolf Castell, Erwin Faber, Ernst-Fritz Fürbringer, Gert Harsdorff, Malte Jaeger, Fritz Rasp, Hellmuth Renar, Heinrich Schweiger, Christian Stange, Kurt Stieler, Adolf Ziegler

16.8.	**Meine Frau erfährt kein Wort**
Kammerspiele	Komödie von George Axelrod; Ü: H. H. Car-
München –	win
Schauspielhaus	R: Axel von Ambesser; B: Janni Loghi
(Auch Tournee)	KS (Tom Mackenzie, ein Schriftsteller für Lies-
	chen Müller), Hertha Feiler, Eva Kerbler, Erika
	Knab, Katja Loritz, Edelweiß Malchin, Bum Krü-
	ger, Heinz Rühmann

<u>1957</u>

29.1.	**Ein Monat auf dem Lande**
Theater in der	Komödie von Iwan S. Turgenjew; Ü: H. Angerow,
Josefstadt	bearbeitet von Florian Kalbeck
Wien	R: Peter Scharoff; B: Otto Niedermoser
	KS (Michail Alexandrowitsch Rakitin), Irma
	Brama, Grete Bukovics, Maria Emo, Hilde Krahl,
	Paola Loew, Heribert Aichinger, Carl Bosse, Mar-
	tin Costa, Heinz Czeike, Wolfgang Hebenstreith,
	Helmut Lohner, Guido Wieland

27.5.	**Der Lampenschirm**
Kammerspiele	Kein Stück von Curt Goetz
München –	R: Hans Schweikart; B: Elisabeth Urbancic
Schauspielhaus	KS (Exzellenz von Tatenat), Bruni Löbel, Else
	Quecke, Brigitte Rau, Otto Brüggemann, Ernst-
	Fritz Fürbringer, Heini Göbel, Robert Graf,
	Heinz Kargus, Gunnar Möller, Axel Waldeck,
	Heinrich Wildberg

21.9.	**Amphitryon**
Kammerspiele	Komödie von Molière; Ü: Arthur Luther
München –	R: Axel von Ambesser und August Everding; B:
Neues Theater an der	Jörg Zimmermann
Brienner Straße	KS (Merkur), Ursula Herking, Lola Müthel, Eva
(Auch Tournee)	Pflug, Axel von Ambesser, Lutz Moik

<u>1958</u>

21.1.	**Lady Windermeres Fächer**
Komödie im Marquardt	Komödie von Oscar Wilde
Stuttgart	R: Rolf Kutschera; B: Karl Heinz Franke
	KS (Lord Darlington), Susanne von Almassy,

Marisa Gaffron, Asgard Hummel, Flockina von Platen, Vera Schult, Franz Essel, Siegurd Fitzek, Gustav Fröhlich, Gustav Haner, Rolf Kutschera, Thomas Reiner

1. 3. DE Komödie im Marquardt Stuttgart	**Akt mit Geige** Lustspiel von Noel Coward; Ü: Martin Dongen R: Berthold Sakmann; B: Karl Heinz Franke KS (Sebastian), Marisa Gaffron, Ursula Grabley, Catja Horban, Ruth Kappelsberger, Else Quecke, Olga von Togni, Herbert Bötticher, Achim Dünnwald, Franz Essel, Siegurd Fitzek, Jonny Goertz, Edward Monroe, Franz Schwarwenka, Helmut Wieland
27. 5. Theater in der Josefstadt Wien – Kammerspiele	**Das Prinzip** Lustspiel von Hermann Bahr R: Heinrich Schnitzler; B: Felix Smetana KS (Dr. Friedrich Esch), Margret Hanneman, Edith Heerdegen, Win Kristin, Eva Sandor, Helly Servi, Bruno Dallansky, Jürgen Müller, Gerhard Ritter, Hannes Schiel
1. 8. Kleine Komödie am Max-II-Denkmal München	**Intimitäten** Komödie von Noel Coward; Ü: Bruno Frank R: Peter Hamel; B: Jannis Karidis KS (Bennet Chase), Carine Christian, Bruni Löbel, Gundel Thormann, Erwin Strahl
30. 10. Kleine Komödie am Max-II-Denkmal München	**Jane** Komödie von Samuel Nathaniel Behrmann nach einer Novelle von William Somerset Maugham; Ü: Charles Regnier R: Gerhard Metzner und Rudolf Jugert; B: Jannis Karidis KS (Lord Robert Frobisher), Annette Karman, Luise Ullrich, Herta Worell, Niels Clausnitzer, Michael Cramer, Leo Siedler, Carlos Werner

11. 1. U
Württembergisches
Staatstheater Stuttgart –
Schauspielhaus
(Tourneetheater
Der Guckkasten)

Der Postmeister
Schauspiel nach Alexander Sergejewitsch Puschkin von Gerhard Menzel und Hans Schweikart
R: Hans Schweikart; B: Alfons Ostermeier
KS (Rittmeister Minskij), Ilva Günten, Barbara Rütting, Hans von Borsody, Gustav Haner, Harry Hertzsch, Eduard Linkers, Harald Mannl, Thomas Reiner, Walter Richter

24. 4.
Kleine Komödie am
Max-II-Denkmal
München

Olivia
Komödie von Terence Rattigan; Ü: Alfred H. Unger
R: Gerhard Metzner; B: Jannis Karidis
KS (Sir John Fletcher), Susanne von Almassy, Gisela Hecht, Karin Himboldt, Harald Dietl, Leo Siedler

7. 8.
Kleine Komödie am
Max-II-Denkmal
München

Intimitäten
Komödie von Noel Coward; Ü: Bruno Frank
R: Peter Hamel; B: Jannis Karidis
KS (Bennet Chase), Carine Christian, Bruni Löbel, Gundel Thormann, Erwin Strahl

29. 10.
Berliner Theater
Berlin

Intimitäten
Komödie von Noel Coward; Ü: Bruno Frank
R: Peter Hamel; B: Jannis Karidis
KS (Bennet Chase), Carine Christian, Bruni Löbel, Gundel Thormann, Erwin Strahl

16. 11.
Freie Volksbühne
Berlin –
Theater am
Kurfürstendamm

Der Kammersänger
Szenen von Frank Wedekind
R: Rudolf Noelte; B: Jan Schlubach
KS (Gerardo, k. k. Kammersänger), Gisela Mattishent, Vera Tschechowa, Wolfgang Condrus, Curt Lucas, Hans Albert Martens, Robert Müller

1960
28. 3.
Theater in der Josefstadt
Wien –
Kammerspiele

Olivia
Komödie von Terence Rattigan; deutsche Bühnenbearbeitung von Alfred H. Unger
R: Peter Preses; B: Herta Hareiter
KS (Sir John Fletcher), Elisabeth Markus, Susi Nicoletti, Ursula Schult, Bibiane Zeller, Fritz Friedl

29.7.
Landestheater
Salzburg –
Salzburger Festspiele

Tartuffe
Komödie von Molière; Ü: Ludwig Fulda
R: Ernst Ginsberg; B: Johannes Waltz
KS (Cleanthe), Evelyn Balser, Anne Kersten, Inge
Konradi, Elfriede Kuzmany, Ernst Anders, Karl
Bluhm, Ernst Ginsberg, Klaus Knuth, Joachim
Teege, Hans Dieter Zeidler

9.12
Kleine Komödie am
Max-II-Denkmal
München

Erinnert Du Dich?
Lustspiel von Paul Osborn; Ü: Gerhard Metz-
ner
R: Gerhard Metzner; B: Eduard Löffler
KS (Max Lawrence), Fita Benkhoff, Heidi Treut-
ler, Marianne Wischmann, Gustl Datz, Siegurd
Fitzek, Hans Zesch-Ballot

1961
27.7.
Deutsches Theater
München

Die heilige Johanna
Dramatische Chronik von George Bernard
Shaw; Ü: Siegfried Trebitsch
R: Christian Dorn; B: Elmar Albrecht
KS (Ein Herr aus dem Jahre 1920), Hertha Mar-
tin, Gisela Reiche, Kurt Auer, Fred Berthold,
Willy Birgel, Berno von Cramm, Frank Debray,
Wolfgang Dörich, Heinrich Gies, Paul Glawion,
Walter Gnilka, Klaus Kinski, Peter Kors, Eber-
hard Müller-Elmau, Thomas Münster, Michael
Münzer, Walter Ofiera, Heinz Plate, Kurt von
Ruffin, Wilfried Schön, Arno Schrade, Rolf
Straub, Carl Wery

1962
19.1.
Kleine Komödie
München –
Großes Haus im
Bayerischen Hof

Lady Frederick
Komödie von William Somerset Maugham; Ü:
Gerhard Metzner
R: Hans Quest; B: Eduard Löffler
KS (Paradine Fouldes), Eva Berthold, Heidi Fi-
scher, Gisela Hecht, Trude Hesterberg, Hilde
Krahl, Berno von Cramm, Gustl Datz, Harry
Hardt, Leo Siedler, Christian Wolff, Hans Zesch-
Ballot

252

14. 9. Komödienhaus Düsseldorf	**Feuerwerk** Musikalisches Lustspiel von Erik Charell und Jürg Amstein; Gesangstexte: Robert Gilbert und Jürg Amstein; M: Paul Burkhard R: Erik Ode; B: Jan Schlubach KS (Alexander Oberholzer, genannt Obolski, Zirkusdirektor), Blanche Aubry, Elfie König, Brigitte Mira, Elisabeth Neumann-Viertel, Hilde Sessak, Inken Sommer, Dorothea Wieck, Heinz Fröhlich, Benno Hoffmann, Willy Krüger, Gerhard Soor, Christian Wolff

1963

1. 2. Kleine Komödie München – Kleines Haus am Max-II-Denkmal	**Spiel im Schloß** Komödie von Franz Molnár R: Erik Ode; B: Eduard Löffler KS (Almády), Louise Martini, Christoph Bantzer, Gustl Datz, Horst Fitzthum, Bum Krüger, Hans Joachim Kulenkampff
7. 8. Deutsches Theater München	**Heißer Wind und spitze Zungen (Tumult in Chioggia)** Lustspiel von Carlo Goldoni; Einrichtung für das Deutsche Theater: Arhur Maria Rabenalt; M: Raimund Rosenberger R: Arthur Maria Rabenalt; B: Elmar Albrecht KS (Isidoro, Marschall), Corinna Genest, Tua Paller, Gabriele Reismüller, Herta Saal, Herta Staal, Paul Bös, Gerhard Boris, Gerd Frickhöffer, Heino Hallhuber, Hugo Lindinger, Wilfried Schön, Joseph Singer, Will Spindler

1964

16. 8. U Landestheater Salzburg – Europa-Studio	**Mitternachtsmarkt** Komödie von Paul Willems; Ü: Maria Sommer; M: Eugen Thomas R: Werner Düggelin; B: Jörg Zimmermann; ML: Eugen Thomas KS (Julius Sallad), Monica Bleibtreu, Ursula Diestel, Corinna Genest, Gudrun Genest, Brigitte Grothum, Ilse Kiewiet, Elisabeth Lennartz, Renate Schubert, Gisela Uhlen, Otto Czarski, Ernst

Otto Fuhrmann, Benno Hoffmann, Wolfgang Reichmann, Wolfgang Reinbacher, Wolfgang Spier, Klaus Steiger, Peter Striebeck, Hubert Suschka

21. 8. U
Landestheater
Salzburg –
Europa-Studio

Das Pferd
Komödie von Julius Hay
R: Boy Gobert; B: Toni Businger
KS (Egnatius, der Konsul), Monica Bleibtreu, Theresia Braun, Ursula Diestel, Corinna Genest, Gudrun Genest, Wega Jahnke, Ilse Kiewiet, Hannelore Schroth, Renate Schubert, Ulrike Thiel, Kurt Baumgartner, Otto Czarski, Hans Elwenspoek, Felix Franchy, Ernst Otto Fuhrmann, Eugen Goffriller, Benno Hoffmann, Dieter Klein, Bert Oberdorfer, Martin Rosen, Kurt Sowinetz, Wolfgang Spier, Helmuth Stögbauer, Peter Striebeck, Georg Thomas, Klausjürgen Wussow

1. 12. DE
Kleine Komödie
München –
Großes Haus im
Bayerischen Hof

Schöne Geschichten mit Papa und Mama!
Komödie von Alfonso Paso; Ü: Gerhard Metzner
R: Gerhard Metzner; B: Hans Gerhard Zircher
KS (Dr. Juan G. Bolt), Hannelore Elsner, Trude Göringer, Luise Ullrich, Karl Paryla, Theo Riegler, Christian Wolff

1965
5. 3. DE
Kleine Komödie
München –
Großes Haus im
Bayerischen Hof
(Auch Tournee)

Caroline
Komödie von William Somerset Maugham
R: Gerhard Metzner; B: Hans Gerhard Zircher
KS (Robert Oldham), Blandine Ebinger, Herta Konrad, Hilde Krahl, Edith Schollwer, Ulrich Beiger, Hans Zesch-Ballot

1966
3. 3.
E. T. A.-Hoffmann-
Theater
Bamberg

Fast ein Poet
Schauspiel von Eugene O'Neill; Ü: Ursula und Oscar Fritz Schuh
R: Gerd Gutbier; B: Kurt Mittreiter
KS (Cornelius Melody, Major a. D.), Dana Dorer,

254

Corinna Genest, Claudia Losch, Gerd Gutbier, Herbert Karsten, Bernhard Röhr, Sepp Scheepers, Ernst Sieber, Hartmut Solinger

15. 4.
Kleine Komödie
München –
Kleines Haus am
Max-II-Denkmal

Amouren
Lustspiel von Noel Coward
R: Gerhard Metzner; B: Hans Gerhard Zircher
KS (Garry Essendine, Schauspieler), Beles Adam, Anne-Marie Blanc, Corinna Genest, Maria Stadler, Hilde Volk, Hertha von Walther, Walter Feuchtenberg, Hans Musäus, Ernst Schütz, Hartmut Solinger

28. 7. DE
Kammerspiele
München –
Schauspielhaus

Liebe für Liebe
Komödie von William Congreve in der Bearbeitung von Robert Gillner
R: Paul Verhoeven; B: Rudolf Heinrich
KS (Tattle, ein Beau), Moje Forbach, Kristin Jentz, Gertrud Kückelmann, Claudia Lobe, Maria Nicklisch, Doris Schade, Wilmut Borell, Wolfgang Büttner, Ernst Otto Fuhrmann, Helmut Griem, Hans Herrmann-Schaufuß, Klaus Löwitsch, Joachim Schneider, Heinz Schubert, Horst Tappert, Klaus Titel

12. 9.
Kammerspiele
München –
Schauspielhaus
(Premiere: 12. 4. 1966)

Der Zerrissene
Posse von Johann N. Nestroy
R: Paul Verhoeven; B: Jörg Zimmermann
KS (Herr von Lips – 2. Besetzung), Barbara Gallauner, Gertrud Kückelmann, Willy Berling, Alfred Cerny, Helmut Fischer, Heinz Kargus, Emil Markgraber, Hans Pössenbacher, Anton Reimer, Karl Renar, Rudolf Rhomberg, Walter Sedlmayr, Klaus Titel

25. 10. U
Kammerspiele
München –
Schauspielhaus

Cautio Criminalis oder Die außerordentliche Pilgerschaft des Friedrich Spee von Langenfeld
Schauspiel von Wolfgang Lohmeyer
R: August Everding; B: Jörg Zimmermann
KS (Ferdinand von Bayern), Christiane Bruhn, Doris Schade, Maria Singer, Erni Wilhelmi, Richard Beeck, Willy Berling, Herbert Bötticher, Wilmut Borell, Wolfgang Büttner, Alfred Cerny,

Klaus Fischer, Ernst Otto Fuhrmann, Michael Gaffron, Thomas Holtzmann, Kurt Horwitz, Heinz Kargus, Fred Klaus, Klaus Löwitsch, Emil Markgraber, Peter Paul, Hans Pössenbacher, Anton Reimer, Karl Renar, Alexander von Rosen, Joachim Schneider, Heinz Schubert, Walter Sedlmayr, Karl Striebeck, Horst Tappert, Klaus Titel, Paul Verhoeven, Karl-Heinz Wagner, Joachim Wichmann

3. 12.
Kammerspiele
München –
Schauspielhaus

Geschichten aus dem Wiener Wald
Volksstück von Ödön von Horváth
R: Otto Schenk; B: Günther Schneider-Siemssen
KS (Rittmeister), Jovita Dermota, Barbara Gallauner, Christine Gerber-Petzenhauser, Adrienne Gessner, Margit Haberland, Jane Heinzl, Maria Kraft, Gertrud Kückelmann, Helga Leuschner, Nina Majutsche, Rosl Mayr, Katja Nigg, Christine Oesterlein, Lisa Ravel, Maria Singer, Christine Steiner, Jane Tilden, Anna Vankova, Jutta Wachsmann, Willy Berling, Josef Eiterle, Heinz Kargus, Dieter Kirchlechner, Helmut Lohner, Bernd Pfisterer, Anton Reimer, Karl Renar, Rudolf Rhomberg, Richard Schreml, Walter Sedlmayr, Rudolf Vogel

1967
8. 3.
Kammerspiele
München –
Schauspielhaus

Der Alchimist
Komödie von Ben Jonson; Ü: Hartmut Lange
R: Peter Lühr; B: Jürgen Rose
KS (Lovewit), Christa Berndl, Claudia Lobe, Rosl Mayr, Anna Vankova, Axel von Ambesser, Richard Beeck, Wilmut Borell, Alfred Cerny, Ernst Otto Fuhrmann, Dieter Kirchlechner, Hans Korte, Klaus Löwitsch, Emil Markgraber, Peter Paul, Romuald Pekny, Karl Renar, Heinz Schubert

3. 11. U
Berliner Theater
Berlin

Scher Dich zum Teufel, mein Engel
Von Claus Tinney
R: Victor de Kowa; B: Maleen Pacha
KS, Brigitte Lohmann, Eva-Ingeborg Scholz, Karin Schroeder, Stefan Behrens, Gregorij Bolschoij

1968
26. 4.
Kleine Komödie
München –
Großes Haus im
Bayerischen Hof

Towarisch
Komödie von Jacques Deval; deutsche Bearbeitung: Curt Goetz
R: Gerhard Metzner; B: Hans Gerhard Zircher
KS (Mikail Alexandrowitsch Ouratieff), Ellen Avenarius, Marlis Schoenau, Erna Sellmer, Krista Stadler, Gundel Thormann, Hertha von Walther, Konrad Georg, Harry Hardt, Werner Johst, Frithjof Vierock, Rolf Wanka, Hans Zesch-Ballot

13. 9.
Theater an der Wien
Wien

Hello, Dolly!
Musikalische Komödie nach Thornton Wilders »The Matchmaker« von Michael Stewart mit Gesangstexten von Jerry Herman; Ü: Robert Gilbert; M: Jerry Herman
R: Kurt Pscherer; B: Jean-Pierre Ponnelle; ML: Johannes Fehring und Robert Opratko
KS (Horace Vandergelder, Kaufmann), Brigitte Brandt, Marion Briner, Beate Granzow, Daria Damar, Marika Rökk, Ingrid Schlemmer, Steffi Thaller, Peter Gerhard, Fritz Goblirsch, Kurt Huemer, Hans Obermüller, Tino Schubert, Heinz Zuber

1969
2. 3.
Städtische Bühnen
Dortmund –
Kleines Haus
(Auch Tournee)

Die Lokomotive
Zwei Akte von André Roussin; Ü: Hans Weigel
R: Lutz Büscher; B: Lothar Baumgarten
KS (Ernest Lepetit), Corinna Genest, Gudrun Mebs, Luise Ullrich, Eric Pohlmann, Hartmut Solinger

Herbst-Tournee
Neue Schaubühne
München

Das Gras ist grüner
Komödie von Hugh und Margaret Williams
R: Wolfgang Spier
KS, Dagmar Altrichter, Corinna Genest, Hansjörg Felmy

10. 7.   **Die Schule der Frauen**
Landesbühne   Komödie von Molière; Ü: Hans Weigel; M: Jo-
Hannover –   seph Bodin de Boismortier
Festspiele   R: Reinhold Rüdiger; B: Jost Bednar
Herrenhausen   KS (Arnolphe, Herr de la Souche), Brigitte Butt-
Gartentheater   gereit, Silvana Sansoni, Josef Bommer, Volker
                     Brandt, Gerhard Horsche, Helmut Malik, Her-
                     bert Malsbender, Helmut Stange, Heino Ver-
                     hey

3. 9.   **Plaza Suite**
Kammerspiele   Komödie von Neil Simon, bearbeitet von Harry
Hamburg   Meyen
                     R: Robert Meyn; B: Erich Grandeit
                     KS (Sam Nash/Jesse Kiplinger/Roy Hubley),
                     Hilde Krahl, Ingrid Stenn, J. Fritsch, Hanno
                     Wingler

6. 10.   **Plaza Suite**
Kleines Theater im Zoo   Komödie von Neil Simon, bearbeitet von Harry
Frankfurt a. M.   Meyen
                     R: Robert Meyn; B: Erich Grandeit
                     KS (Sam Nash/Jesse Kiplinger/Roy Hubley),
                     Hilde Krahl, Marlene Budde, Karl Hans Meuser,
                     Joachim Schweighöfer

4. 12.   **Tchao**
Kleine Komödie am   Lustspiel von Marc-Gilbert Sauvajon; Ü: Chri-
Max-II-Denkmal   stian Wölffer
München   R: Wolfgang Spier; B: Christian Bussmann
(Auch Tournee)   KS (Jérôme Couficiel, Generaldirektor), Helga
                     Anders, Corinna Genest, Bruni Löbel, Thomas
                     Fritsch, Willy Semmelrogge

31. 3.   **Tschau**
Theater am Dom   Komödie von Marc-Gilbert Sauvajon; Ü: Chri-
Köln   stian Wölffer
                     R: Wolfgang Spier; B: Margaretha Ruijgrok
                     KS (Jérôme Couficiel, Generaldirektor), Ingrid
                     Burmester, Karin Hardt, Franziska Oehme, Tho-
                     mas Fritsch, Arno Görke

24. 7. Landesbühne Hannover – Festspiele Herrenhausen Gartentheater	**Die Schule der Frauen** Komödie von Molière; Ü: Hans Weigel; M: Joseph Bodin de Boismortier R: Reinhold Rüdiger; B: Jost Bednar KS (Arnolphe, Herr de la Souche), Brigitte Buttgereit, Silvana Sansoni, Josef Bommer, Volker Brandt, Gerhard Horsche, Helmut Malik, Herbert Malsbender, Jochen Thau, Heino Verhey
6. 8. Landesbühne Hannover – Festspiele Herrenhausen Gartentheater	**Der Alpenkönig und der Menschenfeind** Romantisch-komisches Zauberspiel von Ferdinand Raimund; M: Wenzel Müller R: Reinhold Rüdiger; B: Jost Bednar; ML: Gottfried Weisse KS (Astragalus, der Alpenkönig), Sylvia Anders, Ursula Baresel, Brigitte Buttgereit, Brigitte Dreher, Ilse Melcher, Ingeborg Riehl, Silvana Sansoni, Helene Tabery, Bernd Bauer, Raimund Gensel, Walter Jokisch, Dieter Kettenbach, Wolfgang Lukschy, Thomas Melosch-Luicon, Hanns Polscher, Johann Christof Wehrs, Uwe Michael Wiebking
18. 12. Theater in der Josefstadt Wien (Auch Tournee)	**Duett im Zwielicht** Komödie von Noel Coward; Ü: Martin Dongen R: Werner Kraut; B: Gaby Niedermoser KS (Sir Hugo Latymer), Susanne von Almassy, Vilma Degischer, Bernd Ander

1972

1. 2. Landesbühne Hannover – Theater am Aegi	**Die erste Mrs. Selby** Komödie von St. John Ervine R: Horst-Alexander Stelter; B: Ulrich Hüstebeck KS (James Selby), Corinna Genest, Karin Jacobson, Hilde Plaschke, Hans Gilbert, Dieter Krack, Ulf-Jürgen Wagner
15. 6. Theater in der Josefstadt Wien	**Vier Zimmer zum Garten** Komödie von Pierre Barillet und Jean-Pierre Grédy; Ü: Peter Loos R: Peter Loos; B: Inge Fiedler KS (Maurice/Bob/Der Maler/Marcel), Christine Glasner, Hilde Krahl, Rudolf Rösner, Klaus Wildbolz

27. 7. DE
Theater in der Josefstadt
Wien

Stille Wasser
Lustspiel von James Elward
R: Ernst Waldbrunn; B: Wolfgang Müller-Kar-
bach
KS (Archer Connaught), Vilma Degischer, Gretl
Elb, Monika Pöschl, Efriede Ramhapp, Chri-
stiane Rücker, Harald Hart, Peter Neusser, Wal-
ter Varndal

1973
16. 1.
Renaissance-Theater
Berlin

Die kleine Hütte
Lustspiel von André Roussin; Ü: Hans Adler
R: Karl John; B: Martin Rupprecht
KS (Philippe), Karin Huebner, Friedhelm Leh-
mann, Günther Ungeheuer

28. 2.
Komödie
Düsseldorf

Sein bester Freund
Komödie von William Douglas-Home; Ü: Rein-
hard Günther
R: Alfons Höckmann; B: Gert B. Fleischer
KS (Sir John Holt), Inga Abel, Anita Lochner,
Margret Neuhaus, Erica Thomsen, Hasso Deg-
ner, Herbert Herrmann

11. 7.
Landesbühne
Hannover –
Festspiele
Herrenhausen
Gartentheater

Die Schule der Frauen
Komödie von Molière; Ü: Hans Weigel; M: Jo-
seph Bodin de Boismortier
R: Reinhold Rüdiger; B: Jost Bednar
KS (Arnolphe, Herr de la Souche), Brigitte
Buttgereit, Gertraud Jesserer, Volker Brandt,
Heinz Filges, Gerhard Horsche, Henry Kiel-
mann, Helmut Malik, Herbert Malsbender, Jo-
chen Thau

27. 7.
Kleine Komödie im
Bayerischen Hof
München

Die Kinder Edouards
Lustspiel von Marc-Gilbert Sauvajon nach »Love
and Learn« von F. Jackson und R. Bottomley
R: Otto Stern; B: Hans Gerhard Zircher
KS (Jan Letzaresko, Pianist), Gabriele Gerneth,
Lisa Helwig, Michaela May, Fee von Reichlin,
Gisela Uhlen, Ivan Desny, Thomas Reiner, Sieg-
fried Schmidt, Herbert Tiede, Frithjof Vierock,
Gunnar Warner

14.11. Kammerspiele München – Schauspielhaus	**Die beiden Nachtwandler oder Das Not-** **wendige und das Überflüssige** Posse mit Gesang von Johann N. Nestroy; M: Adolf Müller R: Hellmuth Matiasek; B: Monika von Zallinger; ML: Michael Rüggeberg KS (Lord Wathfield), Beles Adam, Kerstin de Ahna, Veronika Fitz, Barbara Gallauner, Stefanie Grossmann, Johanna Mertinz, Johanna Stein- böck, Willy Berling, Josef Bierbichler, Max Griesser, Erich Hallhuber, Joachim Hasenfuß, Christian Hoening, Jörg Hube, Winfried Hübner, Sigfrid Jobst, Dieter Junck, Heinrich Klemp, Christoph Künzler, Hugo Lindinger, Felix von Manteuffel, Karl Merkatz, Romuald Pekny, Karl Renar, Olaf Salmon
1974 Frühjahrs-Tournee Schweizer Tournee- Theater	**Vater einer Tochter** Komödie von Curth Flatow R: Harald Leipnitz KS (Dr. Robert Stegemann), Ingrid Capelle, Christine Roth, Inge Schwanneke, Rick Parsé
23.5. Theater in der Josefstadt Wien	**Professor Bernhardi** Komödie von Arthur Schnitzler R: Hans Jaray; B: Otto Niedermoser KS (Prof. Dr. Flint, Unterrichtsminister), Elfriede Ramhapp, Rainer Artenfels, Hannes Brandl, Christian Futterknecht, Hermann Glaser, Harald Harth, Kurt Heintel, Hans Jaray, Egon von Jordan, Egon H. Kozna, Kurt Nachmann, Peter Neusser, Hans Niklos, Reinhard Reiner, Alfred Reiterer, Leopold Rudolf, Eduard Sekler, Franz Stoß, Michael Toost, Ernst Waldbrunn, Guido Wieland
20.6. DE Theater in der Josefstadt Wien	**Eine Villa in Nizza** Komödie von Miguel Mihura; Ü: Peter von Tra- min R: Peter Loos; B: Inge Fiedler KS (René Durand), Vilma Degischer, Hortense Raky, Juanita Tock, Frank Dietrich, Hans Holt, Heiko Rall

3. 12.
Komödie im Marquardt
Stuttgart
(Auch Tournee)

Der Walzer der Toreros
Spiel von Jean Anouilh; Ü: Franz Geiger
R: Berthold Sakmann; B: Karl-Heinz Franke
KS (Der General), Lieselotte Bruhns, Sabine
Enders, Corinna Genest, Gisela Kade, Ellinor
von Landesen, Erika von Thellmann, Alexander
Hegarth, Klaus Kaluscha, Martin Rosen

1975
6. 9.
Komödie im Marquardt
Stuttgart
(Auch Tournee)

Der Kreis
Komödie von William Somerset Maugham;
Ü: Mimi Zoff
R: Berthold Sakmann; B: Karl-Heinz Franke
KS (Clive Champion-Cheney), Gisela Kade, He-
len von Münchhofen, Erika von Thellmann, Gu-
stav Fröhlich, Gustav Haner, Ulrich Kinalzik,
Richard Pürkhauer

1976
7. 1.
Kleine Komödie im
Bayerischen Hof
München

Die liebe Familie
Lustspiel von Felicity Douglas; Ü: Hans Jaray
R: Dieter Wieland; B: Helmut Schmeiser
KS (Charles), Viktoria Brams, Corinna Genest,
Ruth Kappelsberger, Simone Rethel, Carmen
Steinkrauss, Erika von Thellmann, Klaus Krüger,
Erich Schleyer, Dieter Wieland

20. 8.
Festspiele
Heppenheim –
Zirkuszelt

August August, August
Von Pavel Kohout; Ü: Lucie Taubová
R: Hans Richter; B: Wolf Gross
KS (Der Herr Direktor Holzknecht), Sylvia Bos-
sart, Kai Fischer, Helga Heil, Harald Dietl, Hans
Jürgen, Hans Richter, Waldemar Rühl, Hans Zürn

1977
5. 2.
Landesbühne
Hannover –
Theater am Aegi

Aimée
Komödie von Heinz Coubier
R und B: Helmut Käutner
KS (Jean, Diener, die perfektionierte Konven-
tion), Brigitte Rau, Joachim Hansen, Gunnar
Möller

262

10. 6. Theater in der Josefstadt Wien	**Der Nerz** Komödie von Félicien Marceau; Ü: Lore Kornell R: Peter Loos; B: Wolfgang Müller-Karbach KS (Der Croupier), Marianne Chappuis, Marte Harell, Claudia Köndgen, Hilde Krahl, Birgit Machalissa, Renate Rainer, Elfriede Ramhapp, Christiane Rücker, Nina Sandt, Marianne Schönauer, Johanna Thimig, Otto Ambros, Bernd Ander, Matthias Croy, Otto David, Frank Dietrich, Christian Futterknecht, Peter Hofer, Herbert Kersten, Egon H. Kozna, Peter Neusser, Tony Niesser, Erich Padelewski, Walter Regelsberger, Helmut Schleser, Michael Toost, Peter Vogel, Ernst Waldbrunn
6. 9. Landesbühne Hannover – Theater am Aegi	**Parkstraße 13** Kriminalstück von Axel Ivers R: Jürgen von Alten; Ü: Ulrich Hüstebeck KS (Dr. Elken), Ingrid Capelle, Annelore Kunze, Volkmar Bendig, Eckart Dux, Reinhard Hock, Mischa Neutze, Günter Potrazki, Michael Rödemeyer
19. 12. Kleine Komödie im Bayerischen Hof München	**Duell ohne Sieger** Komödie von Hugh und Margaret Williams; Ü: Oskar Willner R: Dieter Wieland; B: Gert B. Fleischer KS (Victor), Corinna Genest, Gerlinde Locker, Franz-Otto Krüger, Claus Wilcke
1978 18. 5. Fritz-Rémond-Theater im Zoo Frankfurt a. M.	**Aimée** Komödie von Heinz Coubier R und B: Helmut Käutner KS (Jean, Diener, die perfektionierte Konvention), Brigitte Rau, Joachim Hansen, Gunnar Möller
30. 8. Kleine Komödie im Bayerischen Hof München	**Der Kreis** Komödie von William Somerset Maugham; Ü: Mimi Zoff, bearbeitet von Gerhard Metzner R: Jürgen Wölffer; B: Gert B. Fleischer KS (Clive Champion-Cheney), Eva Astor, Ulli

Philipp, Erika von Thellmann, Amadeus August, Ernst-Fritz Fürbringer, Fritz Rothardt, Michael Schwarzmaier

1979
3. 2.
Fritz-Rémond-Theater
im Zoo
Frankfurt a. M.

Gin-Rommé
Stück von Donald L. Coburn; Ü: Gerty Agoston
R: Reinhold K. Olszewski; B: Lothar Baumgarten
KS (Weller Martin), Brigitte König

25. 8.
Grenzlandtheater
Aachen

Gin-Rommé
Stück von Donald L. Coburn; Ü: Gerty Agoston
R: Reinhold K. Olszewski; B: Charles Copenhaver
KS (Weller Martin), Brigitte König

1. 10.
Kleine Schaubühne im
Seidenweberhaus
Krefeld

Gin-Rommé
Stück von Donald L. Coburn; Ü: Gerty Agoston
R: Reinhold K. Olszewski; B: Lothar Baumgarten
KS (Weller Martin), Brigitte König

28. 11. U
Komödie
Düsseldorf

Alte Liebe
Komödie von John G. Frank und Vincent Gaeta;
Ü: Max Faber
R: Alfons Höckmann; B: Ulrich E. Milatz
KS (Rudolpho), Ursula Bredin, Gisela Fahrenkämper, Andrea Höckmann, Kitty Mattern, Carmen Steinkrauss, Anna Teluren, Claus Lange, Peter Oehme

1980
12. 3.
Theater
»Die kleine Freiheit«
München

Duett im Zwielicht
Komödie von Noel Coward; Ü: Martin Dongen
R: Christian Dorn; B: Klaus Ulrich Jacob
KS (Sir Hugo Latymer), Heli Finkenzeller, Maria Sebaldt, Boris Tessmann

16. 10.
Theater am Dom
Köln

Alte Liebe
Komödie von John G. Frank und Vincent Gaeta;
Ü: Max Faber
R: Peter Oehme; B: Klaus Ulrich Jacob

KS (Rudolpho), Rosemari Kühn, Anna Teluren, Renate Tschenett, Helen Vita, Hubertus Durek, Michael Klossek

1981
5. 2.
Kammerspiele im
Gewerkschaftshaus
Heilbronn

Gin-Rommé
Stück von Donald L. Coburn; Ü: Gerty Agoston
R: Reinhold K. Olszewski; B: Lothar Baumgarten
KS (Weller Martin), Brigitte König

Herbst-Tournee
Neue Schaubühne
München

Duett im Zwielicht
Komödie von Noel Coward; Ü: Martin Dongen
R: Richard Münch; B: Hans Gailling
KS (Sir Hugo Latymer), Lola Müthel, Ruth Pistor, Wolfgang Mascher

1982
28. 1.
Kleine Komödie im
Bayerischen Hof
München

Lady Windermeres Fächer
Komödie von Oscar Wilde
R: Dieter Wieland; B: Helmut Schmeiser
KS (Lord Augustus Lorton), Jutta Kammann, Magrit Mecklenburg, Fee von Reichlin, Daniela Ziemann, Sonja Ziemann, Michael Aufhauser, Sky Dumont, Dirk Galuba, Nino Korda, Gerhart Lippert, Fritz Rothardt

28. 7.
Landesbühne
Hannover –
Festspiele
Herrenhausen
Gartentheater

Amphitryon
Komödie von Molière; M: Jean Baptiste Lully
R: Reinhold Rüdiger; B: Enid Strutt
KS (Jupiter), Kornelia Boje, Gisela Matt, Ulrike Ulrich, Conrad Dahlke, Heinz Filges, Hans Herzog, Klaus Holk, Gerd Peiser, Willi Schlüter, H. G. Zimmermann

18. 11.
Theater am Dom
Köln
(Auch Tournee)

Der Lord und das Kätzchen
Komödie von Harold Brooke und Kay Bannermann; Ü: Harald Dietl
R: Wolfgang Spier; B: Klaus Ulrich Jacob
KS (Freddy Kenmore, Earl of Kenmore, Mitglied des Oberhauses im Britischen Parlament), Carole Alston, Karin Dor, Harald Dietl, Hans-Jürgen Schatz, Fritz Stavenhagen, Erich Uhland

1983
2.3.
Kleine Komödie im
Bayerischen Hof
München

Lady Frederick
Komödie von William Somerset Maugham; Ü:
Gerhard Metzner
R: Helmuth Ashley; B: Helmut Schmeiser
KS (Paradine Fouldes), Jitka Frantova, Margot
Hielscher, Winnie Markus, Christa Meißner, Tat-
jana Pierau, Ulrich Beiger, Sky Dumont, Nino
Korda, Fritz Rothardt, Siegfried Schmidt, Mi-
chael Schwarzmaier

Herbst-Tournee
Neue Schaubühne
München

Die Schwiegerväter
Lustspiel von Carlo Goldoni, frei bearbeitet von
Wolfgang Hildesheimer
R: Ilo von Janko; B: Wolf Gross
KS (Herr van Haarlem, ein reicher Kaufmann),
Susanne Herlet, Johanna Lonsky, Inga Schul-
mann, Rüdiger Bahr, Friedrich G. Beckhaus,
Wendt-Dieter Gawlitta

1984
26.1.
Kleine Komödie am
Max-II-Denkmal
München

Schloß Rabeneck
Komödie von Hans Gmür
R: Claus Biederstaedt; B: Gert B. Venzky
KS (Hector Lorenz), Margot Mahler, Erni Sin-
gerl, Monika Strauch, Nino Korda, Peter Machac,
Herbert Nußbaum

4.10. DE
Fritz-Rémond-Theater
im Zoo
Frankfurt a. M.

Der Pakt oder Man arrangiert sich
Komödie von Angela Huth; Ü: Heinrich Maria
Ledig-Rowohlt
R: Egon Baumgarten; B: Lothar Baumgarten
KS (Leonard), Brigitte König, Nikola Kress, Mar-
tha Marbo, Agi Prandhofer

1985
11.5.
Altes Schauspielhaus
Stuttgart
(Auch Tournee)

Komtesse Mizzi oder Der Familientag
Komödie von Arthur Schnitzler
R: Wolfgang Glück; B: Thomas Pekny
KS (Graf Arpad Pazmandy), Christine Oster-
mayer, Monika Weiss, Anton Feichtner, Klaus F.
Kannegiesser, Alexander Kerst, Bernhard Le-
tizky, Thomas Sigwald

266

11. 5. Altes Schauspielhaus Stuttgart (Auch Tournee)	**Das Bacchusfest** Von Arthur Schnitzler R: Wolfgang Glück; B: Thomas Pekny KS (Bahnhofsportier), Christine Ostermayer, Alexander Kerst, Bernhard Letizky, Thomas Sigwald
12. 7. Kleine Komödie am Max-II-Denkmal München	**Drei Männer im Schnee** Komödie nach Erich Kästner von Charles Lewinsky R: Ulrich Beiger; B: Utz Elsässer KS (Geheimrat Tobler), Jitka Frantova, Fee von Reichlin, Hannelore Schützler, Rebecca Winter, Michael Ande, Ulrich Beiger, Klaus Krüger, Luis Fernando Moeller, Franz Muxeneder, Thorwald Lössl, Arno Seifert
18. 12. Kleine Komödie im Theater am Kärntnertor Wien	**Duett im Zwielicht** Komödie von Noel Coward; Ü: Martin Dongen R: Kurt Jaggberg; B: Wolfgang Müller-Karbach KS (Sir Hugo Latymer), Ingold Platzer, Anneliese Stöckl, Walter Muckenschnabl
1986 1. 5. U Theater am Dom Köln	**Dienerehepaar gesucht** Komödie von Oliver Hassencamp R: Imo Moszkowicz; B: Ulrich E. Milatz KS (Ludwig), Monica Kaufmann, Claudia Neidig, Herta Worell, Arno Görke, Andreas Pauls
5. 9. Contra-Kreis-Theater Bonn (Auch Tournee)	**Romeo mit grauen Schläfen** Komödie von Curth Flatow R: Horst Johanning; B: Pit Fischer KS (Alexander Fischer, Schauspieler), Nora von Collande, Corinna Genest, Judith Herbster, Katinka Hoffmann, Monika Tabsch, Peter Oehme
1987 20. 2. Theater am Kurfürstendamm Berlin	**Romeo mit grauen Schläfen** Komödie von Curth Flatow R: Horst Johanning; B: Hans Ulrich Thormann KS (Alexander Fischer, Schauspieler), Nadine Beluhan, Evelyn Gressmann, Irene Marhold, Adisat Semenitsch, Friedrich Schoenfelder

5. 2. **Schein oder nicht Schein**
Kleine Komödie am Komödie von Jean Jacques Bricaire und Maurice
Max-II-Denkmal Lasaygues; Ü: Charles Regnier
München R: Thomas Engel; B: Dieter Stegmann
KS (Albert), Kerstin Fernström, Corinna Genest,
Horst Naumann, Hans-Jürgen Schatz

12. 5. **Schein oder nicht Schein**
Theater am Dom Komödie von Jean Jacques Bricaire und Maurice
Köln Lasaygues; Ü: Charles Regnier
R: Thomas Engel; B: Dieter Stegmann
KS (Albert), Kerstin Fernström, Corinna Genest,
Wolff von Lindenau, Horst Naumann

Filmographie
(Kinofilme – soweit feststellbar)

Zusammengestellt von Peter Spiegel

Die Jahreszahlen bezeichnen das jeweilige Jahr des Kinostarts. Wenn nicht anders angegeben, handelt es sich um deutsche bzw. bundesdeutsche Produktionen.

1936
Blumen aus Nizza (Österreich)
Regie: Augusto Genina
Musik: Willy Schmidt-Genter
KS *(Graf Ulrich von Traunstein),* Erna Sack, Friedl Czepa, Paul Kemp, Jane Tilden

Das Mädchen Irene
Nach dem Theaterstück »Sixteen« von A. und P. Stuart
Regie: Reinhold Schünzel
KS *(Sir John Corbett),* Lil Dagover, Sabine Peters, Geraldine Katt, Hedwig Bleibtreu, Hans Richter, Elsa Wagner, Alice Treff, Roma Bahn

1937
Daphne und der Diplomat
Nach dem Roman von Fritz von Woedtke
Musik: Theo Mackeben
Regie: Robert A. Stemmle
KS *(Bentley, Diplomat),* Karin Hardt, Gerda Maurus, Hans Nielsen, Elsa Wagner, Paul Dahlke, Ingeborg von Kusserow

Gewitterflug zu Claudia
Nach dem Roman von Karl Unselt
Regie: Erich Waschneck
KS *(William Crossley, Flugkapitän der Imperial Airways),* Willy Fritsch, Jutta Freybe, Rudolf Schündler, Olga Tschechowa, Gerhard Bienert, Maria Koppenhöfer, Hans Leibelt, Jakob Tiedtke

1938
Anna Favetti
Nach dem Roman »Licht im dunklen Haus« von Walter von Hollander
Musik: Werner Eisbrenner, Liedertexte: Günter Neumann
Regie: Erich Waschneck
KS (Kingstone), Mathias Wieman, Brigitte Horney, Gina Falckenberg, Jeanette Bethge, Elsa Wagner, Friedrich Kayßler, Beppo Brem, Paul Bildt, Hubert von Meyerinck, Franz Schafheitlin

Eine Nacht im Mai
Musik: Peter Kreuder, Friedrich Schröder
Regie: Georg Jacoby
KS (Waldemar Becker), Marika Rökk, Viktor Staal, Oskar Sima, Gisela Schlüter, Albert Florath, Mady Rahl, Ingeborg von Kusserow

Der Blaufuchs
Nach dem Bühnenstück von Ferenc Herczeg
Regie: Viktor Tourjansky
KS (Trill, Operettentenor), Zarah Leander, Willy Birgel, Paul Hörbiger, Jane Tilden, Rudolf Platte

1939
Liebe streng verboten
Nach einer Originalidee von Geza von Cziffra
Regie: Heinz Helbig
KS (Bobby Walden), Wolf Albach-Retty, Carola Höhn, Hans Moser, Grethe Weiser, Paul Westermeier, Julia Serda, Fritz Imhoff, Rudolf Carl, Karl Skraup, Annie Rosar

Fräulein
Nach Motiven des Romans von Paul Enderling
Regie: Erich Waschneck
KS (Fred Möller, Autoverkäufer), Ilse Werner, Mady Rahl, Erik Frey, Hans Leibelt, Roma Bahn, Annemarie Holtz, Willi Schur, Alice Treff

Die goldene Maske
Regie: Hans H. Zerlett
KS (Sepp Kramer), Hilde Weißner, Albert Matterstock, Rudi Godden, Fritz Kampers, Fita Benkhoff

Dein Leben gehört mir
Musik: Anton Profes
Regie: Johannes Meyer
KS (Stefan Marczali, Maler), Karin Hardt, Dorothea Wieck, Karl Martell, Ivan Petrovich, Rolf Wanka, Hans Nielsen, Harald Paulsen, Käthe Haack, Christian Kayßler, Ursula Deinert, Marina von Ditmar, Carsta Löck, Franz Schafheitlin

1940
Casanova heiratet
Nach dem Theaterstück »Ein großer Mann privat« von Harald Bratt
Regie: Victor de Kowa
Choreographie: Fritz Böttger
KS (Ralph Gregor, Operettenstar), Fita Benkhoff, Lizzi Waldmüller, Irene von Meyendorff, Richard Romanowsky, Hans Leibelt, Otto Gebühr, Günther Lüders, Herbert Ernst Groh

Aus erster Ehe
Nach dem Roman »Kamerad Mutter« von Christel Broehl-Delhaes
Regie: Paul Verhoeven
KS (Dr. Deinert), Franziska Kinz, Ferdinand Marian, Maria Landrock, Klaus Detlef Sierck, Paul Bildt, Karin Evans, Erich Ponto, Wolfgang Staudte, Else von Möllendorff, Heinz Salfner, Melanie Horeschovsky

Bismarck
Regie: Wolfgang Liebeneiner
KS (Kaiser Franz Josef), Paul Hartmann, Friedrich Kayßler, Maria Koppenhöfer, Werner Hinz, Lil Dagover, Ruth Hellberg, Käthe Haack, Hans Junkermann, Paul Hoffmann, Harald Paulsen, Eduard von Winterstein, Otto Gebühr, Franz Schafheitlin

1941
Der 7. Junge (2. Titel: »Liebesurlaub«)
Regie: Alois Johannes Lippl
KS (Ferdinand von Wangenheim, Leutnant), Hans Holt, Maria Nicklisch, Heli Finkenzeller, Dagny Servaes, Gustav Waldau, Joe Stöckel, Erna Sellmer, Josef Eichheim

Frau Luna
Buch: Ernst Marischka nach der Operette von Paul Lincke
Regie: Theo Lingen
KS (Paul Rüdinger), Fita Benkhoff, Lizzi Waldmüller, Else von Möllendorff, Paul Henckels, Georg Alexander, Günther Lüders, Ursula Herking, Will Dohm, Paul Westermeier, Hubert von Meyerinck

1942
Der Fall Rainer (2. Titel: »Ich warte auf Dich«)
Nach dem Roman »Der Mann mit der Geige« von Herbert Reinecker
Regie: Paul Verhoeven
Musik: Norbert Schultze
KS (Erzherzog), Paul Hubschmid, Luise Ullrich, Elisabeth Markus, Sepp Rist, Maria Koppenhöfer, Kurt Meisel, Karl Hellmer, Erich Ponto, Karl Günther

Das große Spiel
Musik: Michael Jary
Regie: Robert A. Stemmle
KS (*Fotograf Richter*), René Deltgen, Gustav Knuth, Maria Andergast, Heinz Engelmann, Wolfgang Staudte, Albert Florath, Rudolf Schündler, Lucie Höflich und mit Fußballspielern der deutschen Nationalmannschaft

Stimme des Herzens
Regie: Johannes Meyer
KS (*Benthien*), Marianne Hoppe, Ernst von Klipstein, Eugen Klöpfer, Fritz Odemar, Carsta Löck, Carl Kuhlmann, Herbert Hübner, Roma Bahn, Hertha von Walther, Albert Florath, Ernst Waldow, Franz Schafheitlin

1943
Die Wirtin zum weißen Röß'l
Buch: Felix von Eckardt nach einer Idee von Willi Kollo
Musik: Franz Doelle
Regie: Karl Anton
KS (*Peter*), Leny Marenbach, Dorit Kreysler, Otto Graf, Wilfried Seyferth, Elisabeth Markus, Hans Leibelt, Norbert Rohringer

Titanic
Regie: Herbert Selpin; Werner Klingler (fertiggestellt)
KS (*Lord Astor*), Sybille Schmitz, Charlotte Thiele, Kirsten Heiberg, Monika Burg, Hans Nielsen, Ernst-Fritz Fürbringer, Otto Wernicke, Sepp Rist, Theodor Loos, Franz Schafheitlin, Fritz Böttger, Aruth Wartan, Hans Leibelt
(Dieser Film wurde 1943 in Paris uraufgeführt und lief in Deutschland erst nach 1945 an.)

Akrobat Schö-ö-ö-ö-n!
Regie: Wolfgang Staudte
KS (*Varietésänger Orlando*), Charlie Rivel, Clara Tabody, Käthe Dyckhoff, Fritz Kampers, Hans Junkermann, Herta Worell, Hans Hermann Schaufuß

1944
Der Verteidiger hat das Wort!
Regie: Werner Klingler
KS (*Jack Gillmoore, Kapellmeister*), Heinrich George, Carla Rust, Rudolf Fernau, Margit Symo, Eduard von Winterstein, Claus Clausen, Andrews Engelmann, Walter Süßenguth, Ernst Legal

Ich hab von dir geträumt
Regie: Wolfgang Staudte
KS (*Peter Paulsen*), Fita Benkhoff, Erich Fiedler, Else von Möllendorff, Franz Schafheitlin, Charlott Daudert, Bruno Hübner, Annemarie Holtz, Hubert von Meyerinck

Die heimlichen Bräute
Regie: Johannes Meyer
KS (Dr. Paul Leidlinger, Gerichtsassessor), Heinz Salfner, Rudolf Prack, Magda Schneider, Mady Rahl, Erika von Thellmann, Ernst Legal, Lucie Englisch, Erna Sellmer, Max Gülstorff

1945
Das Leben geht weiter (unvollendet)
Regie: Wolfgang Liebeneiner
KS, Gustav Knuth, Hilde Krahl, Lina Lossen, Marianne Hoppe, Victor de Kowa, Ursula Grabley, Heinrich George, Friedrich Kayßler, Willy Fritsch, Viktoria von Ballasko, Carsta Löck, Else Ehser, Jaspar von Oertzen, Hilde Körber, Paul Henckels

Die Brüder Noltenius
Regie: Gerhard Lamprecht
KS (Baron Kontak), Willy Birgel, Karl Mathias, Hilde Weißner, Gunnar Möller, Eugen Klöpfer, Adelheid Seeck, Ida Wüst, Leopold von Ledebur

Sag' endlich ja
(unvollendet; das Sujet wurde 1949 bei der DEFA unter dem Titel »Träum nicht, Annette!« neu gedreht)
Nach Motiven der Erzählung »Tom, Dick and Harry« von Paul Jericho und dem gleichnamigen, darauf basierenden US-Film aus dem Jahre 1941
Musik: Theo Mackeben
Regie: Helmut Weiß
KS (Legationsrat), Jenny Jugo, O. W. Fischer, Max Eckard

1946
Peter Voß, der Millionendieb
(1943/44 gedreht, knapp nach Kriegsende von der DEFA fertiggestellt)
Buch: Felix von Eckardt, Karl Anton nach dem gleichnamigen Roman von E. G. Seeliger
Regie: Karl Anton
KS (Bobby Todd), Victor de Kowa, Else von Möllendorff, Hans Leibelt, Fritz Kampers, Georg Thomalla, Ursula Herking

1948
Eine alltägliche Geschichte
(Titel in Österreich: »Alltägliche Geschichten«, Film war bei Kriegsende schon in der Synchronisation)
Regie: Günther Rittau
KS (Herbert Winkler, Maler), Gustav Fröhlich, Marianne Simson, Margot Jahnen, Hans Brausewetter, Paul Henckels, Hans Leibelt, Käthe Haack, Hildegard Grethe

Berliner Ballade
Buch: Günter Neumann
Regie: Robert A. Stemmle
KS (Rundfunkreporter), Gert Fröbe, Tatjana Sais, Aribert Wäscher, O. E. Hasse, Hans Deppe, Rita Paul, Brigitte Mira, Ilse Trautscholt, Erik Ode

1949
Träum' nicht, Annette! (DDR)
(Remake des unvollendeten Films »Sag' endlich ja« – siehe 1945)
Regie: Eberhard Klagemann
KS (Klaus von Kirland, Diplomat), Jenny Jugo, Max Eckard, Gustav Waldau, Hans Stiebner, Helmuth Rudolph

Höllische Liebe (Österreich)
Nach dem Theaterstück »Anita und der Teufel« von Geza von Cziffra
Regie: Geza von Cziffra
KS (Daniel), Elfie Mayerhofer, Vera Molnar, Hans Holt, Petra Trautmann, Fritz Imhoff, Erich Kunz, Hans Olden, Egon von Jordan, Harry Fuß, Inge Egger, Ernst Waldbrunn

Ich mach' Dich glücklich
Nach einem Lustspiel von Gabor von Vaszary
Regie: Alexander von Szlatinay
KS (Viktor), Heinz Rühmann, Hertha Feiler, Dorit Kreysler, Hans Leibelt, Margarete Haagen, Rudolf Schündler, Fritz Kampers, Gunnar Möller

Der blaue Strohhut
(Titel in Österreich: »Zärtliches Abenteuer«)
Nach dem Theaterstück von Friedrich Michael
Regie: Viktor Tourjansky
KS (Paul), Margot Hielscher, Gisela Schmidting, Gutav Knuth, Mady Rahl, Hubert von Meyerinck, Trude Hesterberg, Theodor Danegger, Walter Janssen, Joseph Offenbach

1950
Frau über Bord
(Film bei Kriegsende fertiggestellt; 1950 in der DDR, 1952 in der BRD erstaufgeführt; 2. Titel: »Das Mädchen Juanita«)
Musik: Werner Eisbrenner
Regie: Wolfgang Staudte
KS (Alvarez, 2. Offizier der »Galitea«), Heinrich George, Axel von Ambesser, Anneliese Uhlig, Carl-Heinz Schroth, Charlotte Schellhorn, Hubert von Meyerinck

Meine Nichte Susanne
Nach der Burleske von Hans Adler und Alexander Steinbrecher
Musik: Hans Martin Majewski, Alexander Steinbrecher
Regie: Wolfgang Liebeneiner
KS (Don Manuel Carcocastilla, peruanischer Goldgrubenbesitzer), Hilde Krahl, Inge Meysel, Ingrid Pankow, Harald Paulsen, Carl-Heinz Schroth, Hans Leibelt, Alice Treff, Werner Finck, Hubert von Meyerinck, Käthe Pontow

Der Mann, der sich selber sucht
Musik: Michael Jary
Regie und Buch: Geza von Cziffra
KS (Jack d'Almonte), Wolf Albach-Retty, Vera Molnar, Petra Trautmann, Paul Kemp, Hubert von Meyerinck, Bobby Todd, Rudolf Platte, Joseph Offenbach

Sensation im Savoy (Titel in Österreich: »Vera setzt sich durch«)
Nach dem Bühnenstück »Sensation in Budapest« von Karl Georg Külb
Regie: Eduard von Borsody
KS (René Rocan), Sybille Schmitz, Paul Klinger, Harald Paulsen, Karl Lieffen, Sammy Drechsel, Fritz Kampers, Rudolf Schündler, Beppo Brem

Die Nacht ohne Sünde
Regie: Karl Georg Külb
KS (Herr Schmitz), Bruni Löbel, Grethe Weiser, Charlott Daudert, Paul Klinger, Paul Kemp, Fritz Kampers, Trude Hesterberg, Beppo Brem, Liesl Karlstadt

Taxi-Kitty
Musik: Franz Grothe
Regie: Kurt Hoffmann
KS (Molander), Hannelore Schroth, Carl Raddatz, Hans Schwarz jr., Fita Benkhoff, Gunnar Möller, Inge Meysel

1952
Ein ganz großes Kind (Titel in Österreich: »Die leibhaftige Unschuld«)
Regie: Paul Verhoeven
KS (Alexander van Straaten), Georg Thomalla, Gardy Granaß, Angelika Hauff, Erika von Thellmann, Harald Paulsen, Loni Heuser, Paul Verhoeven, Hans Hermann Schaufuß, Mila Kopp

Die Försterchristl
Nach der Operette von Georg Jarno und Bernhard Buchbinder
Musikbearbeitung: Bruno Uher
Regie: Arthur Maria Rabenalt
KS (Kaiser Franz Joseph), Johanna Matz, Angelika Hauff, Will Quadflieg, Käthe von Nagy, Oskar Sima, Willem Holsboer, Ivan Petrovich

Der keusche Lebemann
Nach dem Schwank von Arnold und Bach
Regie: Carl Boese
KS *(Dr. Fellner)*, Georg Thomalla, Joe Stöckel, Grethe Weiser, Dorit Kreys-
ler, Marianne Koch, Rolf Weih, Ethel Reschke, Bully Buhlan

Wir tanzen auf dem Regenbogen (BRD/Italien; italienischer Titel:
»Senza veli«)
Regie: Arthur Maria Rabenalt, Carmine Gallone
KS *(Philip)*, Inge Egger, Siegfried Breuer, Isa Barzizza, Gino Mattera, Harry
Meyen, Rudolf Schündler

1953
Die Fiakermilli (Österreich, Titel in BRD: »Fiakermilli – Liebling von
Wien«)
Nach dem Bühnenstück von Martin Costa
Regie: Arthur Maria Rabenalt
KS *(Dr. Robert Zögel)*, Gretl Schrög, Paul Hörbiger, Rudolf Platte, Lucie
Englisch, Fritz Imhoff, Rolf Wanka

Lavendel – eine ganz unmoralische Geschichte (BRD/ Österreich;
Titel in Österreich: »Lavendel«)
Nach dem Bühnenstück »Lavendel« von Bruno Schuppler
Regie: Arthur Maria Rabenalt
KS *(Gallenberg, Schriftsteller)*, Gretl Schörg, Hans Holt, Erni Mangold, Hans
Putz, Elisabeth Stemberger, Fritz Imhoff

Fanfaren der Ehe
Regie: Hans Grimm
KS *(Dobler)*, Dieter Borsche, Georg Thomalla, Inge Egger, Ilse Petri, Fita
Benkhoff, Rudolf Vogel, Liesl Karlstadt, Lina Carstens

Die Nacht ohne Moral (Titel in Österreich: »Die Nacht mit der Witwe«)
Regie: Ferdinand Dörfler
KS *(Rittmeister Philipp Weinsberg)*, Claude Farell, Gustav Knuth, Lucie Eng-
lisch, Beppo Brem, Elisabeth Flickenschildt, Franz Muxeneder, Gustav
Waldau, Kurt Großkurth, Adi Berber

Muß man sich gleich scheiden lassen?
Nach dem Bühnenstück »Lauter Lügen« von Hans Schweikart
Regie: Hans Schweikart
KS *(Paul, Staatsanwalt)*, Ruth Leuwerik, Hardy Krüger, Hans Söhnker, Tilda
Thamar, Fita Benkhoff, Gustav Knuth, Therese Giehse, Paul Bildt, Günther
Lüders, Peer Schmidt, Rudolf Vogel, Walter Janssen, Inge Konradi, Dieter
Borsche, Sammy Drechsel, Charlotte Witthauer

Schlagerparade

Regie: Erik Ode

KS (Starkomponist Fred Pauli), Germaine Damar, Walter Giller, Nadja Tiller, Loni Heuser, Walter Gross, Bully Buhlan, Ruth Stephan, Franz Ott Krüger, Harald Juhnke, Wolfgang Jansen; Stargäste: Maurice Chevalier, Johannes Heesters, Rudi Schuricke u. a.

Bezauberndes Fräulein

Nach dem Singspiel von Ralph Benatzky
Regie: Georg Thomalla

KS (Hektor Kranz, ein junger Elegant), Georg Thomalla, Herta Staal, Gisela Fackeldey, Wilfried Seyferth, Ernst Waldow, Hans Leibelt

1954
Perle von Tokay (Österreich)

Nach der Operette von Fred Raymond, Max Wallner und Kurt Feltz
Musikbearbeitung: Frank Fox
Regie: Hubert Marischka

KS (Aladar Féhévary), Johanna Matz, Paul Hörbiger, Rudolf Carl, Else Rambausek, Annie Rosar, Josef Egger, Anton Karas (an der Zither)

Rosen aus dem Süden

Regie: Franz Antel

KS (Sergius Konstantin, Tenor), Gustav Fröhlich, Maria Holst, Susi Nicoletti, Hannelore Bollmann, Gunther Philipp, Oskar Sima, Wilfried Seyferth, Ilse Peternell, Theodor Loos

Der Zigeunerbaron

Nach der Operette von Johann Strauß
Regie: Arthur Maria Rabenalt

KS (Homonay, Bezirkskommandant), Gerhard Riedmann, Paul Hörbiger, Margit Saad, Oskar Sima, Maria Sebaldt, Peer Schmidt, Trude Hesterberg, Harald Paulsen, Waltraud Haas

Feuerwerk

Nach der musikalischen Komödie von Erik Charell und Jürg Amstein, basierend auf dem Lustspiel »Der schwarze Hecht« von Emil Sautter
Musik: Paul Burkhard
Regie: Kurt Hoffmann

KS (Zirkusdirektor Alexander Obolski), Lilli Palmer, Romy Schneider, Claus Biederstaedt, Werner Hinz, Rudolf Vogel, Liesl Karlstadt, Käthe Haack

1955
Die Stadt ist voller Geheimnisse

Nach dem Bühnenstück von Curt J. Braun
Regie: Fritz Kortner

KS (Oberländer), Karl Ludwig Diehl, Annemarie Düringer, Werner Fuetterer, Paul Hörbiger, Adrian Hoven, Bruni Löbel, Lucie Mannheim, Susi Nicoletti, Charles Regnier, Wilfried Seyferth, Erich Schellow, Eva-Ingeborg Scholz, Carl-Heinz Schroth, Georg Thomalla, Margot Trooger, Rudolf Vogel, Grethe Weiser

Ihr erstes Rendezvous (BRD/Österreich)
Musik: Peter Kreuder
Regie: Axel von Ambesser
KS (Waldemar, Mathematikprofessor), Nicole Heesters, Adrian Hoven, Paul Dahlke, Erika von Thellmann, Wera Frydtberg, Lucie Neudecker, Theodor Danegger, Peter Vogel, Michael Janisch

Der Kongreß tanzt (Österreich)
Regie: Franz Antel
KS (Fürst Metternich), Johanna Matz, Rudolf Prack, Hannelore Bollmann, Marte Harell, Jester Naefe, Josef Meinrad, Hans Moser, Gunther Philipp, Oskar Sima, Ernst Waldbrunn, Rosa Albach-Retty, Fritz Muliar

1956
Ein tolles Hotel (Österreich)
Nach dem musikalischen Schwank »Ein toller Fall« von Toni Impekoven und Carl Mathern
Regie: Hans Wolff
KS (Niki von Schoberl), Theo Lingen, Ruth Stephan, Susi Nicoletti, Doris Kirchner, Helen Vita, Trude Marlen, Ernst Waldbrunn, Paul Westermeier, Frank Holms

Durch die Wälder, durch die Auen
Buch: F. M. Schilder, Peter Hamel nach der Novelle »Die romantische Reise des Herrn Carl Maria von Weber« von Hans Watzlik (Bearbeitung: Walter Forster)
Regie: G. W. Pabst
KS (Graf Enzio von Schwarzenbrunn), Eva Bartok, Peter Arens, Joe Stöckel, Rudolf Vogel, Michael Cramer, Rolf Weih

Hurra – die Firma hat ein Kind!
Nach dem Schwank von Bob Iller
Regie: Hans Richter
KS (Gottlieb Lampe, Fabrikant), Walter Müller, Wera Frydtberg, Loni Heuser, Lotte Lang, Frank Holms, Kurt Großkurth

1957
Die liebe Familie (Österreich)
Nach der Komödie »It's never too late« von Felicity Douglas
Regie: Helmut Weiß

KS (Stephan, Verleger), Luise Ullrich, Hans Nielsen, Doris Kirchner, Peter Weck, Ingrid Andree, Susi Nicoletti, Adrienne Gessner, Michael Heltau, Erik Frey, Ruth Stephan, Olive Moorefield

Das Bad auf der Tenne
Musik: Friedrich Schröder
Regie: Paul Martin
KS (Don Fernando, Statthalter), Sonja Ziemann, Paul Klinger, Rudolf Platte, W. A. Kleinau, Herta Staal, Manfred Inger sowie Nadja Tiller und Walter Giller als Gäste

1958
Sehnsucht hat mich verführt (Titel in Österreich: »Die Brandner-Zwillinge«)
Regie: Wilm ten Haaf
KS (Direktor Theo Gellner), Erika Remberg, Dietmar Schönherr, Peer Schmidt

1959
Die Wahrheit über Rosemarie
Regie: Rudolf Jugert
KS (Ein Adliger), Belinda Lee, Walter Rilla, Paul Dahlke, Hans Nielsen, Karl Lieffen, Lina Carstens, Jan Hendriks, Bobby Todd

1960
Das schwarze Schaf
Frei nach Charakteren der »Father Brown Stories« von Gilbert K. Chesterton
Regie: Helmuth Ashley
KS (Theaterdirektor Scarletti), Heinz Rühmann, Siegfried Lowitz, Fritz Rasp, Maria Sebaldt, Lina Carstens, Friedrich Domin

1961
Bei Pichler stimmt die Kasse nicht (Titel in Österreich: »Defraudanten wider Willen«)
Nach dem Bühnenstück »Defraudanten« von Alfred Polgar
Regie: Hans Quest
KS (Direktor Härtel), Georg Thomalla, Theo Lingen, Karin Dor, Fita Benkhoff, Ruth Stephan, Edith Hancke, Joseph Offenbach

Eine hübscher als die andere
Regie: Axel von Ambesser
KS (Edgar Dirksen), Heidi Brühl, Peter Nestler, Gustav Knuth, Rudolf Platte, Peter Vogel, Senta Berger, Ralf Wolter

Blond muß man sein auf Capri
Regie: Wolfgang Schleif
KS *(Dr. Becker, Prokurist)*, Karin Baal, Helmut Lohner, Inge Meysel, Maurizio Arena, Manetto, Alice Treff, Hans Nielsen, Ruth Stephan, Gunther Philipp, Ernst-Fritz Fürbringer

Es muß nicht immer Kaviar sein
Nach dem Roman von Johannes Mario Simmel
Regie: Geza Radvanyi
KS *(Lovejoy)*, O. W. Fischer, Eva Bartok, Senta Berger, Jean Richard, Victor de Kowa, Werner Peters, Wolfgang Reichmann, Karl John, Geneviève Cluny

Diesmal muß es Kaviar sein (»Es muß nicht immer Kaviar sein«, 2. Teil)
– Angaben: siehe »Es muß nicht immer Kaviar sein«

Heute geh'n wir bummeln
Musik: Hazy Osterwald
Regie: Erik Ode
KS *(Oskar Geßler, Direktor eines Kaufhauses für Kinderausstattung)*, Marika Rökk, Bibi Johns, Bill Ramsey, Rudolf Vogel, Oskar Sima, Heli Finkenzeller, Fred Raul, Hazy Osterwald

Der Traum von Lieschen Müller
Regie: Helmut Käutner
KS *(Hotelchef)*, Sonja Ziemann, Martin Held, Helmut Griem, Georg Thomalla, Conny Froboess, Peter Weck, Wolfgang Neuss

1962
Deutschland, deine Sternchen
Regie: Edwin Zbonek
KS *(Ulrich)*, Eva Kerbler, Renate Bergé, Marlene Rahn, Paul Dahlke, Heinrich Schweiger, Hans Holt, Sieghardt Rupp, Albert Rueprecht, Leopold Rudolf

Das schwarz-weiß-rote Himmelbett (BRD/Frankreich, Titel in Österreich: »Das rosarote Himmelbett«; französischer Titel: »Tête à tête sur l'oreiller«)
Nach dem Roman »Cancan und Großer Zapfenstreich« von H. R. Berndorff
Regie: Rolf Thiele
KS *(Jules Rochberg)*, Thomas Fritsch, Daliah Lavi, Martin Held, Margot Hielscher, Elisabeth Flickenschildt, Marie Versini, Margarete Haagen, Fritz Rasp, Hubert von Meyerinck

1966

Onkel Filser – Allerneueste Lausbubengeschichten

Buch: Georg Laforet (= Franz Seitz jr.) nach Motiven von Ludwig Thoma
Regie: Werner Jacobs

KS (Herr von Rupp), Michl Lang, Hansi Kraus, Elisabeth Flickenschildt, Käthe Braun, Heidelinde Weis, Beppo Brem, Hans Quest, Michael Verhoeven, Margarete Haagen, Fred Liewehr, Rudolf Schündler, Rudolf Schock, Gustav Knuth, Monika Dahlberg

1967

Der Lügner und die Nonne

Nach dem Theaterstück von Curt Goetz
Regie: Rolf Thiele

KS (Petrops, Präzeptor), Heidelinde Weis, Robert Hoffmann, Elisabeth Flickenschildt, Jane Tilden, Curd Jürgens, Rudolf Rhomberg

Wenn Ludwig ins Manöver zieht

Buch: Georg Laforet (= Franz Seitz jr.) nach Motiven von Ludwig Thoma
Regie: Werner Jacobs

KS (Corpsgeneral), Hansi Kraus, Heidelinde Weis, Elisabeth Flickenschildt, Hubert von Meyerinck, Rudolf Rhomberg, Chantal Goya, Hans Quest, Dieter Borsche, Beppo Brem, Sepp Meier

1968

Inspektor Blomfields Fall Nr. 1: Ich spreng euch alle in die Luft

Regie: Rudolf Zehetgruber

KS (Colonel Lister), Götz George, Ingeborg Schöner, Anthony Steel, Siegfried Wischnewski, Werner Pochath, Herbert Fux, Leopold Rudolf, Kurt Sowinetz, Eddi Arent

Ludwig auf Freiersfüßen (In die kurze Rahmenhandlung dieses Kompilationsfilms sind hauptsächlich Szenen aus den früheren Ludwig-Thoma-Verfilmungen – in Form von Rückblenden – integriert.)

Regie und Buch: Franz Seitz jr.

KS (Corpsgeneral: in Rückblende aus *Wenn Ludwig ins Manöver zieht)*

Mit Django kam der Tod (BRD/Italien; italienischer Titel: »L'uomo, l'orgoglio, la vendetta«)

Regie: Luigi Bazzoni

KS (Engländer), Franco Nero, Klaus Kinski, Tina Aumont

1970

Nicht fummeln, Liebling!

Regie: May Spils

KS (Filmschauspieler), Werner Enke, Gila von Weitershausen, Otto Sander, Erika Beer, Henry van Lyck

Wir hauen die Lehrer in die Pfanne (»Die Lümmel von der 1. Bank«,
Teil 5, Titel in Österreich: »Lehrer sind zum Ärgern da«)
Regie: Harald Reinl
KS (Notar Munk), Hansi Kraus, Uschi Glas, Fritz Wepper, Rudolf Schündler,
Theo Lingen, Ruth Stephan, Balduin Baas

1971
Das haut den stärksten Zwilling um
Regie: Franz Josef Gottlieb
KS (Hugo Fock, Chef), Peter Weck, Gerlinde Locker, Herbert Fux, Gunther
Philipp, Beppo Brem, Corinna Genest, Peter Maffay, Michaela May, Ilja
Richter, Walter Gross, Peggy March

1976
Quartett Bestial (Frankfurt/BRD/Spanien; französischer Titel: »7 morts
sur ordonnance«; spanischer Titel: »Siete muertos por prescipcion facul-
tativa«)
Regie: Jacques Rouffio
KS (Joseph Brézé, Arzt), Michel Piccoli, Gérard Depardieu, Jane Birkin,
Marina Vlady, Charles Vanel, Michel Auclair, Coline Serreau, Georg Ma-
rischka

Rosemarie's Tochter
Regie: Rolf Thiele
KS (Winkler), Lillian Müller, Bela Erny, Werner Pochath, Herbert Fux, Horst
Frank, Hanne Wieder

1985
Otto – der Film
Regie: Xaver Schwarzenberger, Otto Waalkes
KS (Fürst Marckbiss), Otto (Waalkes), Jessica Cardinahl, Elisabeth
Wiedemann, Sky Dumont, Karl Lieffen, Gottfried John, Johannes Heesters,
Tilly Lauenstein

Fernsehen

(Fernsehfilme und -serien und andere TV-Arbeiten ohne Gastrollen bzw.
Show- und Belangsendungen – soweit feststellbar)

Zusammengestellt von Peter Spiegel

Erklärung der Abkürzungen: BR = Bildregie, DB =Drehbuch, FB = Fern-
sehbearbeitung, MB = musikalische Bearbeitung, ML = musikalische Leitung, OT = Originaltitel, Ro = Rolle von Karl Schönböck, Ü = Übersetzung
ins Deutsche
Bei Produktionen, die von mehreren Fernsehanstalten in Auftrag gegeben
wurden, steht hinter dem Erstausstrahlungsdatum die dazugehörige Fern-
sehanstalt.
Der Kompilator des folgenden Werksverzeichnisses möchte u.a. den
Archivmitarbeiter(inne)n der Fernsehanstalten ZDF, ORF, ARD und vor
allem dem Deutschen Rundfunkarchiv für die erwiesene Unterstützung
danken.

Das Ostergeschenk. TV-Kurzfilm nach William
Saroyan. Regie: Peter Beauvais. Mit Lucie Mann-
heim, Michael Heltau
Ro: Rayonchef

10.3.1955 SWF
(ARD)

Feuerwerk. TV-Film nach der musikalischen Ko-
mödie von Erik Charell und Jürg Amstein, basierend
auf dem Lustspiel »Der schwarze Hecht« von Emil
Sautter. Liedertexte: Jürg Amstein, Robert Gilbert.
Musik: Paul Burkhard. Regie und Buch, Ettore Cella.
Mit Dorit Fischer, Käthe Lindenberg, Karl Maria
Artel, Olga von Togni, Karl Lieffen, Maria Singer
Ro: Alexander Obolski

26.12.1955 (SDR)
ARD)

Notturno. Amerikanisches Fernsehspiel von Lewelyn Steinboeck. Regie: Herbert Fuchs. Mit Nicole Heesters, Kurt Jaggberg, Peter Gerhardt
Ro: Nebenbuhler

28. 3. 1957 ORF

Das Abgründige in Herrn Gerstenberg. Komödie von Axel von Ambesser nach seinem gleichnamigen Bühnenstück. FB: Florian Kahlbeck. Regie: Erich Neuberg. Mit Paul Dahlke, Kurt Sowinetz, Helmut Qualtinger, Elfe Gerhart, Aglaja Schmid, Bruno Dallansky, Liesel Neumann-Viertel, Oskar Wegrostek, Manfred Inger
Ro: Spielleiter

8. 4. 1957 ORF

Die unentschuldigte Stunde (OT: »Igazolatlan óra«). Nach der Komödie von István Bekefi und Adorján Stella. FB und Musik: Helmut Zander. Regie: Rolf Kutschera. Mit Reinhold Nietschmann, Ruth Poelzig, Chariklia Baxevanos, Peter Frank, Alice Treff, Uwe Friedrichsen
Ro: Prof. Hans Weiringer

24. 8. 1957 NWRV (ARD)

Nicht Gewünschtes bitte streichen. Politisches Cabaret-Musical von Max Colpet. Mit Werner Finck, Edith Hancke, Eva Maria Meineke, Peter Vogel
Ro: Schüler

1957 SWF (ARD)

Das Prinzip. Lustspiel in 3 Akten von Hermann Bahr. Regie: Heinrich Schnitzler. Mit Margret Henneman, Edith Heerdegen, Win Kristin, Eva Sandor, Helly Servi, Bruno Dallansky
Ro: Dr. Friedrich Esch

21. 6. 1958 ORF Aufzeichnung einer Aufführung aus den Kammerspielen, Wien

Der Misanthrop (OT: »Le misanthrope«). Schauspiel von Molière. FB: Kurt Horwitz nach der Übersetzung von Adolf Lann, Wolf Graf Baudissin. Regie: Kurt Horwitz. Mit Ernst Ginsberg, Peter Arens, Agnes Fink, Hans Clarin, Anne Kersten
Ro: Philinte, Alcestes Freund

23. 4. 1959 BR (ARD) Nach einer Aufführung des Bayerischen Staatsschauspiels (Cuviliés-Theater) München

Die ist nicht von gestern. Nach der Komödie »Born yesterday« von Garson Kanin. Ü: Alfred Polgar. FB und Regie: Franz Josef Wild. Mit Rosel Schaefer, Jochen Brockmann, Peter Arens, Hans Cossy, Walter Buschhoff, Herta Worell
Ro: Ed Devery

6. 8. 1959 BR (ARD)

Amphitryon. Nach der Komödie von Molière, basierend auf Plautus. Ü: Arthur Luther. Regie: Axel von Ambesser. Musik: Karl von Feilitzsch. Mit Axel von Ambesser, Lola Müthel, Hans Putz, Ursula Herking, Eva Pflug
Ro: Merkur

4. 9. 1959 SWF
(ARD)

Intimitäten. Komödie von Noel Coward (OT: »Private lives«). Ü: Bruno Frank. FB und Regie: Peter Hamel. Mit Gundel Thormann, Erwin Strahl, Ursula von Manescul, Bruni Löbel
Ro: Bennet Chase

8. 10. 1959 SWF
(ARD)

Die Liebe des Jahres. Eine musikalische Groteske von Peter Finnern und Mischa Mleinek. Regie: Erik Ode. Mit Maria Perschy, Friedel Schuster, Claus Biederstaedt, Brigitte Mira, Franz-Otto Krüger, Arno Paulsen, Walo Lüönd
Ro: Herzog Heinrich

31. 12. 1959 SFB
(ARD)

Die erste Mrs. Selby (OT: »The first Mrs. Frazer«). Fernsehspiel nach der Komödie von St. John Ervine. Ü: Erich Glase. FB und Regie: Hans Quest. Mit Susanne von Almassy, Hans Söhnker, Gerlinde Lokker, Michael Hinz, Thomas Braut
Ro: Philip

7. 2. 1960 NWRV
(ARD)

Olivia. Komödie von Terence Rattigan (OT: »Love in idleness«). Regie: Peter Preses. Mit Susi Nicoletti, Elisabeth Markus, Bibiane Zeller, Fritz Friedl, Ursula Schult
Ro: Sir John Fletcher

27. 5. 1960 ORF
Aufzeichnung einer
Aufführung aus den
Kammerspielen
Wien

Finden Sie, daß Constanze sich richtig verhält? Komödie von William Somerset Maugham (OT: »The constant wife«). Regie: Rolf Kutschera. Mit Susanne von Almassy, Alexander Trojan, Hilde Wagener, Vera Molnar, Maria Gabler, Rose Renée Roth
Ro: John Middleton

21. 6. 1960 ORF

Es geschah in Paris. Fernsehmusical von Max Colpet. Regie: Arno Assmann. Musik: Walter Baumgartner. Mit Helen Vita, Helmut Lohner, Harry Hardt, den Cornels, den Sunnies

29. 10. 1960 BR
(ARD)

Ein Tag im Leben von… Fernsehspiel nach der Komödie von Jack Popplewell (OT: »A day in the life of…«). FB: Herbert Fuchs, Florian Kalbeck. Regie: Herbert Fuchs. Musik: Bill Grah. Mit Alexander Trojan, Maria Emo, Klaus Löwitsch, Franz Stoss, Ilse Hanel, Kurt Sowinetz, Johanna Terwin-Moissi, Nina Sandt
Ro: John Mallorie

12. 5. 1961 ORF

Froher Herbst des Lebens. Lustspiel von James M. Barrie (OT: »Alice, sit by the fire!«). Ü: Heinz Carwin. Regie: Paul Verhoeven. Mit Luise Ullrich, Lis Verhoeven, Michael von Blok, Vera Tschechowa, Monika Greving, Hans Reiser
Ro: Oberst Grey

7. 7. 1961 BR (ARD)

Biographie und Liebe. Nach der Komödie von Samuel Nathaniel Behrman (OT: »Biography«). Ü: Katia Janecke, Günther Blocker. Regie: Carl-Heinz Schroth. Mit Gisela Uhlen, Ernst Schröder, Harald Juhnke, Rolf Wanka, Carl-Heinz Schroth, Ilse Pagé
Ro: Leander Nolan

28. 7. 1961 ARD (WDR)

Herr Hofrat war verhindert. Die Geschichte einer versäumten Operetten-Premiere von Walter Brandin. Regie: Arthur Maria Rabenalt. Mit Walter Beck
Ro: Karl Zeller

2. 8. 1961 BR (ARD)

Du holde Kunst. Szenen um Lieder von Franz Schubert von Walter Brandin. Regie: Arthur Maria Rabenalt. ML: Kurt Strom. Mit Kurt Heintel, Hans Thimig, Rudolf Lenz, Harry Hardt, Hugo Lindinger, Peter Trost, Gustl Weishappel
Ro: Schober

11. 12. 1961 BR (ARD)

Wetter veränderlich. Lustspiel von Eugen Gürster (= H. Steinhausen). FB und Regie: Charles Regnier. Mit Fritz Rémond, Hans Hermann Schaufuß, Angelika Hauff, Christian Wolff, Kurt Schmidchen
Ro: Leman

18. 9. 1962 WDR (ARD)

Lady Frederick. Komödie von William Somerset Maugham (OT: »Lady Frederick«). Ü: Gerhard Metzner. Regie: Hans Quest. Mit Hilde Krahl, Trude Hesterberg, Christian Wolff, Harry Hardt, Hans Zesch-Ballot, Benno von Cramm
Ro: Paradine Fouldes

23. 6. 1963 ZDF
Aufzeichnung einer
Aufführung der
Kleinen Komödie
München

Feuerwerk. Lustspiel von Erik Charell und Jürg Amstein, basierend auf dem Lustspiel »Der schwarze Hecht« von Emil Sautter. Liedertexte: Jürg Amstein, Robert Gilbert. Musik: Paul Burkhard. Regie: Erik Ode. Mit Blanche Aubry, Heinz Fröhlich, Dorothea Wieck, Brigitte Mira, Christian Wolff, Hilde Sessak, Elisabeth Neumann-Viertel
Ro: Alexander Obolski

30. 6. 1963 WDR
(WDR/SRG)

Mamselle Nitouche. Singspiel von Henri Meilhac und A. Millaud (O: »Mamzell' Nitouche«). Ü und FB: Hans Weigel. Musik: Hervé. MB: Alexander Steinbrecher. DB und Regie: Paul Verhoeven. Mit Camilla Spira, Harald Leipnitz, Chariklia Baxevanos, Rudolf Vogel, Walo Lüönd
Ro: Major Hector Achille von Château-Gibus

21. 7. 1963 SDR
(ARD)

Reise um die Erde. Nach dem Bühnenstück »Die Reise um die Erde« von Pavel Kohout, basierend auf dem Roman von Jules Verne (OT: »Le tour du monde en 80 jours«). Regie: Hans Dieter Schwarze. Mit Manfred Lichtenfeld, Heidelinde Weis, Karl Lieffen
Ro: Fogg

1. 5. 1964 WDR
(ARD)

Die beiden Klingsberg. Nach der Komödie von August von Kotzebue. Regie: Arthur Maria Rabenalt. Mit Manfred Tümmler, Herta Staal, Wolfgang Forester, Lotte Stein, Elisabeth Berzobohaty, Claudia Lobe
Ro: Graf Klingsberg, Vater

15. 8. 1964 SRG
(BR/SRG/ORF)

Der Weiberheld. Fernsehmusical von Erika Wilde nach der Komödie »Miles gloriosus« von Plautus. Musik: Josef Niessen. Regie: Hermann Leitner. Mit Grit Böttcher, Hans Putz, Stanislav Ledinek, Heinz Giese, Peter Striebeck, Klaus Dahlen, Dietrich Kerky
Ro: Pyrgopolinices

21. 8. 1964 ZDF

Das Pferd. Komödie von Julius Hay. Regie: Boy Gobert. Mit Klausjürgen Wussow, Georg Thomas, Hannelore Schroth, Peter Striebeck, Gudrun Genest, Kurt Sowinetz, Corinna Genest, Wolfgang Spier, Ulrike Thiel, Ursula Diestel
Ro: Egnatius, der Konsul

10. 9. 1964 WDR (ARD) Aufzeichnung einer Aufführung des Europa-Studios Salzburg

Mitternachtsmarkt. Eine musikalische Komödie von Paul Willems (OT: »Le marché des petites heures«). Musik: Eugen Thomass. Regie: Werner Düggelin. BR: Erich Neuberg. Mit Wolfgang Reichmann, Brigitte Grothum, Peter Striebeck, Elisabeth Lennartz, Corinna Genest, Gisela Uhlen, Gudrun Genest
Ro: Julius Sallad

20. 9. 1964 ORF/ WDR (ARD)

Ein Engel namens Schmitt. Nach der musikalischen Komödie von Just Scheu, Ernst Nebhut. FB und Regie: Gerhard Metzner. Mit Violetta Ferrari, Fita Benkhoff, Dieter Hufschmidt, Rudolf Lenz
Ro: Direktor Gerlach

11. 10. 1964 SWF (ARD)

Meine Nichte Susanne. Musikalische Burleske von Hans Adler. FB und Regie: Thomas Engel. Musik und Liedertexte: Alexander Steinbrecher. MB: Werner Eisbrenner. Mit Hannelore Schroth, Rudolf Vogel, Peer Schmidt, Joachim Teege, Gaby Dohm, Willi Rose, Alexa von Porembsky, Rolf Weih
Ro: Don Manuel

27. 12. 1964 SFB (ARD)

Lady Windermeres Fächer. Nach der Komödie von Oscar Wilde (OT: »Lady Windermere's fan«). FB und Regie: Charles Regnier. Mit Anaid Iplicjian, Pamela Wedekind, Romuald Pekny, Herta Staal
Ro: Lord Windermere

22. 1. 1965 BR (ARD)

Mein Bruder, der Defraudant. Kurzes Krimilustspiel.
Ro: (Titel-Doppelrolle)

15. 2. 1965 ORF

Herr Kayser und die Nachtigall. Musical von Robert Gilbert und Per Schwenzen. Musik: Ralph-Maria Siegel. Regie: Hans Müller. Mit Gaby Fehling, Violetta Ferrari, Else Quecke, Rudolf Schündler, Bruno Arno, Hans Timerding, Willy Krause
Ro: Robert Richard Kayser, Komponist

23. 5. 1965 SWF (ARD)

Schöne Geschichten mit Papa und Mama. Komödie von Alfonso Paso (OT: »Cosas de Papa y Mama«). Ü: Gerhard Metzner. Regie: Gerhard Metzner. BR: Heribert Weck. Mit Luise Ullrich, Hannelore Elsner, Karl Paryla, Christian Wolff
Ro: *Dr. Juan G. Bolt*

16. 10. 1966 ZDF
Aufzeichnung einer
Aufführung der
Kleinen Komödie
München

Liebe für Liebe. Komödie von William Congreve (OT: »Love for love«). FB: Robert Gillner. Regie: Paul Verhoeven. Mit Wolfgang Büttner, Helmut Griem, Klaus Löwitsch, Gertrud Kückelmann, Horst Tappert, Heinz Schubert, Hans Hermann Schaufuß, Doris Schade, Maria Niklisch
Ro: *Tattle*

2. 4. 1967 ZDF
Aufzeichnung einer
Aufführung der
Kammerspiele
München

Das Attentat – Tod des Engelbert Dollfuß. Szenischer Bericht von Peter Adler. Regie: Franz Peter Wirth. Mit Kurt Zips, Rudolf Lenz, Emil Stöhr, Ernst Stankovski, Ernst Meister, Kurt Jaggberg, Joseph Hendrichs, Werner Kreindl, Kurt Nachmann, Bert Fortell
Ro: *Karwinsky*

30. 8. 1967 SDR
(ARD)

Paradies auf Erden. Komödie mit Musik von Paul Sörensen nach dem Stück von J. B. Priestley (OT: »Ever since paradise«). FB: Karl Vibach, Marianne Schubart. Regie: Claus Peter Witt. Musik: Erik Fiehni. Liedtexte: Karl Vibach, Marianne Schubart. Mit Hanne Wieder, Grit Böttcher, Hans Michael Rehberg, Ilse Ritter
Ro: *William*

9. 11. 1967 ZDF

Pechvogel. Ein Spectaculum für große und kleine Leute von F. A. Wolpert. Regie: Wilhelm ten Haaf. Musik: F. A. Wolpert. Mit Grit van Jüten, Hans Clarin, Michael Ande, Eduard Linkers, Thomas Reiner
Ro: *König*

26. 12. 1967 BR
(ARD)

Ein Mädchen für alles. Lustspiel von Claude Magnier (OT: »Blaise«). Ü: Hans Weigel. Regie: Hermann Lanske. Mit Heinz Zuber, Gertraud Jesserer, Anita Höfer, Jane Tilden, Dolores Schmidinger
Ro: *Hannibal Barlier*

13. 2. 1969 ORF/FS 1

Das Interview. Fernsehspiel von Hans Krendles- 21. 9. 1969 ORF/FS 1
berger. Regie: Gerhard Klingenberg. Mit Lil (NDR)
Dagover, Hilde Wagener, Heidi Brühl
Ro: Harald

Familienärger. Kriminalspiel-Quiz aus der Reihe 4. 10. 1969 NDR
»Dem Täter auf der Spur« von Henry Grangé und (ARD)
André Maheux. Regie: Jürgen Roland. Mit Günther
Neutze, Karl Lieffen, Mady Rahl, Rudolf Schündler,
Hilde Sessak, Hans-Jürgen Bäumler, Henry Tagore,
Franziska Tu
Ro: Oskar Larnaud-Ruffey

Das Kamel geht durch das Nadelöhr. Lustspiel 10. 10. 1970
von František Langer (OT: »Velbloud uchem ORF/FS 1
jehly«). FB: Willy Pribil. Regie: Franz Cap. Mit Jane
Tilden, Hans Thimig, Gertraud Jesserer, Peter Fröhlich, Fred Liewehr, Harry Hardt, Oskar Willner,
Vilma Degischer, Christine Buchegger, Lisl Andergast, Michael Janisch
Ro: Franz Josef

Der Feldherrnhügel. Singspiel von Roda Roda 17. 10. 1970 ZDF
und Carl Rößler. FB: Carl Merz, Georg Wildhagen.
Regie: Georg Wildhagen. Mit Rudolf Melichar,
Heinz Reincke, Franz Stoss, Attila Hörbiger, Albert
Rueprecht, Peter Neusser, Bert Fortell, Fritz Muliar,
Ernst Waldbrunn, Gertraud Jesserer, Richard Eyb-
ner, Gretl Schörg, Marianne Schönauer, Walter
Varndal, Ossy Kolmann
Ro: Erzherzog von Vicenza

Die Frau ohne Kuß. Musikalische Komödie aus 7. 1. 1971 ZDF
dem heutigen Berlin von Richard Kessler, Willi
Kollo. FB und Regie: Thomas Engel. Musik: Walter
und Willi Kollo. MB: Gert Wilden. Mit Günter Pfitz-
mann, Johanna von Koczian, Anita Kupsch, Herbert
Bötticher, Achim Strietzel
Ro: Prinz von Täkistan

Ein Herr Schmidt. Ein deutsches Spektakel mit 16. 10. 1971 ZDF
Polizei und Musik von Günther Rücker. FB und
Regie: Otto Tausig. Mit Achim Strietzel, Herbert
Mensching, Karin Eickelbaum, Klaus Höhne, Bruno
Dallansky, Robert Meyn, Detlof Kröger
Ro: Kammerdiener

Die Csardasfürstin. Operette von Leo Stein und Béla Jenbach. Musik: Emmerich Kálmán. Liedertexte: István Bekeffi, Deszo Keller. FB: Mischa Mleinek, Miklós Szinétár. Regie: Miklós Szinétár. Mit Anna Moffo, René Kollo, Dagmar Koller, Sandór Nemeth, Zoltán Latinovits
Ro: Fürst Leopold

1. 1. 1972 ZDF/ORF
(P: Unitel Budapest)

Hochzeit auf der Alm. Ein dramatisches Schäfergedicht von Michael Haydn, bearbeitet von Bernhard Paumgartner. Regie: Rainer Geis. Choreographie: Lothar Höfgen. ML: Hans Ludwig Hirsch. Mit Gertrud Kückelmann, Claudia Golling, Friedrich von Thun, Bruno Hübner, Kurt Zips
Ro: Landgraf Roderich

3. 2. 1973 BR (ARD)
(BR/ORF/DRS, produziert 1968)

Die Kinder Edouards. Lustspiel von Marc-Gilbert Sauvajon (OT: »Les enfants d'Edouard«), basierend auf »Love and learn« von F. Jackson und R. Bottomley. Regie: Otto Stern. BR: Ernst Schmucker. Mit Gisela Uhlen, Michaela May, Gunnar Warner, Thomas Reiner, Ivan Desny, Lisa Helwig
Ro: Ian Letzaresko, Pianist

26. 2. 1974 BR
(ARD)
Aufzeichnung einer Aufführung der Kleinen Komödie München

Komtesse Mizzi. Nach dem Bühnenwerk von Arthur Schnitzler. Regie: Otto Schenk. Mit Christine Ostermayer, Romuald Pekny, Sylvia Lukan, Alexander Waechter, Michael Janisch, Heinz Ehrenfreund
Ro: Graf Pazmandy

22. 2. 1975 ORF/FS 1

Die liebe Familie. Komödie von Felicity Douglas (OT: »It's never too late«). Ü: Hans Jaray. Regie: Dieter Wieland. BR: Korbinian Köberle. Mit Ruth Kappelsberger, Erika von Thellmann, Simone Rethel, Corinna Genest, Erich Schleyer
Ro: Charles

25. 11. 1976 ZDF
Aufzeichnung einer Aufführung der Kleinen Komödie München

Ein verrücktes Paar. Folge 1 der TV-Sketch-Reihe mit Harald Juhnke und Grit Böttcher. Regie: Wolfgang Spier. BR: Helmut Herrmann
Ro: Psychiater

20. 2. 1977 ZDF
(Start der Reihe)

Die Lästigen. Fernsehspiel nach Hugo von Hofmannsthal, basierend auf einem Stück von Molière. Regie: Wolfgang Glück. Mit Frank Hoffmann, Sylvia

12. 10. 1977
ORF/ FS 2

Manas, Alexander Kerst, Romuald Pekny, Karl Heinz Martell, Alexander Waechter, Else Ludwig, Christoph Waltz
Ro: Philinthe

12. 10. 1977 ORF/ FS 2

Großes Menü. Episode aus dem 3-Episoden-Film »Der große Karpfen Ferdinand und andere Weihnachtsgeschichten« von Leopold Ahlsen, Herbert Reinecker, Franz Geiger (mit Manfred Steffen, Martin Held, Louise Martini). DB: Herbert Reinecker. Regie: Alfred Weidenmann. Mit Paula Wessely, Kurt Sowinetz
Ro: Hoteldirektor

22. 12. 1978 ZDF

Der Kreis. Komödie von William Somerset Maugham (OT: »The circle«). Ü: Mimi Zoff. FB: Gerhard Metzner. Regie: Jürgen Wölffer. Mit Amadeus August, Ulli Philipp, Ernst-Fritz Fürbringer, Anna Teluren, Michael Schwarzmaier
Ro: Clive Champion-Cheney

10. 3. 1979 ARD Aufzeichnung einer Aufführung der Kleinen Komödie München

Jane. Komödie von Samuel Nathaniel Behrman (Ot: »Jane«) nach einer Novelle von William Somerset Maugham (OT: »Jane«). Ü: Charles Regnier. Regie: Wolfgang Liebeneiner. Mit Bruni Löbel, Anaid Iplicjian, Peter Pasetti, Dietlinde Turban
Ro: Mr. Frobisher

3. 10. 1979 ORF/FS 1 (ORF/ZDF/SRG)

Die Kinder. Komödie von Hermann Bahr. Regie: Kurt Wilhelm. Mit Mijou Kovacs, Toni Berger, Alexander Waechter, Klaus Konczak, Rudolf Schündler
Ro: Gandolf Graf Freyn

15. 12. 1979 BR (ARD)

Augenblicke. 4teiliger TV-Film. Episode: »Alter Wein«. DB: Lida Winiewicz nach Franz Molnár. Regie: Wolfgang Glück. Mit Paula Wessely
Ro: Älterer Herr

26. 12. 1979 ORF/FS 2 (ORF/ZDF)

Der Eisvogel. Heiteres Stück von William Douglas Home (OT: »The kingfisher«). Ü: Reinhard Günther. Regie: Axel von Ambesser. Mit Axel von Ambesser, Alice Treff
Ro: Hawkins

19. 4. 1980 ZDF

Erben will gelernt sein. 1. Folge der 6teiligen TV-Serie: »Das Testament« von Rolf Schulz, Stephen Blake, Henry Stern. Regie: Wolfgang Schleif. Mit

5. 2. 1981 ZDF (2.–18. 5. 81)

Charikla Baxevanos, Corinna Genest, Willy Harlander, Siegfried Rauch
Ro: Notar

Alte Liebe. Komödie von John G. Frank und Vincent Gaeta (OT: »Ol' love«): Ü: Max Faber. Regie: Peter Oehme. BR: Hans Sommerfeld. Mit Hubertus Durek, Helen Vita, Anna Teluren
Ro: Rudolpho

14. 2. 1981 NDR (ARD) Aufzeichnung einer Aufführung des Theaters am Dom Köln

Duett im Zwielicht. Komödie von Noel Coward (OT: »A song at twilight«). Ü: Martin Dongen. Regie: Richard Münch. BR: Rüdiger Graf. Mit Ruth Pistor, Lola Müthel, Wolfgang Mascher
Ro: Sir Hugo Latymer

6. 1. 1982 BR (ARD) Aufzeichnung einer Aufführung der Neuen Schaubühne München

Der Lord und das Kätzchen (OT: »The earl and the pussycat«). Komödie von Harold Brooke und Kaye Bannerman. BR: Hans Sommerfeld. Ü: Harald Dietl. Regie: Wolfgang Spier. Mit Carole Alston, Karin Dor, Harald Dietl, Hans-Jürgen Schatz, Erich Uhland
Ro: «Der Lord«, Freddy Kenmore

5. 3. 1983 NDR (ARD) Aufzeichnung einer Aufführung des Theaters am Dom Köln.

Lady Frederick (OT: »Lady Frederick«). Komödie von William Somerset Maugham. Ü: Gerhard Metzner. Regie: Helmuth Ashley. BR: Hans Sommerfeld. Mit Winnie Markus, Margot Hielscher, Michael Schwarzmaier, Sky Dumont
Ro: Paradine Fouldes

29. 10. 1983 NDR (ARD) Aufzeichnung einer Aufführung der Kleinen Komödie München

Das Archiv. Kriminalfilm aus der Reihe »Tatort« von Leo Frank. Regie: Jochen Bauer. Mit Kurt Jaggberg, Michael Janisch, Michael Bukowsky, Gerlinde Dorfer, Herwig Seeböck, Barbara McEly, Ernst Anders
Ro: Graf Sedlnitzky

2. 3. 1986 ORF/FS 2 (BR/ORF)

Detektivbüro Roth. Episode »Kunsthandel« der 35teiligen TV-Serie von Felix Huby, Adolf Bollmann, Manfred Seide, Ralf Franz, -Ky. Regie: Thomas Engel, Horst Flick, Dieter Lemme, Theo Metzger, Manfred Seide, Klaus Löwitsch, Manfred Krug
Ro: Herr Mühlbrecht, Bankier

11. 8. 1986 (NDR/WWF/BW)

Höchste Eisenbahn. Geschichten rund um die Bahn von Felix Dworak. Regie: Herbert Grunsky. Mit Alfred Böhm, Oskar Czerwenka, Krista Stadler, Felix Dworak, Eddi Arent, Heinz Marecek, Kurt Sowinetz. Episode »Erste Klasse«
Ro: Spleeniger Millionär

22. 10. 1987
ORF/FS 1

Das Erbe der Guldenburgs. 9. Folge der 27teiligen TV-Serie »Das Erbe der Guldenburgs« von Michael Baier: »Die große Liebe«. Regie: Gero Erhardt. Mit Brigitte Horney, Jürgen Goslar, Wolf Roth, Christiane Hörbiger, Katharina Böhm, Iris Berben, Wilfried Baasner, Ruth Maria Kubitschek, Susanne Uhlen, Sydne Rome, Alexander Wussow, Ernst Stankovski
Ro: Graf Steinfeld, Vater von Christine von Guldenburg

14. 3. 1987 ZDF
(Start: 29. 1. 1987)

Die Wicherts von nebenan. TV-Serie in 13 Folgen von Justus Pfaue. Regie: Bob Herzet. Mit Maria Sebaldt, Stephan Orlac, Jochen Schroeder, Hendrik Martz, Edith Schollwer, Ekkehard Fritsch, Brigitte Mira, Gudrun Genest
Ro: Dr. Gürtler (in Folgen 2–5)

1988 ZDF
(6. 1. 88–30. 3. 88,
2. Staffel)

Romeo mit grauen Schläfen. Lustspiel von Curth Flatow. Regie: Jürgen Wölffer. BR. Horst Johanning. Mit Nadina Beluhan, Friedrich Schönfelder, Irene Marhold
Ro: Alexander Fischer

9. 7. 1988 SDR
(ARD)
Aufzeichnung einer Aufführung aus dem Theater am Kurfürstendamm Berlin

Namenregister

Bildnachweis

Filmdokumentationszentrum action: 33; H. Angermaier, München: 67; Archiv des
Autors: 1, 2, 3, 4, 5, 6, 7, 9, 10, 11, 13, 14, 16, 18, 24, 25, 26, 29, 31, 32, 35, 36, 38, 39, 41, 43,
44, 48, 50, 52, 57, 58, 62; Hans Bergmann, München: 64, 65; Ilse Buhs / Jürgen Remmler,
Berlin: 53; Harry Croner, Berlin: 54, 59; Deutsches Institut für Filmkunde, Frankfurt
a. M.: 27, 34, 40; Archiv Dr. Karkosch, Gilching b. München: 8, 22, 37, 46, 47, 56; Willi
Klar, Frankfurt a. M.: 61; Michael Kössler, Wien: 55; Ingrid von Paleske, München, 63,
68; Palffy, Wien: 60; Erika Rabau, Berlin: 66; Stiftung Deutsche Kinemathek Berlin: 17,
28, 30; Süddeutscher Verlag, Bilderdienst, München: 12, 15, 19, 20, 21, 23; Foto
Felicitas Timpe, München: 42, 45; Ullstein Bilderdienst, Berlin: 49, 51

Textillustrationen S. 136, 156: Archiv des Autors

Heinz Rühmann

Das war's

Erinnerungen

Ullstein Buch 20521

Wir alle kennen ihn, den
kleinen, vom Schicksal
gebeutelten Mann, der sich
gegen die Goliaths dieser
Welt zu behaupten sucht,
mit einem Schuß Pfiffigkeit,
Humor und Herzlichkeit,
aber auch mit Toleranz und
viel Güte: Heinz Rühmann.
Jahrzehntelang war er so
etwas wie der Humorist der
Nation. Die Wandlung zum
großen Charakterdarsteller
vollzog sich unter den Prü-
fungen, die das Leben ihm
auferlegte. Hier erzählt er in
lockerer Form, anhand von
Episoden und Rückblenden,
das Auf und Ab seines
Lebens und gibt so einen
Abriß von sechs Jahrzehnten
deutscher Theater- und
Filmgeschichte, wie er sie
sieht, wie er sie erlebt hat.

ein Ullstein Buch

Georg Thomallas Memoiren sind so
komödiantisch und publikumswirksam
wie seine Bühnen- und Leinwanderfolge –
garniert mit reichlich Zeit-, Theater- und
Filmgeschichte – aufregend, unterhaltsam
und spannend.

272 Seiten mit Bildseiten und Rollenverzeichnis

Langen Müller